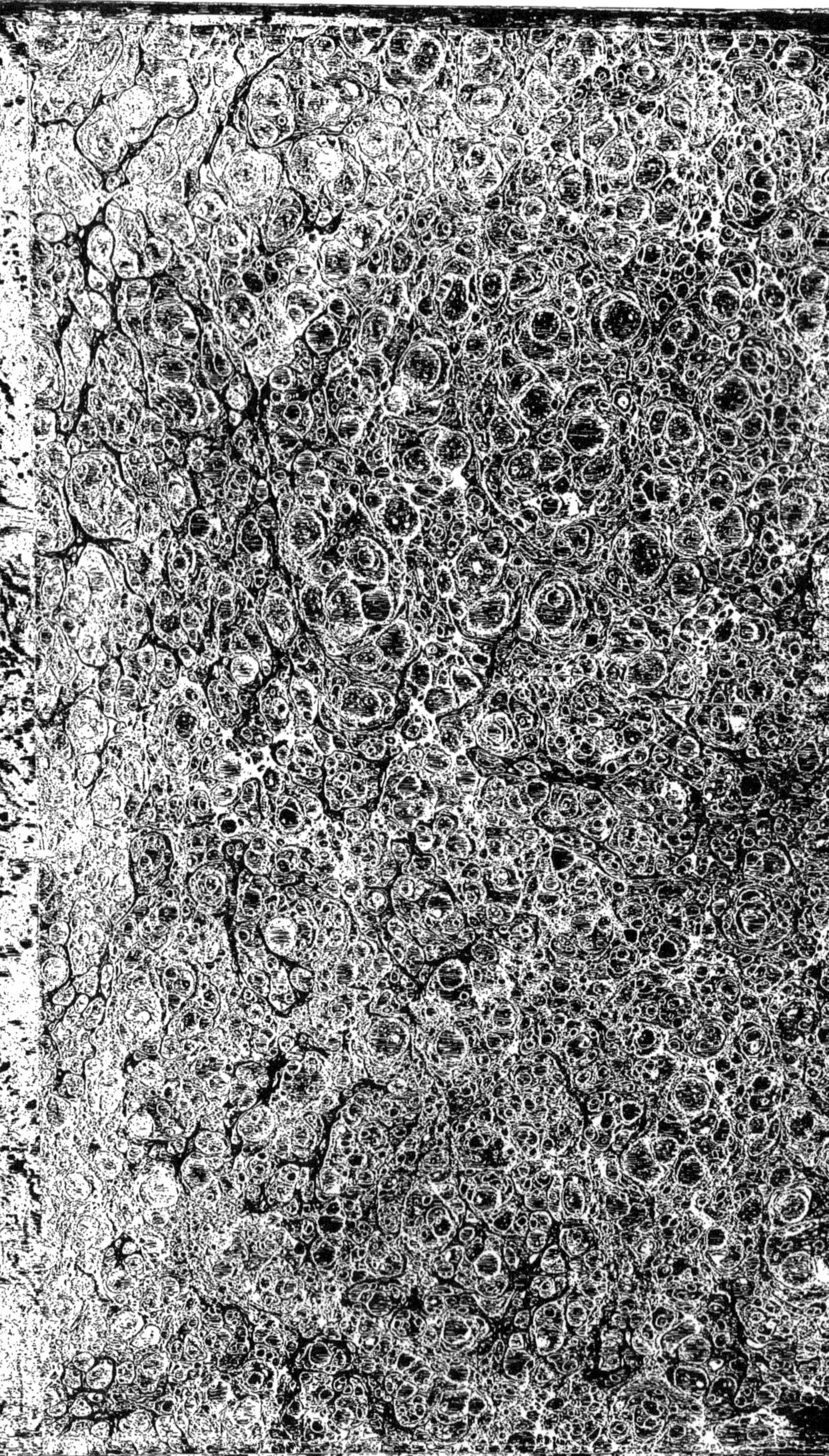

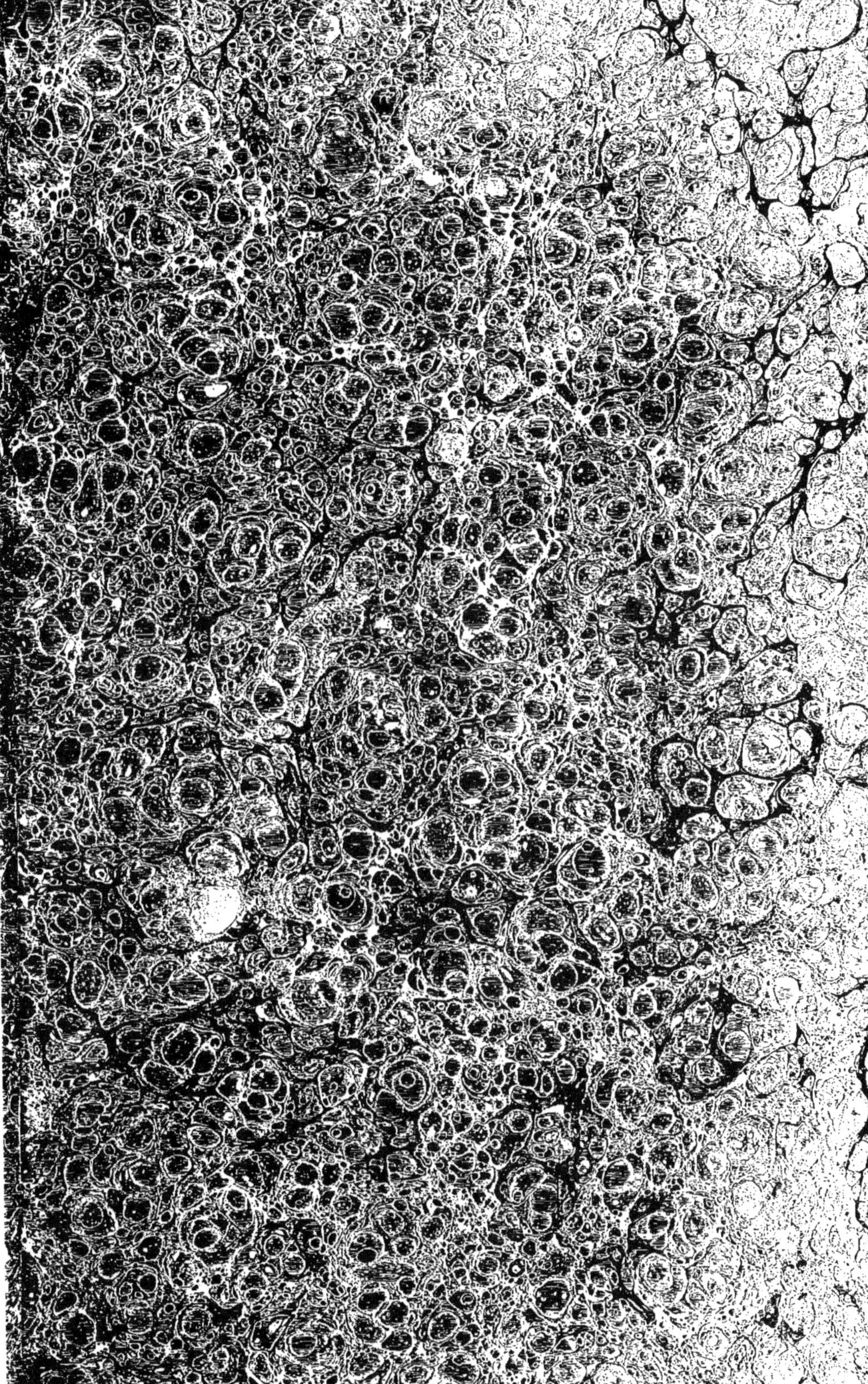

HISTOIRE
NATURELLE
DE BUFFON,
TOME III.

HISTOIRE NATURELLE DE BUFFON,

RÉDUITE A CE QU'ELLE CONTIENT DE PLUS INSTRUCTIF ET DE PLUS INTÉRESSANT,

PAR P. BERNARD.

HISTOIRE DE L'HOMME.

HACQUART, Imprimeur et propriétaire de l'édition, rue Gît-le-Cœur, n°. 16.

A PARIS,

Chez RICHARD, CAILLE et RAVIER, Libraires, rue Haute-Feuille, n°. 11.

AN VIII.

TABLE
DES ARTICLES
CONTENUS DANS CE VOLUME.

EXTRAITS ET NOTICES.

HISTOIRE

INTRODUCTION

A L'HISTOIRE

DE L'HOMME.

DE LA NATURE DE L'HOMME ET DES ANIMAUX.

Comme ce n'est qu'en comparant que nous pouvons juger; que nos connoissances roulent même entièrement sur les rapports que les choses ont avec celles qui leur ressemblent ou qui en diffèrent, et que s'il n'existoit point d'animaux, la nature de l'Homme seroit encore plus incompréhensible; avant de considérer l'Homme en lui-même, ne pouvons-nous pas examiner la nature des animaux, comparer leur organisation, étudier l'économie animale en général, afin d'en faire des applications particulières, d'en saisir les ressemblances, rapprocher les différences, et de la réunion de ces combinaisons tirer assez de lumières pour distinguer nettement les principaux effets de la mécanique vivante, et nous conduire à la science importante dont l'Homme même est l'objet?

Commençons par simplifier les choses ; resserrons l'étendue de notre sujet, qui d'abord paroît immense, et tâchons de le réduire à ses justes limites. Les propriétés qui appartiennent à l'animal, parce qu'elles appartiennent à toute matière, ne doivent point être ici considérées, du moins d'une manière absolue. Le corps de l'animal est étendu, pesant, impénétrable, figuré, capable d'être mis en mouvement, ou contraint de demeurer en repos par l'action ou par la résistance des corps étrangers ; toutes ces propriétés qui lui sont communes avec le reste de la matière, ne sont pas celles qui caractérisent la nature des animaux, et ne doivent être employées que d'une manière relative, en comparant, par exemple, la grandeur, le poids, la figure d'un animal, avec la grandeur, le poids et la figure d'un autre animal.

De même nous devons séparer de la nature particulière des animaux, les facultés qui sont communes à l'animal et au végétal : tous deux se nourrissent, se développent et se reproduisent ; nous ne devons donc pas comprendre dans l'économie animale, proprement dite, ces facultés qui appartiennent aussi au végétal ; et c'est par cette raison que nous traiterons à part de la nutrition, du développement, de la reproduction, et même de la génération des animaux.

Ensuite, comme on comprend dans la classe des animaux plusieurs êtres animés, dont l'organisation est très-différente de la nôtre et de celle des animaux dont le corps est à peu près composé comme le nôtre, nous devons éloigner de nos considérations cette espèce de nature animale particulière, et ne nous attacher qu'à celle des animaux qui nous ressemblent le plus ; l'économie animale d'une huître, par exemple, ne doit pas faire partie de celle dont nous avons à traiter.

Mais comme l'Homme n'est pas un simple animal, comme sa nature est supérieure à celle des animaux, nous devons nous attacher à démontrer la cause de cette supériorité, et établir par des preuves claires et solides, le degré précis de cette infériorité de la nature des animaux, afin de distinguer ce qui n'appartient qu'à l'Homme, de ce qui lui appartient en commun avec l'animal.

Pour mieux voir notre objet, nous venons de le circonscrire, nous en avons retranché toutes les extrémités excédentes, et nous n'avons conservé que les parties nécessaires. Divisons-le maintenant pour le considérer avec toute l'attention qu'il exige, mais divisons-le par grandes masses : avant d'examiner en détail les parties de la machine animale et les fonctions de chacune de ces parties, voyons en général le résultat de cette mécanique ; et sans vouloir d'abord raisonner sur les causes, bornons-nous à constater les effets.

L'animal a deux manières d'être ; l'état de mouvement et l'état de repos, la veille et le sommeil, qui se succèdent alternativement pendant toute la vie ; dans le premier état, tous les ressorts de la machine animale sont en action ; dans le second, il n'y en a qu'une partie, et cette partie qui est en action pendant le sommeil, est aussi en action pendant la veille : cette partie est donc d'une nécessité absolue, puisque l'animal ne peut exister d'aucune façon sans elle ; cette partie est indépendante de l'autre, puisqu'elle agit seule : l'autre au contraire, dépend de celle-ci, puisqu'elle ne peut seule exercer son action. L'une est la partie fondamentale de l'économie animale, puisqu'elle agit continuellement et sans interruption; l'autre est une partie moins essentielle, puisqu'elle n'a d'exercice que par intervalles et d'une manière alternative.

Cette première division de l'économie animale me paroît naturelle, générale et bien fondée; l'animal qui dort ou qui est en repos, est une machine moins compliquée et plus aisée à considérer que l'animal qui veille ou qui est en mouvement. Cette différence est essentielle et n'est pas un simple changement d'état, comme dans un corps inanimé qui peut également et indifféremment être en repos ou en mouvement; car un corps inanimé qui est dans l'un ou dans l'autre de ces états, restera perpétuellement dans cet état, à moins que des forces ou des résistances étrangères ne le contraignent à en changer : mais c'est par ses propres forces que l'animal change d'état; il passe du repos à l'action, et de l'action au repos, naturellement et sans contrainte; le moment de l'éveil revient aussi nécessairement que celui du sommeil, et tous deux arriveroient indépendamment des causes étrangères, puisque l'animal ne peut exister que pendant un certain temps dans l'un ou dans l'autre état, et que la continuité non interrompue de la veille ou du sommeil, de l'action ou du repos, amèneroit également la cessation de la continuité du mouvement vital.

Nous pouvons donc distinguer dans l'économie

animale deux parties, dont la première agit perpétuellement sans aucune interruption, et la seconde n'agit que par intervalles. L'action du cœur et des poumons dans l'animal qui respire, l'action du cœur dans le fœtus, paroissent être cette première partie de l'économie animale : l'action des sens et le mouvement du corps et des membres, semblent constituer la seconde.

Si nous imaginons donc des êtres auxquels la Nature n'eût accordé que cette première partie de l'économie animale, ces êtres qui seroient nécessairement privés de sens et de mouvement progressif, ne laisseroient pas d'être des êtres animés, qui ne différeroient en rien des animaux qui dorment. Une huître, un zoophyte, qui ne paroît avoir ni mouvement extérieur sensible, ni sens externe, est un être formé pour dormir toujours; un végétal n'est dans ce sens qu'un animal qui dort, et en général les fonctions de tout être organisé qui n'auroit ni mouvement, ni sens, pourroient être comparées aux fonctions d'un animal qui seroit par sa nature contraint à dormir perpétuellement.

Dans l'animal, l'état de sommeil n'est donc pas un état accidentel, occasionné par le plus ou moins grand exercice de ses fonctions pendant la veille; cet état est au contraire une manière d'être essentielle, et qui sert de base à l'économie animale. C'est par le sommeil que commence notre existence; le fœtus dort presque continuellement, et l'enfant dort beaucoup plus qu'il ne veille.

Le sommeil qui paroît être un état purement passif,

une espèce de mort, est donc au contraire le premier état de l'animal vivant et le fondement de la vie ; ce n'est point une privation, un anéantissement ; c'est une manière d'être, une façon d'exister tout aussi réelle et plus générale qu'aucune autre ; nous existons de cette façon avant d'exister autrement : tous les êtres organisés qui n'ont point de sens n'existent que de cette façon ; aucun n'existe dans un état de mouvement continuel, et l'existence de tous participe plus ou moins à cet état de repos.

Si nous réduisons l'animal, même le plus parfait, à cette partie qui agit seule et continuellement, il ne nous paroîtra pas différent de ces êtres auxquels nous avons peine à accorder le nom d'animal ; il nous paroîtra, quant aux fonctions extérieures, presque semblable au végétal ; car quoique l'organisation intérieure soit différente dans l'animal et dans le végétal, l'un et l'autre ne nous offriront plus que les mêmes résultats ; ils se nourriront, ils croîtront, ils se développeront, ils auront les principes d'un mouvement interne, ils posséderont une vie végétale : mais ils seront également privés de mouvement progressif, d'action, de sentiment, et ils n'auront aucun signe extérieur, aucun caractère apparent de vie animale. Mais revêtons cette partie intérieure d'une enveloppe convenable, c'est-à-dire, donnons-lui des sens et des membres, bientôt la vie animale se manifestera, et plus l'enveloppe contiendra de sens, de membres et d'autres parties extérieures, plus la vie animale nous paroîtra complète, et plus l'animal sera parfait. C'est donc par cette enveloppe que les animaux diffèrent entr'eux ; la partie intérieure qui fait le fondement de l'économie animale appartient à tous les animaux sans aucune exception, et elle est à-peu-près la même, pour la forme, dans l'Homme et dans les animaux qui ont de la chair et du sang ; mais l'enveloppe extérieure est très-différente, et c'est aux extrémités de cette enveloppe que sont les plus grandes différences.

Comparons, pour nous faire mieux entendre, le corps de l'Homme avec celui d'un animal ; par exemple, avec le corps du cheval, du bœuf, du cochon ; la partie intérieure qui agit continuellement, c'est-à-dire, le cœur et les poumons, ou plus généralement les organes de la circulation et de la respiration, sont à peu près les mêmes dans l'Homme et dans l'animal ; mais la partie extérieure, l'enveloppe, est fort différente. La charpente du corps de l'animal, quoique composée de parties similaires à celles du corps humain, varie prodigieusement pour le nombre, la grandeur et la position ; les os y sont plus ou moins alongés, plus ou moins accourcis, plus ou moins arrondis, plus ou moins aplatis ; leurs extrémités sont plus ou moins élevées, plus ou moins cavées ; plusieurs sont soudés ensemble ; il y en a même quelques-uns qui manquent absolument, comme les clavicules ; il y en a d'autres qui sont en plus grand nombre, comme les cornets du nez, les vertèbres, les côtes ; d'autres qui sont en plus petit nombre, comme les os du carpe, du métacarpe, du tarse, du métatarse, les phalanges ; ce qui produit des différences très-considérables dans la forme du corps de ces animaux, relativement à la forme du corps de l'Homme.

De plus, si nous y faisons attention, nous verrons que les plus grandes différences sont aux extrémités, et que c'est par ces extrémités que le corps de l'Homme diffère le plus du corps de l'animal : car divisons le corps en trois parties principales, le tronc, la tête et les membres ; la tête et les membres, qui sont les extrémités du corps, sont ce qu'il y a de plus différent dans l'Homme et dans l'animal ; ensuite, en considérant les extrémités de chacune de ces trois parties principales, nous reconnoîtrons que la plus grande différence dans la partie du tronc se trouve à l'extrémité supérieure et inférieure de cette partie, puisque dans le corps de l'Homme il y a des clavicules en haut, au lieu que ces parties manquent dans la plupart des animaux ; nous trouverons pareillement à l'extrémité inférieure du tronc un certain nombre de vertèbres extérieures qui forment une queue à l'animal ; et ces vertèbres extérieures manquent à cette extrémité inférieure du corps de l'Homme. De même l'extrémité inférieure de la tête, les mâchoires et l'extrémité supérieure de la tête, les os du front diffèrent prodigieusement dans l'Homme et dans l'animal : les mâchoires dans la plupart des animaux sont fort alongées, et les os frontaux sont au contraire fort raccourcis. Enfin en comparant les membres de l'animal avec ceux de l'Homme, nous reconnoîtrons encore aisément que c'est par leurs extrémités qu'ils diffèrent le plus, rien ne se ressemblant moins au premier coup d'œil que la main humaine, et le pied d'un cheval ou d'un bœuf.

En prenant donc le cœur pour centre dans la machine animale, je vois que l'Homme ressemble parfaitement aux animaux par l'économie de cette partie et des autres qui en sont voisines : mais plus on s'éloigne de ce centre, plus les différences deviennent considérables, et c'est aux extrémités qu'elles sont les plus grandes ; et lorsque dans ce centre même il se trouve quelque différence, l'animal est alors infiniment plus différent de l'Homme ; il est pour ainsi dire d'une autre nature, et n'a rien de commun avec les espèces d'animaux que nous considérons. Dans la plupart des insectes, par exemple, l'organisation de cette principale partie de l'économie animale est singulière ; au lieu de cœur et de poumons on y trouve des parties qui servent de même aux fonctions vitales, et que par cette raison l'on a regardées comme analogues à ces viscères, mais qui réellement en sont très-différentes, tant par la structure que par le résultat de leur action : aussi les insectes diffèrent-ils autant qu'il est possible, de l'Homme et des autres animaux. Une légère différence dans ce centre de l'économie animale est toujours accompagnée d'une différence infiniment plus grande dans les parties extérieures. La tortue, dont le cœur est singulièrement conformé, est aussi un animal extraordinaire, qui ne ressemble à aucun autre animal.

Que l'on considère l'Homme, les animaux quadrupèdes, les oiseaux, les cétacées, les poissons, les amphibies, les reptiles ; quelle prodigieuse variété dans la figure, dans la proportion de leur corps, dans le nombre et dans la position de leurs membres, dans la substance de leur chair, de leurs os, de leurs tégumens! Les quadrupèdes ont assez généralement des queues, des cornes, et toutes les extrémités du corps différentes de celles de l'Homme : les cétacées vivent dans un autre élément, et quoiqu'ils se multiplient par une voie de génération semblable à celle des quadrupèdes, ils en sont très-différens par la forme, n'ayant point d'extrémités inférieures : les oiseaux semblent en différer encore plus par leur bec, leurs plumes, leur vol et leur génération par des œufs : les poissons et les amphibies sont encore plus éloignés de la forme humaine : les reptiles n'ont point de membres. On trouve donc la plus grande diversité dans toute l'enveloppe extérieure; tous ont au contraire à peu près la même conformation intérieure; ils ont tous un cœur, un foie, un estomac, des intestins, des organes pour la génération; ces parties doivent donc être regardées comme les plus essentielles à l'économie animale, puisqu'elles sont de toutes les plus constantes et les moins sujettes à la variété.

Mais on doit observer que dans l'enveloppe même, il y a aussi des parties plus constantes les unes que les autres; les sens, sur-tout certains sens, ne manquent à aucuns de ces animaux. Nous ne savons pas de quelle nature est leur odorat et leur goût; mais nous sommes assurés qu'ils ont tous le sens de la vue et du toucher, et peut-être aussi celui de l'ouïe. Les sens peuvent donc être regardés comme une autre partie essentielle de l'économie animale, aussi bien que le cerveau et ses enveloppes, qui se trouve dans tous les animaux qui ont des sens, et qui en effet est la partie dont les sens tirent leur origine, et sur laquelle ils exercent leur première action. Les insectes même, qui diffèrent si fort des autres animaux par le centre de l'économie animale, ont une partie dans la tête, analogue au cerveau, et des sens dont les fonctions sont semblables à celles des autres animaux; et ceux qui, comme les huîtres, paroissent en être privés, doivent être regardés comme des demi-animaux, comme des êtres qui font la nuance entre les animaux et les végétaux.

Le cerveau et les sens forment donc une seconde partie essentielle à l'économie animale; le cerveau est le centre de l'enveloppe, comme le cœur est le centre de la partie intérieure de l'animal. C'est cette partie qui donne à toutes les autres parties extérieures le mouvement et l'action, par le moyen de la moële, de l'épine et des nerfs, qui n'en sont que le prolongement; et de la même façon que le cœur et toute la partie intérieure communiquent avec le cerveau et avec toute l'enveloppe extérieure par les vaisseaux sanguins qui s'y distribuent, le cerveau communique aussi avec le cœur et toute la partie intérieure par les nerfs qui s'y ramifient. L'union paroît intime et réciproque, et quoique ces deux organes aient des fonctions absolument différentes les unes des autres lorsqu'on les considère à part, ils ne peuvent cependant être séparés sans que l'animal périsse à l'instant.

Le cœur et toute la partie intérieure agissent continuellement, sans interruption, et pour ainsi dire mécaniquement et indépendamment d'aucune cause extérieure : les sens au contraire et toute l'enveloppe n'agissent que par intervalles alternatifs, et par des ébranlemens successifs causés par les objets extérieurs. Les objets exercent leur action sur les sens, les sens modifient cette action des objets, et en portent l'impression modifiée dans le cerveau, où cette impression devient ce que l'on appelle sensation ; le cerveau, en conséquence de cette impression, agit sur les nerfs et leur communique l'ébranlement qu'il vient de recevoir, et c'est cet ébranlement qui produit le mouvement progressif et toutes les autres actions extérieures du corps et des membres de l'animal.

Pour mieux concevoir ceci, considérons-nous nous-mêmes, et analysons un peu le physique de nos actions. Lorsqu'un objet nous frappe par quelque sens que ce soit, que la sensation qu'il produit est agréable, et qu'il fait naître un desir, ce desir ne peut être que relatif à quelques-unes de nos qualités et à quelques-unes de nos manières de jouir ; nous ne pouvons desirer cet objet que pour le voir, pour le goûter, pour l'entendre, pour le sentir, pour le toucher; nous ne le desirons que pour satisfaire plus pleinement le sens avec lequel nous l'avons aperçu, ou pour satisfaire quelques-uns de nos autres sens en même temps, c'est-à-dire pour rendre la première sensation encore plus agréable, ou pour en exciter une autre, qui est une nouvelle manière de jouir de cet objet : car si dans le moment même que nous l'apercevons, nous pouvions en jouir pleinement et par tous les sens à la fois, nous ne pourrions rien desirer. Le desir ne vient donc que de ce que nous sommes mal situés par rapport à l'objet que nous venons d'apercevoir; nous en sommes trop loin ou trop près : nous changeons donc naturellement de situation, parce qu'en même temps que nous avons aperçu l'objet, nous avons aussi aperçu la distance ou la proximité qui fait l'incommodité de notre situation, et qui nous empêche d'en jouir pleinement.

C'est donc l'action des objets sur les sens qui fait naître le desir, et c'est le desir qui produit le mouvement progressif. Pour le faire encore mieux sentir, supposons un homme qui, dans l'instant où il voudroit s'approcher d'un objet, se trouveroit tout à coup privé des membres nécessaires à cette action; cet homme auquel nous retranchons les jambes, tâcheroit de marcher sur ses genoux : ôtons-lui encore les genoux et les cuisses, en lui conservant toujours le desir de s'approcher de l'objet, il s'efforcera alors de marcher sur ses mains; privons-le encore des bras et des mains, il rampera, il se traînera, il emploiera toutes les forces de son corps et s'aidera de toute la flexibilité des vertèbres pour se mettre en mouvement; il s'accrochera par le menton ou avec les dents à quelque point d'appui pour tâcher de changer de lieu; et quand même nous réduirions son corps à un point physique, à un atome globuleux, si le desir subsiste, il emploiera toujours toutes ses forces pour changer de situation : mais comme il n'auroit alors d'autre moyen pour se mouvoir que d'agir contre le plan sur lequel il porte, il ne manqueroit pas de s'élever plus ou moins haut pour atteindre à l'objet. Le mouvement extérieur et progressif ne dépend donc point de l'organisation et de la figure du corps et des membres, puisque de quelque manière qu'un être fût extérieurement conformé, il ne pourroit manquer de se mouvoir, pourvu qu'il eût des sens et le desir de les satisfaire.

C'est à la vérité de cette organisation extérieure que dépend la facilité, la vîtesse, la direction, la continuité du mouvement; mais la cause, le principe, l'action, la détermination viennent uniquement du desir occasionné par l'impression des objets sur les sens. Car supposons maintenant que la conformation extérieure étant toujours la même, un homme se trouvât privé successivement de ses sens, il ne changera pas de lieu pour satisfaire ses yeux, s'il est privé de la vue; il ne s'approchera pas pour entendre, si le son ne fait aucune impression sur son organe; il ne fera jamais aucun mouvement pour respirer une bonne odeur ou pour en éviter une mauvaise si son odorat est détruit : il en est de même du toucher et du goût ; si ces deux sens ne sont plus susceptibles d'impression, il n'agira pas pour les satisfaire ; cet homme demeurera donc en repos et perpétuellement en repos; rien ne pourra le faire changer de situation et lui imprimer le mouvement progressif, quoique par sa conformation extérieure il fût parfaitement capable de se mouvoir et d'agir.

Les animaux ont les sens excellens; cependant ils ne les ont pas généralement tous aussi bons que l'Homme, et il faut observer que les degrés d'excellence des sens suivent dans l'animal un autre ordre que dans l'Homme. Le sens le plus relatif à la pensée et à la connoissance est le toucher; l'Homme a ce sens plus parfait que les animaux. L'odorat est le sens le plus relatif à l'instinct, à l'appétit; l'animal a ce sens infiniment meilleur que l'Homme : aussi l'Homme doit plus connoître qu'appéter, et l'animal doit plus appéter que connoître. Le sens de la vue ne peut avoir de sûreté et ne peut servir à la connoissance que par le secours du sens du toucher; aussi le sens de la vue est-il plus imparfait, ou plutôt acquiert moins de perfection dans l'animal que dans l'Homme. L'oreille quoique peut-être aussi bien conformée dans l'animal que dans l'Homme, lui est cependant beaucoup moins utile par le défaut de la parole, qui dans l'Homme est une dépendance du sens de l'ouïe, un organe de communication, organe qui rend ce sens actif, au lieu que dans l'animal l'ouïe est un sens presque entièrement passif. L'Homme a donc le toucher, l'œil et l'oreille plus parfaits, et l'odorat plus imparfait que l'animal; et comme le goût est un odorat intérieur, et qu'il est encore plus relatif à l'appétit qu'aucun des autres sens, on peut croire que l'animal a aussi ce sens plus sûr et peut-être plus exquis que l'Homme : on pourroit le prouver par la répugnance invincible que les animaux ont pour certains alimens et par l'appétit naturel qui les porte à choisir sans se tromper ceux qui leur conviennent; au lieu que l'Homme, s'il n'étoit averti, mangeroit le fruit du mancenillier comme la pomme, et la ciguë comme le persil.

L'excellence des sens vient de la Nature, mais l'art et l'habitude peuvent leur donner aussi un plus grand degré de perfection; il ne faut pour cela que les exercer souvent et longtemps sur les mêmes objets : un peintre accoutumé à considérer attentivement les formes, verra du premier coup-d'œil une infinité de nuances et de différences qu'un autre homme ne pourra saisir qu'avec beaucoup de temps, et que même il ne pourra peut-être saisir. Un musicien dont l'oreille est continuellement exercée à l'harmonie, sera vivement choqué d'une dissonance; une voix fausse, un son aigre l'offensera, le blessera; son oreille est un instrument qu'un son discordant démonte et désaccorde. L'œil du peintre est un tableau où les nuances les plus légères sont senties, où les traits les plus délicats sont tracés. On perfectionne aussi les sens et même l'appétit des animaux; on apprend aux oiseaux à répéter des paroles et des chants; on augmente l'ardeur d'un chien pour la chasse, en lui faisant curée.

Mais cette excellence des sens et la perfection même qu'on peut leur donner, n'ont des effets bien sensibles que dans l'animal; il nous paroîtra d'autant plus actif et plus intelligent, que ses sens seront meilleurs ou plus perfectionnés. L'Homme au contraire n'en est pas plus raisonnable, pas plus spirituel, pour avoir beaucoup exercé son oreille et ses yeux. On ne voit pas que les personnes qui ont les sens obtus, la vue courte, l'oreille dure, l'odorat détruit ou insensible, aient moins d'esprit que les autres; preuve évidente qu'il y a dans l'Homme quelque chose de plus qu'un sens intérieur animal : celui-ci n'est qu'un organe matériel qui reçoit toutes les impressions que les sens extérieurs lui transmettent, et qui n'en diffère que parce qu'il a la propriété de conserver les ébranlemens qu'il a reçus; l'ame de l'Homme au contraire est un sens supérieur, une substance spirituelle, entièrement

différente

différente par son essence et par son action, de la nature des sens extérieurs.

Ce n'est pas qu'on puisse nier pour cela qu'il y ait dans l'Homme un sens intérieur matériel, relatif, comme dans l'animal, aux sens extérieurs; l'inspection seule le démontre : la conformité des organes dans l'un et dans l'autre, le cerveau qui est dans l'Homme comme dans l'animal, et qui même est d'une plus grande étendue, relativement au volume du corps, suffisent pour assurer dans l'Homme l'existence de ce sens intérieur matériel. Mais ce que je prétends, c'est que ce sens est infiniment subordonné à l'autre; la substance spirituelle le commande, elle en détruit ou en fait naître l'action : ce sens, en un mot, qui fait tout dans l'animal, ne fait dans l'Homme que ce que le sens supérieur n'empêche pas : il fait aussi ce que le sens supérieur ordonne. Dans l'animal ce sens est le principe de la détermination du mouvement et de toutes les actions; dans l'Homme ce n'en est que le moyen ou la cause secondaire.

Développons, autant qu'il nous sera possible, ce point important; voyons ce que ce sens intérieur matériel peut produire : lorsque nous aurons fixé l'étendue de la sphère de son activité, tout ce qui n'y sera pas compris dépendra nécessairement du sens spirituel; l'ame fera tout ce que ce sens matériel ne peut faire. Si nous établissons des limites certaines entre ces deux puissances, nous reconnoîtrons clairement ce qui appartient à chacune; nous distinguerons aisément ce que les animaux ont de commun avec nous, et ce que nous avons au-dessus d'eux.

Le sens intérieur matériel reçoit également toutes les impressions que chacun des sens extérieurs lui transmet : ces impressions viennent de l'action des objets ; elles ne font que passer par les sens extérieurs, et ne produisent dans ces sens qu'un ébranlement très-peu durable, et pour ainsi dire instantané ; mais elles s'arrêtent sur le sens intérieur, et produisent dans le cerveau, qui en est l'organe, des ébranlemens durables et distincts. Ces ébranlemens sont agréables ou désagréables, c'est-à-dire, sont relatifs ou contraires à la nature de l'animal, et font naître l'appétit ou la répugnance, selon l'état et la disposition présente de l'animal. Prenons un animal au moment de sa naissance ; dès que par les soins de la mère il se trouve débarrassé de ses enveloppes, qu'il a commencé à respirer, et que le besoin de prendre de la nourriture se fait sentir, l'odorat, qui est le sens de l'appétit, reçoit les émanations de l'odeur du lait qui est contenu dans les mamelles de la mère : ce sens ébranlé par les particules odorantes, communique cet ébranlement au cerveau, et le cerveau agissant à son tour sur les nerfs, l'animal fait des mouvemens et ouvre la bouche pour se procurer cette nourriture dont il a besoin. Le sens de l'appétit étant bien plus obtus dans l'Homme que dans l'animal, l'enfant nouveau-né ne sent que le besoin de prendre de la nourriture, il l'annonce par des cris ; mais il ne peut se la procurer seul ; il n'est point averti par l'odorat ; rien ne peut déterminer ses mouvemens pour trouver cette nourriture ; il faut l'approcher de la mamelle, et la lui faire sentir et toucher avec la bouche : alors ses sens ébranlés communiqueront leur ébranlement à son cerveau, et le cerveau agissant sur les nerfs, l'enfant fera les mouvemens nécessaires pour recevoir et sucer cette nourriture. Ce ne peut être que par l'odorat et par le goût, c'est-à-dire, par les sens de l'appétit, que l'animal est averti de la présence de la nourriture et du lieu où il faut la chercher : ses yeux ne sont point encore ouverts, et le fussent-ils, ils seroient, dans ces premiers instans, inutiles à la détermination du mouvement. L'œil qui est un sens plus relatif à la connoissance qu'à l'appétit, est ouvert dans l'Homme au moment de sa naissance, et demeure dans la plupart des animaux fermé pour plusieurs jours. Les sens de l'appétit, au contraire, sont bien plus parfaits et bien plus développés dans l'animal que dans l'enfant : autre preuve que dans l'Homme les organes de l'appétit sont moins parfaits que ceux de la connoissance, et que dans l'animal ceux de la connoissance le sont moins que ceux de l'appétit.

Les sens relatifs à l'appétit sont donc plus développés dans l'animal qui vient de naître, que dans l'enfant nouveau-né. Il en est de même du mouvement progressif et de tous les autres mouvemens extérieurs : l'enfant peut à peine mouvoir ses membres, il se passera beaucoup de temps avant qu'il ait la force de changer de lieu ; le jeune animal au contraire acquiert en très-peu de temps toutes ses facultés : comme elles ne sont dans l'animal que relatives à l'appétit, que cet appétit est véhément et promptement développé, et qu'il est le principe unique de la détermination de tous les mouvemens; que dans l'Homme au contraire l'appétit est foible, ne se développe que plus tard, et ne doit pas influer autant que la connoissance, sur la détermination des mouvemens, l'Homme est, à cet égard, plus tardif que l'animal.

Pour nous mieux faire entendre, considérons un animal instruit, un chien, par exemple, qui quoique pressé d'un violent appétit, semble n'oser toucher et ne touche point en effet à ce qui pourroit le satisfaire, mais en même-temps fait beaucoup de mouvement pour l'obtenir de la main de son maître; cet animal ne paroît-il pas combiner des idées? ne paroît-il pas desirer et craindre, en un mot raisonner à-peu-près comme un homme qui voudroit s'emparer du bien d'autrui, et qui quoique violemment tenté, est retenu par la crainte du châtiment? voilà l'interprétation vulgaire de la conduite de l'animal. Comme c'est de cette façon que la chose se passe chez nous, il est naturel d'imaginer, et on imagine en effet qu'elle se passe de même dans l'animal; l'analogie, dit-on, est bien fondée, puisque l'organisation et la conformation des sens, tant à l'extérieur qu'à l'intérieur, sont semblables dans l'animal et dans l'Homme. Cependant ne devrions-nous pas voir que pour que cette analogie fût en effet bien fondée, il faudroit quelque chose de plus, qu'il faudroit du moins que rien ne pût la démentir, qu'il seroit nécessaire que les animaux pussent faire, et fissent dans quelques occasions, tout ce que nous faisons? or le contraire est évidemment démontré; ils n'inventent, ils ne perfectionnent rien, ils ne réfléchissent par conséquent sur rien, ils ne font jamais que les mêmes choses de la même façon : nous pouvons donc déjà rabattre beaucoup de la force de cette analogie, nous pouvons même douter de sa réalité, et nous devons chercher si ce n'est pas par un autre principe différent du nôtre qu'ils sont conduits, et si leurs sens ne suffisent pas pour produire leurs actions, sans qu'il soit nécessaire de leur accorder une connoissance de réflexion.

Tout ce qui est relatif à leur appétit, ébranle très-vivement leur sens intérieur, et le chien se jetteroit à l'instant sur l'objet de cet appétit, si ce même sens intérieur ne conservoit pas les impressions antérieures de douleur dont cette action a été précédemment accompagnée; les impressions extérieures ont modifié l'animal ; cette proie qu'on lui présente n'est pas offerte à un chien simplement, mais à un chien battu ; et comme il a été frappé toutes les fois qu'il s'est livré à ce mouvement d'appétit, les ébranlemens de douleur se renouvellent en même-temps que ceux de l'appétit se font sentir, parce que ces deux ébranlemens se sont toujours faits ensemble. L'animal étant donc poussé tout à-la-fois par deux impulsions contraires qui se détruisent mutuellement, il demeure en équilibre entre ces deux puissances égales ; la cause déterminante de son mouvement étant contre-balancée, il ne se mouvra pas pour atteindre à l'objet de son appétit. Mais les ébranlemens de l'appétit et de la répugnance, ou si l'on veut, du plaisir et de la douleur, subsistant toujours ensemble dans une opposition qui en détruit les effets, il se renouvelle en même temps dans le cerveau de l'animal un troisième ébranlement, qui a souvent accompagné les deux premiers : c'est l'ébranlement causé par l'action de son maître, de la main duquel il a souvent reçu ce morceau qui est l'objet de son appétit ; et comme ce troisième ébranlement n'est contre-balancé par rien de contraire, il devient la cause déterminante du mouvement. Le chien sera donc déterminé à se mouvoir vers son maître et à s'agiter jusqu'à ce que son appétit soit satisfait en entier.

On peut expliquer de la même façon et par les mêmes principes toutes les actions des animaux, quelque compliquées qu'elles puissent paroître, sans qu'il soit besoin de leur accorder, ni la pensée, ni la réflexion ; leur sens intérieur suffit pour produire tous leurs mouvemens. Il ne reste plus qu'une chose à éclaircir, c'est la nature de leurs sensations, qui doivent être suivant ce que nous venons d'établir, bien différentes des nôtres. Les animaux, nous dira-t-on, n'ont-ils donc aucune connoissance ? leur ôtez-vous la conscience de leur existence, le sentiment? puisque vous prétendez expliquer mécaniquement toutes leurs actions, ne les réduisez-vous pas à n'être que de simples machines, que d'insensibles automates ?

Si je me suis bien expliqué, on doit avoir déjà vu que bien loin de tout ôter aux animaux, je leur accorde tout, à l'exception de la pensée et de la réflexion ; ils ont le sentiment, ils l'ont même à un plus haut degré que nous ne l'avons ; ils ont aussi la conscience de leur existence actuelle ; mais ils n'ont pas celle de leur existence passée, ils ont des sensations, mais il leur manque la faculté de les comparer, c'est-à-dire, la puissance qui produit les idées; car les idées ne sont que des sensations comparées, ou pour mieux dire des associations de sensations.

Considérons en particulier chacun de ces objets. Les animaux ont le sentiment, même plus exquis que nous ne l'avons : je crois ceci déjà prouvé par ce que nous avons dit de l'excellence de ceux de leurs sens qui sont relatifs à l'appetit; par la répugnance naturelle et invincible qu'ils ont pour de certaines choses, et l'appetit constant et décidé qu'ils ont pour d'autres choses; par cette faculté qu'ils ont bien supérieurement à nous de distinguer sur le champ et sans aucune incertitude ce qui leur convient de ce qui leur est nuisible. Les animaux ont donc comme nous de la douleur et du plaisir; ils ne connoissent pas le bien et le mal, mais ils le sentent : ce qui leur est agréable est bon, ce qui leur est désagréable est mauvais; l'un et l'autre ne sont que des rapports convenables ou contraires à leur nature, à leur organisation. Le plaisir que le chatouillement nous donne, la douleur que nous cause une blessure, sont des douleurs et des plaisirs qui nous sont communs avec les animaux, puisqu'ils dépendent absolument d'une cause extérieure matérielle, c'est-à-dire, d'une action plus ou moins forte sur les nerfs qui sont les organes du sentiment. Tout ce qui agit mollement sur ces organes, tout ce qui les remue délicatement, est une cause de plaisir; tout ce qui les ébranle violemment, tout ce qui les agite fortement, est une cause de douleur. Toutes les sensations sont donc des sources de plaisir tant qu'elles sont douces, tempérées et naturelles ; mais dès qu'elles deviennent trop fortes, elles produisent la douleur, qui dans le physique, est l'extrême plutôt que le contraire du plaisir.

En effet, une lumière trop vive, un feu trop ardent, un trop grand bruit, une odeur trop forte, un mets insipide ou grossier, un frottement dur, nous blessent ou nous affectent désagréablement ; au lieu qu'une couleur tendre, une chaleur tempérée, un son doux, un parfum délicat, une saveur fine, un attouchement léger, nous flattent et souvent nous remuent délicieusement. Tout effleurement des sens est donc un plaisir, et toute secousse forte, tout ébranlement violent est une douleur ; et comme les causes qui peuvent occasionner des commotions et des ébranlemens violens se trouvent plus rarement dans la Nature que celles qui produisent des mouvemens doux et des effets modérés ; que d'ailleurs les animaux, par l'exercice de leurs sens, acquièrent en peu de temps les habitudes, non-seulement d'éviter les rencontres offensantes et de s'éloigner des choses nuisibles, mais même de distinguer les objets qui leur conviennent et de s'en approcher, il n'est pas douteux qu'ils n'aient beaucoup plus de sensations agréables que de sensations désagréables, et que la somme du plaisir ne soit plus grande que celle de la douleur.

Si dans l'animal le plaisir n'est autre chose que ce qui flatte les sens, et que dans le physique ce qui flatte les sens ne soit que ce qui convient à la Nature ; si la douleur au contraire n'est que ce qui blesse les organes et ce qui répugne à la Nature ; si en un mot le plaisir est le bien, et la douleur le mal physique, on ne peut guère douter que tout être sentant n'ait en général plus de plaisir que de douleur : car tout ce qui est convenable à sa nature, tout ce qui peut contribuer à sa conservation, tout ce qui soutient son existence est plaisir ; tout ce qui tend au contraire à sa destruction, tout ce qui peut déranger son organisation, tout ce qui change son état naturel est douleur. Ce n'est donc que par le plaisir qu'un être sentant peut continuer d'exister ; et si la somme des sensations flatteuses, c'est-à-dire, des effets convenables à sa nature, ne surpassoit pas celle des sensations douloureuses ou des effets qui lui sont contraires, privé de plaisir, il languiroit d'abord faute de bien ; chargé de douleur, il périroit ensuite par l'abondance.

Dans l'Homme le plaisir et la douleur physiques ne font que la moindre partie de ses peines et de ses plaisirs ; son imagination qui travaille continuellement fait tout ou plutôt ne fait rien que pour son malheur ; car elle ne présente à l'ame que fantômes vains ou des images exagérées, et la force à s'en occuper : plus agitée par ces illusions qu'elle ne le peut être par les objets réels, l'ame perd sa faculté de juger, et même son empire ; elle ne compare que des chimères, elle ne veut plus qu'en second, et souvent elle veut l'impossible ; sa volonté, qu'elle ne détermine plus, lui devient donc à charge, ses desirs outrés sont des peines, et ses vaines espérances sont tout au plus de faux plaisirs qui disparoissent et s'évanouissent dès que le calme succède, et que l'ame reprenant sa place vient à les juger.

Nous nous préparons donc des peines toutes les fois que nous cherchons des plaisirs ; nous sommes malheureux dès que nous desirons d'être plus heureux. Le bonheur est au dedans de nous-mêmes, il nous a été donné ; le malheur est au dehors et nous l'allons chercher. Pourquoi ne sommes-nous pas convaincus que la jouissance paisible de notre ame est notre seul et vrai bien, que nous ne pouvons l'augmenter sans risquer de le perdre, que moins nous desirons et plus nous possédons ; qu'enfin tout ce que nous voulons au-delà de ce que la Nature peut nous donner, est peine, et que rien n'est plaisir que ce qu'elle nous offre ?

Or la Nature nous a donné et nous offre encore à tout instant des plaisirs sans nombre ; elle a pourvu à nos besoins, elle nous a munis contre la douleur ; il y a dans le physique infiniment plus de bien que de mal ; ce n'est donc pas la réalité, c'est la chimère qu'il faut craindre, ce n'est ni la douleur du corps, ni les maladies, ni la mort, mais l'agitation de l'ame, les passions et l'ennui qui sont à redouter.

Les animaux n'ont qu'un moyen d'avoir du plaisir ; c'est d'exercer leur sentiment pour satisfaire leur appétit : nous avons cette même faculté, et nous avons de plus un autre moyen de plaisir, c'est d'exercer notre esprit dont l'appétit est de savoir. Cette source de plaisir seroit la plus abondante et la plus pure, si nos passions en s'opposant à son cours ne venoient à la troubler ; elles détournent l'ame de toute contemplation ; dès qu'elles ont pris le dessus, la raison est dans le silence ou du moins elle n'élève plus qu'une voix foible et souvent importune ; le dégoût de la vérité suit, le charme de l'illusion augmente, l'erreur se fortifie, nous entraîne et nous conduit au malheur ; car quel malheur plus grand que de ne plus rien voir tel qu'il est, de ne plus rien juger que relativement à sa passion, de n'agir que par son ordre, de paroître en conséquence injuste ou ridicule aux autres, et d'être forcé de se mépriser soi-même lorsqu'on vient à s'examiner?

Dans cet état d'illusion et de tenèbres, nous voudrions changer la nature même de notre ame : elle ne nous a été donnée que pour connoître, nous ne voudrions l'employer qu'à sentir ; si nous pouvions étouffer en entier sa lumière nous n'en regretterions pas la perte, nous envierions volontiers le sort des insensés : comme ce n'est plus que par intervalles que nous sommes raisonnables, et que ces intervalles de raison nous sont à charge et se passent en reproches secrets, nous voudrions les supprimer ; ainsi marchant toujours d'illusions en illusions, nous cherchons volontairement à nous perdre de vue pour arriver bientôt à ne nous plus connoître, et finir par nous oublier.

Une passion sans intervalles est démence, et l'état de démence est pour l'ame un état de mort. De violentes passions avec des intervalles sont des accès de folie, des maladies de l'ame d'autant plus dangereuses qu'elles sont plus longues et plus fréquentes. La sagesse n'est que la somme des intervalles de santé que ces accès nous laissent ; cette somme n'est point celle de notre bonheur ; car nous sentons alors que notre ame a été malade, nous blâmons nos passions, nous condamnons nos actions. La plupart de ceux qui se disent malheureux sont des hommes passionnés, c'est-à-dire des foux auxquels il reste quelques intervalles de raison, pendant lesquels ils connoissent leur folie et sentent par conséquent leur malheur; et comme il y a dans les conditions élevées plus de faux desirs, plus de vaines prétentions, plus de passions désordonnées, plus d'abus de son ame que dans les états inférieurs, les grands sont sans doute de tous les hommes les moins heureux.

Mais détournons les yeux de ces tristes objets et de ces vérités humiliantes; considérons l'homme sage, le seul qui soit digne d'être considéré : maître de lui-même, il l'est des événemens; content de son état, il ne veut être que comme il a toujours été, ne vivre que comme il a toujours vécu; se suffisant à lui-même il n'a qu'un foible besoin des autres, il ne peut leur être à charge; occupé continuellement à exercer les facultés de son ame, il perfectionne son entendement, il cultive son esprit, il acquiert de nouvelles connoissances, et se satisfait à tout instant sans remords, sans dégoût; il jouit de tout l'univers en jouissant de lui-même.

Un tel homme est sans doute l'être le plus heureux de la Nature; il joint aux plaisirs du corps qui lui sont communs avec les animaux, les joies de l'esprit qui n'appartiennent qu'à lui : il a deux moyens d'être heureux qui s'aident et se fortifient mutuellement; et si par un dérangement de santé ou par quelqu'autre accident il vient à ressentir de la douleur, il souffre moins qu'un autre; la force de son ame le soutient, la raison le console; il a même de la satisfaction en souffrant, c'est de se sentir assez fort pour souffrir.

La santé de l'Homme est moins ferme et plus chancelante que celle d'aucun des animaux ; il est malade plus souvent et plus longtemps, il périt à tout âge, au lieu que les animaux semblent parcourir d'un pas égal et ferme l'espace de la vie. Cela me paroît venir de deux causes qui, quoique bien différentes, doivent toutes deux contribuer à cet effet : la première est l'agitation de notre ame, elle est occasionnée par le déréglement de notre sens intérieur matériel : les passions et les malheurs qu'elles entraînent influent sur la santé et dérangent les principes qui nous animent : si l'on observoit les Hommes, on verroit que presque tous mènent une vie timide ou contentieuse, et que la plupart meurent de chagrin. La seconde est l'imperfection de ceux de nos sens qui sont relatifs à l'appétit. Les animaux sentent bien mieux que nous ce qui convient à leur nature ; ils ne se trompent pas dans le choix de leurs alimens, ils ne s'excèdent pas dans leurs plaisirs ; guidés par le seul sentiment de leurs besoins actuels, ils se satisfont sans chercher à en faire naître de nouveaux. Nous, indépendamment de ce que nous voulons tout à l'excès, indépendamment de cette espèce de fureur avec laquelle nous cherchons à nous détruire en cherchant à forcer la Nature, nous ne savons pas trop ce qui nous convient ou ce qui nous est nuisible, nous ne distinguons pas bien les effets de telle ou telle nourriture, nous dédaignons les alimens simples, et nous leur préférons des mets composés, parce que nous avons corrompu notre goût, et que d'un sens de plaisir, nous en avons fait un organe de débauche qui n'est flatté que de ce qui l'irrite.

Il n'est donc pas étonnant que nous soyons plus que les animaux, sujets à des infirmités, puisque nous ne sentons pas aussi bien qu'eux ce qui nous est bon ou mauvais, ce qui peut contribuer à conserver ou à détruire notre santé; que notre expérience est à cet égard bien moins sûre que leur sentiment; que d'ailleurs nous abusons infiniment plus qu'eux de ces mêmes sens de l'appétit qu'ils ont meilleurs et plus parfaits que nous, puisque ces sens ne sont pour eux que des moyens de conservation et de santé, et qu'ils deviennent pour nous des causes de destruction et de maladies. L'intempérance détruit et fait languir plus d'hommes elle seule, que tous les autres fléaux de la nature humaine réunis.

Toutes ces réflexions nous portent à croire que les animaux ont le sentiment plus sûr et plus exquis que nous ne l'avons; car quand même on voudroit m'opposer qu'il y a des animaux qu'on empoisonne aisément, que d'autres s'empoisonnent eux-mêmes, et que par conséquent ces animaux ne distinguent pas mieux que nous ce qui peut leur être contraire, je répondrai toujours qu'ils ne prennent le poison qu'avec l'appât dont il est enveloppé ou avec la nourriture dont il se trouve environné; que d'ailleurs ce n'est que quand ils n'ont point à choisir, quand la faim les presse, et quand le besoin devient nécessité, qu'ils dévorent en effet tout ce qu'ils trouvent ou tout ce qui leur est présenté; et encore arrive-t-il que la plupart se laissent consumer d'inanition et périr de faim, plutôt que de prendre des nourritures qui leur répugnent.

Les animaux ont donc le sentiment, même à un plus haut degré que nous ne l'avons; je pourrois le prouver encore par l'usage qu'ils font de ce sens admirable, qui seul pourroit leur tenir lieu de tous les autres sens. La plupart des animaux ont l'odorat si parfait qu'ils sentent de plus loin qu'ils ne voient; non-seulement ils sentent de très-loin les corps présens et actuels, mais ils en sentent les émanations et les traces longtemps après qu'ils sont absens et passés. Un tel sens est un organe universel de sentiment; c'est un œil qui voit les objets non-seulement où ils sont, mais même par-tout où ils ont été; c'est un organe de goût par lequel l'animal savoure non-seulement ce qu'il peut toucher et saisir, mais même ce qui est éloigné et qu'il ne peut atteindre; c'est le sens par lequel il est le plutôt, le plus souvent et le plus sûrement averti, par lequel il agit, il se détermine, par lequel il reconnoît ce qui est convenable ou contraire à sa nature, par lequel enfin il aperçoit, sent et choisit ce qui peut satisfaire son appétit.

Les animaux ont donc les sens relatifs à l'appétit plus parfaits que nous ne les avons, et par conséquent ils ont le sentiment plus exquis et à un plus haut degré que nous ne l'avons; ils ont aussi la conscience de leur existence actuelle, mais ils n'ont pas celle de leur existence passée. Cette seconde proposition mérite, comme la première, d'être considérée; je vais tâcher d'en prouver la vérité.

La conscience de son existence, ce sentiment intérieur qui constitue le *moi*, est composé chez nous de la sensation de notre existence actuelle, et du souvenir de notre existence passée. Ce souvenir est une sensation tout aussi présente que la première, elle nous occupe même quelquefois plus fortement, et nous affecte plus puissamment que les sensations actuelles; et comme ces deux espèces de sensations sont différentes, et que notre ame a la faculté de les comparer et d'en former des idées, notre conscience d'existence est d'autant plus certaine et d'autant plus étendue, que nous nous représentons plus souvent et en plus grand nombre les choses passées, et que par nos réflexions nous les comparons et les combinons davantage entr'elles et avec les choses présentes. Chacun conserve dans soi-même un certain nombre de sensations relatives aux différentes existences, c'est-à-dire, aux différens états où l'on s'est trouvé; ce nombre de sensations est devenu une succession et a formé une suite d'idées, par la comparaison que notre ame a faite de ces sensations entr'elles. C'est dans cette comparaison de sensations que consiste l'idée du temps, et même toutes les autres idées ne sont, comme nous l'avons déjà dit, que des sensations comparées. Mais cette suite de nos idées, cette chaîne de nos existences, se présente à nous souvent dans un ordre fort différent de celui dans lequel nos sensations nous sont arrivées: c'est l'ordre de nos idées, c'est-à-dire, des comparaisons que notre ame a faites de nos sensations, que nous voyons, et point du tout l'ordre de ces sensations, et c'est en cela principalement que consiste la différence des caractères et des esprits; car de deux hommes que nous supposerons semblablement organisés, et qui auront été élevés ensemble et de la même façon, l'un

pourra

pourra penser bien différemment de l'autre, quoique tous deux aient reçu leurs sensations dans le même ordre ; mais comme la trempe de leurs ames est différente, et que chacune de ces ames a comparé et combiné ces sensations semblables, d'une manière qui lui est propre et particulière, le résultat général de ces comparaisons, c'est-à-dire les idées, l'esprit et le caractère acquis seront aussi différens.

Il y a quelques hommes dont l'activité de l'ame est telle qu'ils ne reçoivent jamais deux sensations sans les comparer et sans en former par conséquent une idée ; ceux-ci sont les plus spirituels, et peuvent, suivant les circonstances, devenir les premiers des hommes en tout genre. Il y en a d'autres, en assez grand nombre, dont l'ame moins active laisse échapper toutes les sensations qui n'ont pas un certain degré de force, et ne compare que celles qui l'ébranlent fortement ; ceux-ci ont moins d'esprit que les premiers, et d'autant moins que leur ame se porte moins fréquemment à comparer leurs sensations et à en former des idées : d'autres enfin, et c'est la multitude, ont si peu de vie dans l'ame, et une si grande indolence à penser, qu'ils ne comparent et ne combinent rien, rien au moins du premier coup d'œil; il leur faut des sensations fortes et répétées mille et mille fois, pour que leur ame vienne enfin à en comparer quelqu'une et à former une idée : ces hommes sont plus ou moins stupides, et semblent ne différer des animaux que par ce petit nombre d'idées que leur ame a tant de peine à produire.

La conscience de notre existence étant donc composée, non-seulement de nos sensations actuelles, mais même de la suite d'idées qu'a fait naître la comparaison de nos sensations et de nos existences passées, il est évident que plus on a d'idées, et plus on est sûr de son existence; que plus on a d'esprit, plus on existe; qu'enfin c'est par la puissance de réfléchir qu'a notre ame, et par cette seule puissance, que nous sommes certains de nos existences passées, et que nous voyons nos existences futures, l'idée de l'avenir n'étant que la comparaison inverse du présent au passé, puisque dans cette vue de l'esprit, le présent est passé et l'avenir est présent.

Cette puissance de réfléchir ayant été refusée aux animaux, il est donc certain qu'ils ne peuvent former d'idées, et que par conséquent leur conscience d'existence est moins sûre et moins étendue que la nôtre; car ils ne peuvent avoir aucune idée du temps, aucune connoissance du passé, aucune notion de l'avenir; leur conscience d'existence est simple, elle dépend uniquement des sensations qui les affectent actuellement, et consiste dans le sentiment intérieur que ces sensations produisent.

Ne pouvons-nous pas concevoir ce que c'est que cette conscience d'existence dans les animaux, en faisant réflexion sur l'état où nous nous trouvons lorsque nous sommes fortement occupés d'un objet, ou violemment agités par une passion qui ne nous permet de faire aucune réflexion sur nous-mêmes? On exprime l'idée de cet état en disant qu'on est hors de soi, et l'on est en effet hors de soi dès que l'on n'est occupé que des sensations actuelles; l'on est d'autant plus hors de soi, que ces sensations sont plus vives, plus rapides, et qu'elles donnent moins de temps à l'ame pour les considérer : dans cet état, nous nous sentons, nous sentons même le plaisir et la douleur dans toutes leurs nuances ; nous avons donc alors le sentiment, la conscience de notre existence, sans que notre ame semble y participer. Cet état où nous ne nous trouvons que par instans, est l'état habituel des animaux ; privés d'idées et pourvus de sensations, ils ne savent point qu'ils existent, mais ils le sentent.

Pour rendre plus sensible la différence que j'établis ici entre les sensations et les idées, et pour démontrer en même temps que les animaux ont des sensations, et qu'ils n'ont point d'idées, considérons en détail leurs facultés et les nôtres, et comparons leurs opérations à nos actions. Ils ont comme nous des sens, et par conséquent ils reçoivent les impressions des objets extérieurs ; ils ont comme nous un sens intérieur, un organe qui conserve les ébranlemens causés par ces impressions, et par conséquent ils ont des sensations qui, comme les nôtres, peuvent se renouveler et sont plus ou moins fortes et plus ou moins durables : cependant ils n'ont ni l'esprit, ni l'entendement, ni la mémoire comme nous l'avons, parce qu'ils n'ont pas la puissance de comparer leurs sensations, et que ces trois facultés de notre ame dépendent de cette puissance.

Les animaux n'ont pas la mémoire ? Le contraire paroît démontré, me dira-t-on ; ne reconnoissent-ils pas après une absence les personnes auprès desquelles ils ont vécu, les lieux qu'ils ont habités, les chemins qu'ils ont parcourus? ne se souviennent-ils pas des châtimens qu'ils ont essuyés, des caresses qu'on leur a faites, des leçons qu'on leur a données? Tout semble prouver qu'en leur ôtant l'entendement et l'esprit, on ne peut leur refuser la mémoire, et une mémoire active, étendue, et peut-être plus fidelle que la nôtre. Cependant, quelque grandes que soient ces apparences, et quelque fort que soit le préjugé qu'elles ont fait naître, je crois qu'on peut démontrer qu'elles nous trompent; que les animaux n'ont aucune connoissance du passé, aucune idée du temps, et que par conséquent ils n'ont pas la mémoire.

Chez nous, la mémoire émane de la puissance de réfléchir; car le souvenir que nous avons des choses passées suppose non-seulement la durée des ébranlemens de notre sens intérieur matériel, c'est-à-dire le renouvellement de nos sensations antérieures, mais encore les comparaisons que notre ame a faites de ces sensations, c'est-à-dire les idées qu'elle en a formées; si la mémoire ne consistoit que dans le renouvellement des sensations passées, ces sensations se représenteroient à notre sens intérieur sans y laisser une impression déterminée; elles se présenteroient sans aucun ordre, sans liaison entr'elles, à peu près comme elles se présentent dans l'ivresse ou dans certains rêves, où tout est si décousu, si peu suivi, si peu ordonné, que nous ne pouvons en conserver le souvenir; car nous ne nous souvenons que des choses qui ont des rapports avec celles qui les ont précédées ou suivies; et toute sensation isolée qui n'auroit aucune liaison avec les autres sensations, quelque forte qu'elle pût être, ne laisseroit aucune trace dans notre esprit. Or c'est notre ame qui établit ces rapports entre les choses, par la comparaison qu'elle fait des unes avec les autres; c'est elle qui forme la liaison de nos sensations, et qui ourdit la trame de nos existences par un fil continu d'idées : la mémoire consiste donc dans une succession d'idées, et suppose nécessairement la puissance qui les produit.

Mais pour ne laisser, s'il est possible, aucun doute sur ce point important, voyons quelle est l'espèce de souvenir que nous laissent nos sensations, lorsqu'elles n'ont point été accompagnées d'idées. La douleur et le plaisir sont de pures sensations et les plus fortes de toutes; cependant lorsque nous voulons nous rappeler ce que nous avons senti dans les instans les plus vifs de plaisir ou de douleur, nous ne pouvons le faire que foiblement, confusément; nous nous souvenons seulement que nous avons été flattés ou blessés; mais notre souvenir n'est pas distinct; nous ne pouvons nous représenter ni l'espèce, ni le degré, ni la durée de ces sensations qui nous ont cependant si fortement ébranlés, et nous sommes d'autant moins capables de nous les représenter, qu'elles ont été moins répétées et plus rares. Une douleur, par exemple, que nous n'aurons éprouvée qu'une fois, qui n'aura duré que quelques instans, et qui sera différente des douleurs que nous éprouvons habituellement, sera nécessairement bientôt oubliée, quelque vive qu'elle ait été, et quoique nous nous souvenions que dans cette circonstance nous avons senti une grande douleur, nous n'avons qu'une foible réminiscence de la sensation même, tandis que nous avons une mémoire nette des circonstances qui l'accompagnoient et du temps où elle nous est arrivée.

Pourquoi tout ce qui s'est passé dans notre enfance est-il presque entièrement oublié, et pourquoi les vieillards ont-ils un souvenir plus présent de ce qui leur est arrivé dans le moyen âge que de ce qui leur arrive dans leur vieillesse? Y a-t-il une meilleure preuve que les sensations toutes seules ne suffisent pas pour produire la mémoire, et qu'elles n'existent en effet que dans la suite des idées que notre ame peut tirer de ces sensations? car dans l'enfance, les sensations sont aussi et peut-être plus vives et plus rapides que dans le moyen âge, et cependant elles ne laissent que peu ou point de traces, parce qu'à cet âge la puissance de réfléchir, qui seule peut former des idées, est dans une inaction presque totale, et que dans les momens où elle agit, elle ne compare que des superficies, elle ne combine que de petites choses pendant un petit temps, elle ne met rien en ordre, elle ne réduit rien en suites. Dans l'âge mur, où la raison est entièrement développée, parce que la puissance de réfléchir est en entier exercice, nous tirons de nos sensations tout le fruit qu'elles peuvent produire, et nous nous formons plusieurs ordres d'idées et plusieurs chaînes de pensées, dont chacune fait une trace durable, sur laquelle nous repassons si souvent, qu'elle devient profonde, ineffaçable, et que plusieurs années après, dans le temps de notre vieillesse, ces mêmes idées se présentent avec plus de force que celles que nous pouvons tirer immédiatement des sensations actuelles, parce qu'alors ces sensations sont foibles, lentes, émoussées, et qu'à cet âge l'ame même participe à la langueur du corps. Dans l'enfance, le temps présent est tout; dans l'âge mûr, on jouit également du passé, du présent et de l'avenir, et dans la vieillesse on sent peu le présent, on détourne les yeux de l'avenir et on ne vit que dans le passé. Ces différences ne dépendent-elles pas entièrement de l'ordonnance que notre ame a faite de nos sensations, et ne sont-elles pas relatives au plus ou moins de facilité que nous avons dans ces différens âges, à former, à acquérir et à conserver des idées? L'enfant qui jase, et le vieillard qui radote, n'ont ni l'un ni l'autre le ton de la raison, parce qu'ils manquent également d'idées; le premier ne peut encore en former, et le second n'en forme plus.

Un imbécille, dont les sens et les organes corporels nous paroissent sains et bien disposés, a comme nous des sensations de toutes espèces; il les aura aussi dans le même ordre s'il vit en société et qu'on l'oblige à faire ce que font les autres hommes; cependant comme ces sensations ne lui font point naître d'idées, qu'il n'y a point de correspondance entre son ame et son corps, et qu'il ne peut réfléchir sur rien, il est en conséquence privé de la mémoire et de la connoissance de soi-même. Cet homme ne diffère en rien de l'animal quant aux facultés extérieures; car quoiqu'il ait une ame, et que par conséquent il possède en lui le principe de la raison, comme ce principe demeure dans l'inaction, et qu'il ne reçoit rien des organes corporels avec lesquels il n'a aucune correspondance, il ne peut influer sur les actions de cet homme, qui dès-lors ne peut agir que comme un animal uniquement déterminé par ses sensations et par le sentiment de son existence actuelle et de ses besoins présens. Ainsi l'homme imbécille et l'animal sont des êtres dont les résultats et les opérations sont les mêmes à tous égards, parce que l'un n'a point d'ame, et que l'autre ne s'en sert point; tous deux manquent de la puissance de réfléchir, et n'ont par conséquent ni entendement, ni esprit, ni mémoire, mais tous deux ont des sensations, du sentiment et du mouvement.

Cependant, me répétera-t-on toujours, l'homme imbécille et l'animal n'agissent-ils pas souvent comme s'ils étoient déterminés par la connoissance des choses passées? ne reconnoissent-ils pas les personnes avec lesquelles ils ont vécu, les lieux qu'ils ont habités? ces actions ne supposent-elles pas nécessairement la mémoire? et cela ne prouveroit-il pas au contraire qu'elle n'émane point de la puissance de réfléchir?

Il ne faut pour faire évanouir cette difficulté que faire attention qu'il y a deux espèces de mémoires infiniment différentes l'une de l'autre par leur cause, et qui peuvent cependant se ressembler en quelque sorte par leurs effets; la première est la trace de nos idées, et la seconde que j'appellerois volontiers réminiscence plutôt que mémoire, n'est que le renouvellement de nos sensations, ou plutôt des ébranlemens qui les ont causées : la première émane de l'ame, et elle est pour nous bien plus parfaite que la seconde; cette dernière au contraire n'est produite que par le renouvellement des ébranlemens du sens intérieur matériel, et elle est la seule qu'on puisse accorder à l'animal ou à l'homme imbécille : leurs sensations antérieures sont renouvelées par les sensations actuelles, elles se réveillent avec toutes les circonstances qui les accompagnoient ; l'image principale et présente appelle les images anciennes et accessoires ; ils sentent comme ils ont senti, ils agissent donc comme ils ont agi, ils voient ensemble le présent et le passé, mais sans les distinguer, sans les comparer, et par conséquent sans les connoître.

Une seconde objection qu'on me fera sans doute, et qui n'est cependant qu'une conséquence de la première, mais qu'on ne manquera pas de donner comme une autre preuve de l'existence de la mémoire dans les animaux, ce sont leurs rêves. Il est certain que les animaux se représentent dans le sommeil les choses dont ils ont été occupés pendant la veille ; les chiens jappent souvent en dormant, et quoique cet aboiement soit sourd et foible, on y reconnoît cependant la voix de la chasse, les accens de la colère, les sons du desir ou du murmure ; on ne peut donc pas douter qu'ils n'aient des choses passées un souvenir très-vif, très-actif et différent de celui dont nous venons de parler, puisqu'il se renouvelle indépendamment d'aucune cause extérieure qui pourroit y être relative.

Pour répondre à cette nouvelle objection d'une manière satisfaisante, il faut examiner la nature de nos rêves, et chercher s'ils viennent de notre ame ou s'ils dépendent seulement de notre sens intérieur matériel ; si nous pouvions prouver qu'ils y résident en entier, ce seroit non-seulement une réponse à l'objection, mais une nouvelle démonstration contre l'entendement et la mémoire des animaux.

Les imbécilles, dont l'ame est sans action, rêvent comme les autres hommes; il se produit donc des rêves indépendamment de l'ame, puisque dans les imbécilles l'ame ne produit rien : les animaux qui n'ont point d'ame peuvent donc rêver aussi, et non-seulement il se produit des rêves indépendamment de l'ame, mais je serois fort porté à croire que tous les rêves en sont indépendans. Je demande seulement que chacun réfléchisse sur ses rêves, et tâche à reconnoître pourquoi les parties en sont si mal liées, et les événemens si bizarres; il m'a paru que c'étoit principalement parce qu'ils ne roulent que sur des sensations et point du tout sur des idées. L'idée du temps, par exemple, n'y entre jamais; on se représente bien les personnes que l'on n'a pas vues, et même celles qui sont mortes depuis plusieurs années; on les voit vivantes et telles qu'elles étoient; mais on les joint aux choses actuelles et aux personnes présentes ou à des choses et à des personnes d'un autre temps : il en est de même de l'idée du lieu; on ne voit pas où elles étoient; les choses qu'on se représente, on les voit ailleurs, où elles ne pouvoient être; si l'ame agissoit, il ne lui faudroit qu'un instant pour mettre de l'ordre dans cette suite décousue, dans ce chaos de sensations; mais ordinairement elle n'agit point, elle laisse les représentations se succéder en désordre, et quoique chaque objet se présente vivement, la succession en est souvent confuse et toujours chimérique : et s'il arrive que l'ame soit à demiréveillée par l'énormité de ces disparates, ou seulement par la force de ces sensations, elle jettera sur le champ une étincelle de lumière au milieu des ténèbres, elle produira une idée réelle dans le sein même des chimères; on rêvera que tout cela pourroit bien n'être qu'un rêve; je devrois dire on pensera; car quoique cette action ne soit qu'un petit signe de l'ame, ce n'est point une sensation ni un rêve, c'est une pensée, une réflexion, mais qui n'étant pas assez forte pour dissiper l'illusion, s'y mêle, en devient partie, et n'empêche pas les représentations de se succéder, en sorte qu'au réveil on imagine avoir rêvé cela même qu'on avoit pensé.

Dans les rêves on voit beaucoup, on entend rarement, on ne raisonne point, on sent vivement, les images se suivent, les sensations se succèdent sans que l'ame les compare ni les réunisse : on n'a donc que des sensations et point d'idées, puisque les idées ne sont que les comparaisons des sensations; ainsi les rêves ne résident que dans le sens intérieur matériel, l'ame ne les produit point; ils feront donc partie de ce souvenir animal, de cette espèce de réminiscence matérielle dont nous avons parlé : la mémoire au contraire ne peut exister sans l'idée du temps, sans la comparaison des idées antérieures et des idées actuelles, et puisque ces idées n'entrent point dans les rêves, il paroît démontré qu'ils ne peuvent être ni une conséquence, ni un effet, ni une preuve de la mémoire; et si pour prouver que les idées ne sont point exclues des rêves, on cite les somnambules, les gens qui parlent en dormant et disent des choses suivies, qui répondent à des questions, je répondrai que je suis bien éloigné de croire que les somnambules soient en effet occupés d'idées : l'ame ne me paroît avoir aucune part à toutes ces actions; car les somnambules vont, viennent, agissent sans réflexion, sans connoissance de leur situation, ni du péril, ni des inconvéniens qui accompagnent leurs démarches; les seules facultés animales sont en exercice, et même elles n'y sont pas toutes : un somnambule est dans cet état plus stupide qu'un imbécille, parce qu'il n'y a qu'une partie de ses sens et de son sentiment qui soit alors en exercice, au lieu que l'imbécille dispose de tous ses sens et jouit du sentiment dans toute son étendue; et à l'égard des gens qui parlent en dormant, je ne crois pas qu'ils disent rien de nouveau : la réponse à certaines questions triviales et usitées, la répétition de quelques phrases communes, ne prouvent pas l'action de l'ame; tout cela peut s'opérer indépendamment du principe de la connoissance et de la pensée. Pourquoi dans le sommeil ne parleroit-on pas sans penser, puisqu'en s'examinant soi-même lorsqu'on est le mieux éveillé, on s'aperçoit, surtout dans les passions, qu'on dit tant de choses sans réflexion?

A l'égard de la cause occasionnelle des rêves, qui fait que les sensations antérieures se renouvellent sans être excitées par les objets présens ou par des sensations actuelles, on observera que l'on ne rêve point lorsque le sommeil est profond; tout est alors assoupi, on dort en dehors et en dedans; mais le sens intérieur s'endort le dernier et se réveille le premier, parce qu'il est plus vif, plus actif, plus aisé à ébranler que les sens extérieurs : le sommeil est dès-lors moins complet et moins profond; c'est-là le temps des songes illusoires; les sensations antérieures, sur-tout celles sur lesquelles nous n'avons pas réfléchi, se renouvellent; le sens intérieur ne pouvant être occupé par des sensations actuelles, à cause de l'inaction des sens externes, agit et s'exerce sur ses sensations passées; les plus fortes sont celles qu'il saisit le plus souvent; plus elles sont fortes, plus les situations sont excessives, et c'est par cette raison que presque tous les rêves sont effroyables ou charmans.

Il n'est pas même nécessaire que les sens extérieurs soient absolument assoupis pour que le sens intérieur matériel puisse agir de son propre mouvement, il suffit qu'ils soient sans exercice. Dans l'habitude où nous sommes de nous livrer régulièrement à un repos anticipé, on ne s'endort pas toujours aisément; le corps et les membres mollement étendus sont sans mouvement : les yeux doublement voilés par la paupière et les ténèbres, ne peuvent s'exercer; la tranquillité du lieu et le silence de la nuit rendent l'oreille inutile; les autres sens sont également inactifs; tout est en repos, et rien n'est encore assoupi : dans cet état, lorsqu'on ne s'occupe pas d'idées, et que l'ame est aussi dans l'inaction, l'empire appartient au sens intérieur matériel; il est alors la seule puissance qui agisse, c'est-là le temps des images chimériques, des ombres voltigeantes; on veille, et cependant on éprouve les effets du sommeil : si l'on est en pleine santé, c'est une suite d'images agréables, d'illusions charmantes; mais pour peu que le corps soit souffrant ou affaissé, les tableaux sont bien différens; on voit des figures grimaçantes, des visages de vieilles, des fantômes hideux qui semblent s'adresser à nous, et qui se succèdent avec autant de bizarrerie que de rapidité; c'est la lanterne magique; c'est une scène de chimères qui remplissent le cerveau vide alors de toute autre sensation, et les objets de cette scène sont d'autant plus vifs, d'autant plus nombreux, d'autant plus désagréables, que les autres facultés animales sont plus lésées, que les nerfs sont plus délicats, et que l'on est plus foible, parce que les ébranlemens causés par les sensations réelles étant, dans cet état de foiblesse ou de maladie, beaucoup plus forts et plus désagréables que dans l'état de santé, les représentations de ces sensations, que produit le renouvellement de ces ébranlemens, doivent aussi être plus vives et plus désagréables.

Au reste, nous nous souvenons de nos rêves, par la même raison que nous nous souvenons des sensations que nous venons d'éprouver, et la seule différence qu'il y ait ici entre les animaux et nous, c'est que nous distinguons parfaitement ce qui appartient à nos rêves de ce qui appartient à nos idées ou à nos sensations réelles; et ceci est une comparaison, une opération de la mémoire, dans laquelle entre l'idée du temps : les animaux au contraire, qui sont privés de la mémoire et de cette puissance de comparer les temps, ne peuvent distinguer leurs rêves de leurs sensations réelles, et l'on peut dire que ce qu'ils ont rêvé leur est effectivement arrivé.

Nous devons distinguer dans l'entendement deux opérations différentes, dont la première sert de base à la seconde et la précède nécessairement : cette première action de la puissance de réfléchir est de comparer les sensations et d'en former des idées, et la seconde est de comparer les idées mêmes et d'en former des raisonnemens; par la première de ces opérations, nous acquérons des idées particulières et qui suffisent à la connoissance de toutes les choses sensibles ; par la seconde, nous nous élevons à des idées générales, nécessaires pour arriver à l'intelligence des choses abstraites. Les animaux n'ont ni l'une ni l'autre de ces facultés, parce qu'ils n'ont point d'entendement ; et l'entendement de la plupart des hommes paroît être bornée à la première de ces opérations.

Car si tous les hommes étoient également capables de comparer des idées, de les généraliser et d'en former de nouvelles combinaisons, tous manifesteroient leur génie par des productions nouvelles toujours différentes de celles des autres et souvent plus parfaites ; tous auroient le don d'inventer ou du moins le talent de perfectionner. Mais non : réduits à une imitation servile, la plupart des hommes ne font que ce qu'ils voient faire, ne pensent que de mémoire et dans le même ordre que les autres ont pensé ; les formules, les méthodes, les métiers remplissent toute la capacité de leur entendement, et les dispensent de réfléchir assez pour créer.

L'imagination est aussi une faculté de l'ame : si nous entendons par ce mot imagination la puissance que nous avons de comparer des images avec des idées, de donner des couleurs à nos pensées, de représenter et d'agrandir nos sensations, de peindre le sentiment, en un mot de saisir vivement les circonstances et de voir nettement les rapports éloignés des objets que nous considérons, cette puissance de notre ame en est même la qualité la plus brillante et la plus active; c'est l'esprit supérieur, c'est le génie; les animaux en sont encore plus dépourvus que d'entendement et de mémoire, mais il y a une autre imagination, un autre principe qui dépend uniquement des organes corporels, et qui nous est commun avec les animaux; c'est cette action tumultueuse et forcée qui s'excite au-dedans de nous-mêmes par les objets analogues ou contraires à nos appétits; c'est cette impression vive et profonde des images de ces objets, qui malgré nous se renouvelle à tout instant, et nous contraint d'agir comme les animaux, sans réflexion, sans délibération; cette représentation des objets, plus active encore que leur présence, exagère tout, falsifie tout. Cette imagination est l'ennemie de notre ame; c'est la source de l'illusion, la mère des passions qui nous maîtrisent, nous emportent malgré les efforts de la raison, et nous rendent le malheureux théâtre d'un combat continuel où nous sommes presque toujours vaincus. L'homme intérieur est double : il est composé de deux principes différens par leur nature et contraires par leur action. L'ame, ce principe spirituel, ce principe de toute connoissance est toujours en opposition avec cet autre principe animal et purement matériel : le premier est une lumière pure qu'accompagnent le calme et la sérénité; une source

salutaire

salutaire dont émanent la science, la raison, la sagesse; l'autre est une fausse lueur qui ne brille que par la tempête et dans l'obscurité, un torrent impétueux qui roule et entraîne à sa suite les passions et les erreurs.

Le principe animal se développe le premier; comme il est purement matériel, et qu'il consiste dans la durée des ébranlemens et le renouvellement des impressions formées dans notre sens intérieur matériel par les objets analogues ou contraires à nos appétits, il commence à agir dès que le corps peut sentir de la douleur ou du plaisir; il nous détermine le premier et aussitôt que nous pouvons faire usage de nos sens. Le principe spirituel se manifeste plus tard; il se développe, il se perfectionne au moyen de l'éducation; c'est par la communication des pensées d'autrui que l'enfant en acquiert et devient lui-même pensant et raisonnable, et sans cette communication il ne seroit que stupide ou fantasque, selon le degré d'inaction ou d'activité de son sens intérieur matériel.

Considérons un enfant lorsqu'il est en liberté et loin de l'œil de ses maîtres; nous pouvons juger de ce qui se passe au-dedans de lui par le résultat de ses actions extérieures; il ne pense ni ne réfléchit à rien, il suit indifféremment toutes les routes du plaisir, il obéit à toutes les impressions des objets extérieurs; il s'agite sans raison, il s'amuse comme les jeunes animaux à courir, à exercer son corps; il va, vient et revient sans dessein, sans projet; il agit sans ordre et sans suite; mais bientôt rappelé par la voix de ceux qui lui ont appris à penser, il se compose, il dirige ses actions, il donne des preuves qu'il a conservé les pensées qu'on lui a communiquées. Le principe matériel domine donc dans l'enfance, et il continueroit de dominer et d'agir presque seul pendant toute la vie, si l'éducation ne venoit à développer le principe spirituel et à mettre l'ame en exercice.

Il est aisé, en rentrant en soi-même, de reconnoître l'existence de ces deux principes : il y a des instans dans la vie, il y a même des heures, des jours, des saisons où nous pouvons juger, non-seulement de la certitude de leur existence, mais aussi de leur contrariété d'action. Je veux parler de ces temps d'ennui, d'indolence, de dégoût, où nous ne pouvons nous déterminer à rien, où nous voulons ce que nous ne faisons pas, et faisons ce que nous ne voulons pas ; de cet état ou de cette maladie à laquelle on a donné le nom de vapeurs, état où se trouvent si souvent les hommes oisifs, et même les hommes qu'aucun travail ne commande. Si nous nous observons dans cet état, notre *moi* nous paroîtra divisé en deux personnes, dont la première qui représente la faculté raisonnable blâme ce que fait la seconde, mais n'est pas assez forte pour s'y opposer efficacement et la vaincre ; au contraire, cette dernière étant formée de toutes les illusions de nos sens et de notre imagination, elle contraint, elle enchaîne et souvent elle accable la première et nous fait agir contre ce que nous pensons, ou nous force à l'inaction, quoique nous ayons la volonté d'agir.

Dans le temps où la faculté raisonnable domine, on s'occupe tranquillement de soi-même, de ses amis, de ses affaires; mais on s'aperçoit encore, ne fût-ce que par des distractions involontaires, de la présence de l'autre principe : lorsque celui-ci vient à dominer à son tour, on se livre ardemment à la dissipation, à ses goûts, à ses passions, et à peine réfléchit-on par instans sur les objets mêmes qui nous occupent et qui nous remplissent tout entiers. Dans ces deux états nous sommes heureux : dans le premier, nous commandons avec satisfaction, et dans le second, nous obéissons encore avec plus de plaisir. Comme il n'y a que l'un des deux principes qui soit alors en action, et qu'il agit sans opposition de la part de l'autre, nous ne sentons aucune contrariété intérieure ; notre *moi* nous paroît simple, parce que nous n'éprouvons qu'une impulsion simple, et c'est dans cette unité d'action que consiste notre bonheur; car pour peu que par des réflexions nous venions à blâmer nos plaisirs, ou que par la violence de nos passions nous cherchions à haïr la raison, nous cessons dès-lors d'être heureux, nous perdons l'unité de notre existence, en quoi consiste notre tranquillité; la contrariété intérieure se renouvelle, les deux personnes se représentent en opposition, et les deux principes se font sentir et se manifestent par les doutes, les inquiétudes et les remords.

De-là on peut conclure que le plus malheureux de tous les états est celui où ces deux puissances souveraines de la nature de l'Homme, sont toutes deux en grand mouvement, mais en mouvement égal et qui fait équilibre : c'est là le point de l'ennui le plus profond et de cet horrible dégoût de soi-même, qui ne nous laisse d'autre desir que celui de cesser d'être, et ne nous permet qu'autant d'action qu'il en faut pour nous détruire, en tournant froidement contre nous des armes de fureur.

Quel état affreux ! je viens d'en peindre la nuance la plus noire : mais combien n'y a-t-il pas d'autres sombres nuances, qui doivent la précéder ! Toutes les situations voisines de cette situation, tous les états qui approchent de cet état d'équilibre, et dans lesquels les deux principes opposés ont peine à se surmonter, et agissent en même temps et avec des forces presque égales, sont des temps de trouble, d'irrésolution et de malheur; le corps même vient à souffrir de ce désordre et de ces combats intérieurs ; il languit dans l'accablement, ou se consume par l'agitation que cet état produit.

Le bonheur de l'Homme consistant dans l'unité de son intérieur, il est heureux dans le temps de l'enfance, parce que le principe matériel domine seul et agit presque continuellement. La contrainte, les remontrances, et même les châtimens, ne sont que de petits chagrins ; l'enfant ne les ressent que comme on sent les douleurs corporelles ; le fond de son existence n'en est point affecté ; il reprend, dès qu'il est en liberté, toute l'action, toute la gaieté que lui donnent la vivacité et la nouveauté de ses sensations : s'il étoit entièrement livré à lui-même, il seroit parfaitement heureux ; mais ce bonheur cesseroit, il produiroit même le malheur pour les âges suivans : on est donc obligé de contraindre l'enfant ; il est triste, mais nécessaire de le rendre malheureux par instans, puisque ces instans mêmes de malheur sont les germes de tout son bonheur à venir.

Dans la jeunesse, lorsque le principe spirituel commence à entrer en exercice et qu'il pourroit déjà nous conduire, il naît un nouveau sens matériel qui prend un empire absolu, et commande si impérieusement à toutes nos facultés, que l'ame elle-même semble se prêter avec plaisir aux passions impétueuses qu'il produit : le principe matériel domine donc encore, et peut-être avec plus d'avantage que jamais; car non-seulement il efface et soumet la raison, mais il la pervertit et s'en sert comme d'un moyen de plus; on ne pense et on n'agit que pour approuver et pour satisfaire sa passion; tant que cette ivresse dure, on est heureux, les contradictions et les peines extérieures semblent resserrer encore l'unité de l'intérieur; elles fortifient la passion, elles en remplissent les intervalles languissans, elles réveillent l'orgueil, et achèvent de tourner toutes nos vues vers le même objet, et toutes nos puissances vers le même but.

Mais ce bonheur va passer comme un songe; le charme disparoît, le dégoût suit, un vide affreux succède à la plénitude des sentimens dont on étoit occupé. L'ame, au sortir de ce sommeil léthargique, a peine à se reconnoître; elle a perdu par l'esclavage l'habitude de commander, elle n'en a plus la force; elle regrette même la servitude et cherche un nouveau maître, un nouvel objet de passions qui disparoît bientôt à son tour, pour être suivi d'un autre qui dure encore moins; ainsi les excès et les dégoûts se multiplient, les plaisirs fuient, les organes s'usent, le sens matériel, loin de pouvoir commander, n'a plus la force d'obéir. Que reste-t-il à l'Homme après une telle jeunesse? un corps énervé, une ame amollie, et l'impuissance de se servir de tous deux.

Aussi a-t-on remarqué que c'est dans le moyen âge que les Hommes sont le plus sujets à ces langueurs de l'ame, à cette maladie intérieure, à cet état de vapeurs dont j'ai parlé. On court encore à cet âge après les plaisirs de la jeunesse, on les cherche par habitude et non par besoin ; et comme à mesure qu'on avance, il arrive toujours plus fréquemment qu'on sent moins le plaisir que l'impuissance d'en jouir, on se trouve contredit par soi-même, humilié par sa propre foiblesse, si nettement et si souvent, qu'on ne peut s'empêcher de se blâmer, de condamner ses actions, et de se reprocher même ses desirs.

D'ailleurs, c'est à cet âge que naissent les soucis et que la vie est la plus contentieuse ; car on a pris un état, c'est-à-dire, qu'on est entré par hasard ou par choix dans une carrière qu'il est toujours honteux de ne pas fournir, et souvent très-dangereux de remplir avec éclat. On marche donc péniblement entre deux écueils également formidables, le mépris et la haine; on s'affoiblit par les efforts qu'on fait pour les éviter, et l'on tombe dans le découragement ; car lorsqu'à force d'avoir vécu et d'avoir reconnu, éprouvé les injustices des hommes, on a pris l'habitude d'y compter comme sur un mal nécessaire ; lorsqu'on s'est enfin accoutumé à faire moins de cas de leurs jugemens que de son repos, et que le cœur endurci par les cicatrices mêmes des coups qu'on lui a portés, est devenu plus insensible, on arrive aisément à cet état d'indifférence, à cette quiétude indolente, dont on auroit rougi quelques années auparavant. La gloire, ce puissant mobile de toutes les grandes ames, et qu'on voyoit de loin comme un but éclatant qu'on s'efforçoit d'atteindre par des actions brillantes et des travaux utiles, n'est plus qu'un objet sans attraits pour ceux qui en ont approché, et un fantôme vain et trompeur pour les autres qui sont restés dans l'éloignement. La paresse prend sa place, et semble offrir à tous des routes plus aisées et des biens plus solides ; mais le dégoût la précède et l'ennui la suit ; l'ennui, ce triste tyran de toutes ames qui pensent, contre lequel la sagesse peut moins que la folie.

C'est donc parce que la nature de l'Homme est composée de deux principes opposés, qu'il a tant de peine à se concilier avec lui-même ; c'est de-là que viennent son inconstance, son irrésolution, ses ennuis.

Les animaux au contraire, dont la nature est simple et purement matérielle, ne ressentent ni combats intérieurs, ni opposition, ni trouble ; ils n'ont ni nos regrets, ni nos remords, ni nos espérances, ni nos craintes.

Séparons de nous tout ce qui appartient à l'ame ; ôtons-nous l'entendement, l'esprit et la mémoire ; ce qui nous restera sera la partie matérielle par laquelle nous sommes animaux ; nous aurons encore des besoins, des sensations, des appétits, nous aurons de la douleur et du plaisir, nous aurons même des passions ; car une passion est-elle autre chose qu'une sensation plus forte que les autres, et qui se renouvelle à tout instant ?

C'est ici le point le plus difficile : comment pourrons-nous, sur-tout avec l'abus que l'on a fait des termes, nous faire entendre et distinguer nettement les passions qui n'appartiennent qu'à l'Homme, de celles qui lui sont communes avec les animaux? est-il certain, est-il croyable que les animaux puissent avoir des passions? n'est-il pas au contraire convenu que toute passion est une émotion de l'ame? doit-on par conséquent chercher ailleurs que dans ce principe spirituel les germes de l'orgueil, de l'envie, de l'ambition, de l'avarice et de toutes les passions qui nous commandent?

Je ne sais, mais il me semble que tout ce qui commande à l'ame est hors d'elle; il me semble que le principe de la connoissance n'est point celui du sentiment; il me semble que le germe de nos passions est dans nos appétits, que les illusions viennent de nos sens et résident dans notre sens intérieur matériel, que d'abord l'ame n'y a de part que par son silence, que quand elle s'y prête elle est subjuguée, et pervertie lorsqu'elle s'y complaît.

Distinguons donc dans les passions de l'Homme le physique et le moral; l'un est la cause, l'autre l'effet: la première émotion est dans le sens intérieur matériel; l'ame peut la recevoir, mais elle ne la produit pas: distinguons aussi les mouvemens instantanés des mouvemens durables, et nous verrons d'abord que la peur, l'horreur, la colère, l'amour, ou plutôt le desir de jouir, sont des sentimens, qui quoique durables, ne dépendent que de l'impression des objets sur nos sens, combinée avec les impressions subsistantes de nos sensations antérieures, et que par conséquent ces passions doivent nous être communes avec les animaux. Je dis que les impressions actuelles des objets sont combinées avec les impressions subsistantes de nos sensations antérieures, parce que rien n'est horrible, rien n'est effrayant, rien n'est attrayant pour un homme ou pour un animal qui voit pour la première fois : on peut en faire l'épreuve sur de jeunes animaux ; j'en ai vu se jeter au feu la première fois qu'on les y présentoit : ils n'acquièrent de l'expérience que par des actes réitérés, dont les impressions subsistent dans leur sens intérieur ; et quoique leur expérience ne soit point raisonnée, elle n'en est pas moins sûre, elle n'en est même que plus circonspecte : car un grand bruit, un mouvement violent ; une figure extraordinaire, qui se présente ou se fait entendre subitement et pour la première fois, produit dans l'animal une secousse dont l'effet est semblable aux premiers mouvemens de la peur : mais ce sentiment n'est qu'instantané ; comme il ne peut se combiner avec aucune sensation précédente, il ne peut donner à l'animal qu'un ébranlement momentané, et non pas une émotion durable, telle que la suppose la passion de la peur.

Un jeune animal tranquille habitant des forêts qui tout-à-coup entend le son éclatant d'un cor, ou le bruit subit et nouveau d'une arme à feu, tressaillit, bondit, et fuit par la seule violence de la secousse qu'il vient d'éprouver. Cependant si ce bruit est sans effet, s'il cesse, l'animal reconnoît d'abord le silence ordinaire de la Nature ; il se calme, s'arrête et regagne à pas égaux sa paisible retraite. Mais l'âge et l'expérience le rendront bientôt circonspect et timide, dès qu'à l'occasion d'un bruit pareil il se sera senti blessé, atteint ou poursuivi : ce sentiment de peine ou cette sensation de douleur se conserve dans son sens intérieur, et lorsque le même bruit se fait encore entendre, elle se renouvelle, et se combinant avec l'ébranlement actuel, elle produit un sentiment durable, une passion subsistante, une vraie peur; l'animal fuit et fuit de toutes ses forces, il fuit très-loin, il fuit longtemps, il fuit toujours, puisque souvent il abandonne à jamais son séjour ordinaire.

La peur est donc une passion dont l'animal est susceptible, quoiqu'il n'ait pas nos craintes raisonnées ou prévues : il en est de même de l'horreur, de la colère, de l'amour, quoiqu'il n'ait ni nos aversions réfléchies, ni nos haines durables, ni nos amitiés constantes. L'animal a toutes ces passions premières; elles ne supposent aucune connoissance, aucune idée, et ne sont fondées que sur l'expérience du sentiment, c'est-à-dire sur la répétition des actes de douleur ou de plaisir, et le renouvellement des sensations antérieures du même genre. La colère, ou si l'on veut le courage naturel, se remarque dans les animaux qui sentent leur force, c'est-à-dire, qui les ont éprouvées, mesurées, et trouvées supérieures à celles des autres; la peur est le partage des foibles, mais le sentiment d'amour leur appartient à tous.

Amour! desir inné! ame de la Nature! principe inépuisable d'existence! puissance souveraine qui peut tout, et contre laquelle rien ne peut; par qui tout agit, tout respire et tout se renouvelle! divine flamme!

germe de perpétuité que l'Eternel a répandu dans tout avec le souffle de vie ! précieux sentiment qui peut seul amollir les cœurs féroces et glacés, en les pénétrant d'une douce chaleur ! cause première de tout bien, de toute société, qui réunis sans contrainte et par tes seuls attraits les natures sauvages et dispersées ! source unique et feconde de tout plaisir, de toute volupté ! amour ! pourquoi fais-tu l'état heureux de tous les êtres et le malheur de l'Homme ?

C'est qu'il n'y a que le physique de cette passion qui soit bon ; c'est que, malgré ce que peuvent dire les gens épris, le moral n'en vaut rien. Qu'est-ce en effet que le moral de l'amour ? la vanité ; vanité dans le plaisir de la conquête, erreur qui vient de ce qu'on en fait trop de cas ; vanité dans le desir de la conserver exclusivement, état malheureux qu'accompagne toujours la jalousie, petite passion si basse qu'on voudroit la cacher ; vanité dans la manière d'en jouir, qui fait qu'on ne multiplie que ses gestes ou ses efforts sans multiplier ses plaisirs ; vanité dans la façon même de la perdre ; on veut rompre le premier, car si l'on est quitté, quelle humiliation ! et cette humiliation se tourne en désespoir lorsqu'on vient à reconnoître que l'on a été longtemps dupe et trompé.

Les animaux ne sont point sujets à toutes ces misères ; ils ne cherchent pas des plaisirs où il ne peut y en avoir ; guidés par le sentiment seul, ils ne se trompent jamais dans leur choix ; leurs desirs sont toujours proportionnés à la puissance de jouir ; ils sentent autant qu'ils jouissent, et ne jouissent qu'autant qu'ils sentent : l'Homme au contraire, en voulant inventer des plaisirs, n'a fait que gâter la Nature; en voulant se forcer sur le sentiment, il ne fait qu'abuser de son être, et creuser dans son cœur un vide que rien ensuite n'est capable de remplir.

Tout ce qu'il y a de bon dans l'amour appartient donc aux animaux tout aussi-bien qu'à nous, et même, comme si ce sentiment ne pouvoit jamais être pur, ils paroissent avoir une petite portion de ce qu'il y a de moins bon, je veux parler de la jalousie. Chez nous cette passion suppose toujours quelque défiance de soi-même, quelque connoissance sourde de sa propre foiblesse; les animaux au contraire semblent être d'autant plus jaloux qu'ils ont plus de force, plus d'ardeur et plus d'habitude au plaisir : c'est que notre jalousie dépend de nos idées, et la leur du sentiment; ils ont joui, ils desirent de jouir encore, ils s'en sentent la force; ils écartent donc tous ceux qui veulent occuper leur place; leur jalousie n'est point réfléchie, ils ne la tournent pas contre l'objet de leur amour; ils ne sont jaloux que de leurs plaisirs.

Mais les animaux sont-ils bornés aux seules passions que nous venons de décrire? la peur, la colère, l'horreur, l'amour et la jalousie sont-elles les seules affections durables qu'ils puissent éprouver? Il me semble qu'indépendamment de ces passions, dont le sentiment naturel, ou plutôt l'expérience du sentiment, rend les animaux susceptibles, ils ont encore des passions qui leur sont communiquées, et qui viennent de l'éducation, de l'exemple, de l'imitation et de l'habitude : ils ont leur espèce d'amitié, leur espèce d'orgueil, leur espèce d'ambition; et quoiqu'on puisse déjà s'être assuré, par ce que nous avons dit, que dans toutes leurs opérations et dans tous les actes qui émanent de leurs passions, il n'entre ni réflexion, ni pensée, ni même aucune idée, cependant comme les habitudes dont nous parlons sont celles qui semblent le plus supposer quelques degrés d'intelligence, et que c'est ici où la nuance entr'eux et nous est la plus délicate et la plus difficile à saisir, ce doit être aussi celle que nous devons examiner avec le plus de soin.

Y a-t-il rien de comparable à l'attachement du chien pour la personne de son maître ? On en a vu mourir sur le tombeau qui la renfermoit; mais (sans vouloir citer les prodiges ni les héros d'aucun genre) quelle fidélité à accompagner, quelle constance à suivre, quelle attention à défendre son maître ! quel empressement à rechercher ses caresses ! quelle docilité à lui obéir ! quelle patience à souffrir sa mauvaise humeur et des châtimens souvent injustes ! quelle douceur et quelle humilité pour tâcher de rentrer en grace ! que de mouvemens, que d'inquiétudes, que de chagrin s'il est absent ! que de joie lorsqu'il se retrouve ! à tous ces traits peut-on méconnoître l'amitié ? se marque-t-elle même parmi nous par des caractères aussi énergiques ?

Il en est de cette amitié comme de celle d'une femme pour son serin, d'un enfant pour son jouet ; toutes deux sont aussi peu réfléchies, toutes deux ne sont qu'un sentiment aveugle ; celui de l'animal est seulement plus naturel, puisqu'il est fondé sur le besoin, tandis que l'autre n'a pour objet qu'un insipide amusement auquel l'ame n'a point de part. Ces habitudes puériles ne durent que par le désœuvrement, et n'ont de force que par le vide de la tête; et le goût pour les magots et le culte des idoles, l'attachement en un mot aux choses inanimées, n'est-il pas le dernier degré de la stupidité? Cependant que de créateurs d'idoles et de magots dans ce monde! que de gens adorent l'argile qu'ils ont pétrie! combien d'autres sont amoureux de la glèbe qu'ils ont remuée!

Il s'en faut donc bien que tous les attachemens viennent de l'ame, et que la faculté de pouvoir s'attacher suppose nécessairement la puissance de penser et de réfléchir, puisque c'est lorsque l'on pense et qu'on réfléchit le moins, que naissent la plupart de nos attachemens; que c'est encore faute de penser et de réfléchir qu'ils se confirment et se tournent en habitude; qu'il suffit que quelque chose flatte nos sens pour que nous l'aimions, et qu'enfin il ne faut que s'occuper souvent et longtemps d'un objet pour en faire une idole.

Mais l'amitié suppose cette puissance de réfléchir; c'est de tous les attachemens le plus digne de l'Homme et le seul qui ne le dégrade point; l'amitié n'émane que de la raison, l'impression des sens n'y fait rien; c'est l'ame de son ami qu'on aime, et pour aimer une ame il faut en avoir une; il faut en avoir fait usage; l'avoir connue, l'avoir comparée et trouvée de niveau à ce que l'on peut connoître de celle d'un autre : l'amitié suppose donc, non-seulement le principe de la connoissance, mais l'exercice actuel et réfléchi de ce principe.

Ainsi l'amitié n'appartient qu'à l'Homme et l'attachement peut appartenir aux animaux : le sentiment seul suffit pour qu'ils s'attachent aux gens qu'ils voient souvent, à ceux qui les soignent, qui les nourrissent; le seul sentiment suffit encore pour qu'ils s'attachent aux objets dont ils sont forcés de s'occuper. L'attachement des mères pour leurs petits ne vient que de ce qu'elles ont été fort occupées à les porter, à les produire, à les débarrasser de leurs enveloppes, et qu'elles le sont encore à les allaiter; et si dans les oiseaux les pères semblent avoir quelqu'attachement pour leurs petits et paroissent en prendre soin comme les mères, c'est qu'ils se sont occupés comme elles de la construction du nid, c'est qu'ils l'ont habité, c'est qu'ils y ont eu du plaisir avec leurs femelles, dont la chaleur dure encore longtemps après avoir été fécondées; au lieu que dans les autres espèces d'animaux où la saison des amours est fort courte, où passé cette saison rien n'attache plus les mâles à leurs femelles, où il n'y a point de nid, point d'ouvrages à faire en commun, les pères ne sont pères que comme on l'étoit à Sparte : ils n'ont aucun souci de leur postérité.

L'orgueil et l'ambition des animaux tiennent à leur courage naturel, c'est-à-dire au sentiment qu'ils ont de leur force, de leur agilité; les grands dédaignent les petits et semblent mépriser leur audace insultante : on augmente même par l'éducation ce sang-froid, cet à propos de courage, on augmente aussi leur ardeur, on leur donne de l'éducation par l'exemple, car ils sont susceptibles et capables de tout, excepté de raison; en général les animaux peuvent apprendre à faire mille fois tout ce qu'ils ont fait une fois, à faire de suite ce qu'ils ne faisoient que par intervalles, à faire pendant longtemps ce qu'ils ne faisoient que pendant un instant, à faire volontiers ce qu'ils ne faisoient d'abord que par force, à faire par habitude ce qu'ils ont fait une fois par hasard, à faire d'eux-mêmes ce qu'ils voient faire aux autres. L'imitation est de tous les résultats de la machine animale le plus admirable, c'en est le mobile le plus délicat et le plus étendu, c'est ce qui copie de plus près la pensée; et quoique la cause en soit dans les animaux purement matérielle et mécanique, c'est par ces effets qu'ils nous étonnent davantage. Les Hommes n'ont jamais plus admiré les singes que quand ils les ont vus imiter les actions humaines : en effet, il n'est point trop aisé de distinguer certaines copies de certains originaux; il y a si peu de gens d'ailleurs qui voient nettement combien il y a de distance entre faire et contrefaire, que les singes doivent être pour le gros du genre humain des êtres étonnans, humilians, au point qu'on ne peut guère trouver mauvais qu'on ait donné sans hésiter, plus d'esprit au singe qui contrefait et copie l'Homme, qu'à l'Homme (si peu rare parmi nous) qui ne fait ni ne copie rien.

Cependant les singes sont tout au plus des gens à talens que nous prenons pour des gens d'esprit; quoiqu'ils aient l'art de nous imiter, ils n'en sont pas moins de la nature des bêtes qui toutes ont plus ou moins le talent de l'imitation. A la vérité, dans presque tous les animaux ce talent est borné à l'espèce même, et ne s'étend point au-delà de l'imitation de leurs semblables; au lieu que le singe qui n'est pas plus de

notre

notre espèce que nous sommes de la sienne, ne laisse pas de copier quelques-unes de nos actions; mais c'est parce qu'il nous ressemble à quelques égards; c'est parce qu'il est extérieurement à peu près conformé comme nous, et cette ressemblance grossière suffit pour qu'il puisse se donner des mouvemens et même des suites de mouvemens semblables aux nôtres, pour qu'il puisse en un mot nous imiter grossièrement, en sorte que tous ceux qui ne jugent des choses que par l'extérieur, trouvent ici comme ailleurs du dessein, de l'intelligence et de l'esprit, tandis qu'en effet il n'y a que des rapports de figure, de mouvement et d'organisation.

C'est par les rapports de mouvement que le chien prend les habitudes de son maître, c'est par les rapports de figure que le singe contrefait les gestes humains; c'est par les rapports d'organisation que le serin répète des airs de musique, et que le perroquet imite le signe le moins équivoque de la pensée; la parole qui met à l'extérieur autant de différence entre l'Homme et l'Homme qu'entre l'Homme et la bête, puisqu'elle exprime dans les uns la lumière et la supériorité de l'esprit, qu'elle ne laisse apercevoir dans les autres qu'une confusion d'idées obscures ou empruntées, et que dans l'imbécille ou le perroquet elle marque le dernier degré de la stupidité, c'est-à-dire l'impossibilité où ils sont tous deux de produire intérieurement la pensée, quoiqu'il ne leur manque aucun des organes nécessaires pour la rendre au dehors.

Il est aisé de prouver encore mieux que l'imitation n'est qu'un effet mécanique, un résultat purement machinal, dont la perfection dépend de la vivacité avec laquelle le sens intérieur matériel reçoit les impressions des objets, et de la facilité de les rendre au dehors par la similitude et la souplesse des organes extérieurs. Les gens qui ont les sens exquis, délicats, faciles à ébranler, et les membres obéissans, agiles et flexibles, sont, toutes choses égales d'ailleurs, les meilleurs acteurs, les meilleurs pantomimes, les meilleurs singes : les enfans, sans y songer, prennent les habitudes du corps, empruntent les gestes, imitent les manières de ceux avec qui ils vivent; ils sont aussi très-portés à répéter et à contrefaire. La plupart des jeunes gens les plus vifs et les moins pensans, qui ne voient que par les yeux du corps, saisissent cependant merveilleusement le ridicule des figures; toute forme bizarre les affecte, toute représentation les frappe, toute nouveauté les émeut : l'impression en est si forte qu'ils représentent eux-mêmes, ils racontent avec enthousiasme, ils copient facilement et avec grâce; ils ont donc supérieurement le talent de l'imitation qui suppose l'organisation la plus parfaite, les dispositions du corps les plus heureuses et auquel rien n'est plus opposé qu'une forte dose de bon sens.

Ainsi parmi les hommes ce sont ordinairement ceux qui réfléchissent le moins qui ont le plus le talent de l'imitation; il n'est donc pas surprenant qu'on le trouve dans les animaux qui ne réfléchissent point du tout; ils doivent même l'avoir à un plus haut degré de perfection, parce qu'ils n'ont rien qui s'y oppose, parce qu'ils n'ont aucun principe par lequel ils puissent avoir la volonté d'être différens les uns des autres. C'est par notre ame que nous différons entre nous, c'est par notre ame que nous sommes *nous*, c'est d'elle que vient la diversité de nos caractères, et la variété de nos actions; les animaux, au contraire, qui n'ont point d'ame, n'ont point le *moi* qui est le principe de la différence, la cause qui constitue la personne; ils doivent donc, lorsqu'ils se ressemblent par l'organisation ou qu'ils sont de la même espèce, se copier tous, faire tous les mêmes choses et de la même façon, s'imiter en un mot beaucoup plus parfaitement que les hommes ne peuvent s'imiter les uns les autres; et par conséquent ce talent d'imitation, bien loin de supposer de l'esprit et de la pensée dans les animaux, prouve au contraire qu'ils en sont absolument privés.

C'est par la même raison que l'éducation des animaux, quoique fort courte, est toujours heureuse : ils apprennent en très-peu de temps presque tout ce que savent leurs père et mère, et c'est par l'imitation qu'ils l'apprennent; ils ont donc non-seulement l'expérience qu'ils peuvent acquérir par le sentiment, mais ils profitent encore, par le moyen de l'imitation, de l'expérience que les autres ont acquise. Les jeunes animaux se modèlent sur les vieux, ils voient que ceux-ci s'approchent ou fuient lorsqu'ils entendent certains bruits, lorsqu'ils aperçoivent certains objets, lorsqu'ils sentent certaines odeurs; ils s'approchent aussi ou fuient d'abord avec eux sans autre cause déterminante que l'imitation, et ensuite ils s'approchent ou fuient d'eux-mêmes et tout seuls, parce qu'ils ont pris l'habitude de s'approcher ou de fuir toutes les fois qu'ils ont éprouvé les mêmes sensations.

Après avoir comparé l'Homme à l'animal, pris chacun individuellement, je vais comparer l'Homme en société avec l'animal en troupe, et rechercher en même temps quelle peut être la cause de cette espèce d'industrie qu'on remarque dans certains animaux, même dans les espèces les plus viles et les plus nombreuses : que de choses ne dit-on pas de celle de certains insectes ! nos observateurs admirent à l'envi l'intelligence et les talens des abeilles; elles ont, disent-ils, un génie particulier, un art qui n'appartient qu'à elles, l'art de se bien gouverner; il faut savoir observer pour s'en apercevoir; mais une ruche est une république où chaque individu ne travaille que pour la société, où tout est ordonné, distribué, réparti avec une prévoyance, une équité, une prudence admirables. Athènes n'étoit pas mieux conduite ni mieux policée. Plus on observe ce panier de mouches, et plus on découvre de merveilles, un fond de gouvernement inaltérable et toujours le même, un respect profond pour la personne en place, une vigilance singulière pour son service, la plus soigneuse attention pour ses plaisirs, un amour constant pour la patrie, une ardeur inconcevable pour le travail, une assiduité à l'ouvrage que rien n'égale, le plus grand désintéressement joint à la plus grande économie, la plus fine géométrie employée à la plus élégante architecture. Je ne finirois point si je voulois seulement parcourir les annales de cette république, et tirer de l'histoire de ces insectes tous les traits qui ont excité l'admiration de leurs historiens.

C'est qu'indépendamment de l'enthousiasme qu'on

prend pour son sujet, on admire toujours d'autant plus qu'on observe davantage et qu'on raisonne moins. Y a-t-il en effet rien de plus gratuit que cette admiration pour les mouches, et que ces vues morales qu'on voudroit leur prêter, que cet amour du bien commun qu'on leur suppose, que cet instinct singulier qui équivaut à la géométrie la plus sublime, instinct qu'on leur a nouvellement accordé, par lequel les abeilles résolvent sans hésiter le problême de bâtir le plus solidement qu'il soit possible, dans le moindre espace possible, et avec la plus grande économie possible! Que penser de l'excès auquel on a porté le détail de ces éloges? car enfin une mouche ne doit pas tenir dans la tête d'un Naturaliste plus de place qu'elle n'en tient dans la Nature; et cette république merveilleuse ne sera jamais aux yeux de la raison, qu'une foule de petites bêtes qui n'ont d'autre rapport avec nous que celui de nous fournir de la cire et du miel.

Ce n'est point la curiosité que je blâme ici, ce sont les raisonnemens et les exclamations; qu'on ait observé avec attention leurs manœuvres, qu'on ait suivi avec soin leurs procédés et leur travail; qu'on ait décrit exactement leur génération, leur multiplication, leurs métamorphoses, tous ces objets peuvent occuper le loisir d'un Naturaliste; mais c'est la morale, c'est la théologie des insectes que je ne puis entendre prêcher; ce sont les merveilles que les observateurs y mettent et sur lesquelles ensuite ils se récrient comme si elles y étoient en effet, qu'il faut examiner; c'est cette intelligence, cette prévoyance, cette connoissance même de l'avenir qu'on leur accorde avec tant de complaisance, et que cependant on doit leur refuser rigoureusement, que je vais tâcher de réduire à sa juste valeur.

Les mouches solitaires n'ont, de l'aveu de ces observateurs, aucun esprit en comparaison des mouches qui vivent ensemble; celles qui ne forment que de petites troupes en ont moins que celles qui sont en grand nombre, et les abeilles qui de toutes sont peut-être celles qui forment la société la plus nombreuse, sont aussi celles qui ont le plus de génie. Cela seul ne suffit-il pas pour faire penser que cette apparence d'esprit ou de génie n'est qu'un résultat purement mécanique, une combinaison de mouvement proportionnelle au nombre, un rapport qui n'est compliqué que parce qu'il dépend de plusieurs milliers d'individus? Ne sait-on pas que tout rapport, tout désordre même, pourvu qu'il soit constant, nous paroît une harmonie dès que nous en ignorons les causes; et que de la supposition de cette apparence d'ordre à celle de l'intelligence il n'y a qu'un pas, les hommes aimant mieux admirer qu'approfondir?

On conviendra donc d'abord, qu'à prendre les mouches une à une, elles ont moins de génie que le chien, le singe et la plupart des animaux; on conviendra qu'elles ont moins de docilité, moins d'attachement, moins de sentiment, moins en un mot de qualités relatives aux nôtres: dès-lors on doit convenir que leur intelligence apparente ne vient que de leur multitude réunie; cependant cette réunion même ne suppose aucune intelligence; car ce n'est point par des vues morales qu'elles se réunissent, c'est sans leur consentement qu'elles se trouvent ensemble. Cette société n'est donc qu'un assemblage physique ordonné par la Nature et indépendant de toute vue, de toute connoissance, de tout raisonnement. La mère abeille produit dix mille individus tout à la fois et dans un même lieu; ces dix mille individus, fussent-ils encore mille fois plus stupides que je ne le suppose, seront obligés, pour continuer seulement d'exister, de s'arranger de quelque façon : comme ils agissent tous les uns comme les autres avec des forces égales, eussent-ils commencé par se nuire, à force de se nuire ils arriveront bientôt à se nuire le moins qu'il sera possible; c'est-à-dire à s'aider; ils auront donc l'air de s'entendre et de concourir au même but. L'observateur leur prêtera bientôt des vues et tout l'esprit qui leur manque, il voudra rendre raison de chaque action, chaque mouvement aura bientôt son motif, et de-là sortiront des merveilles ou des monstres de raisonnemens sans nombre; car ces dix mille individus, qui ont été tous produits à la fois, qui ont habité ensemble, qui se sont tous métamorphosés à peu près en même temps, ne peuvent manquer de faire tous la même chose, et, pour peu qu'ils aient de sentiment, de prendre des habitudes communes, de s'arranger, de se trouver bien ensemble, de s'occuper de leur demeure, d'y revenir après s'en être éloignés; et de-là l'architecture, la géométrie, l'ordre, la prévoyance, l'amour de la patrie, la république en un mot, le tout fondé, comme l'on voit, sur l'admiration de l'observateur.

La Nature n'est-elle pas assez étonnante par elle-même, sans chercher encore à nous surprendre en nous étourdissant de merveilles qui n'y sont pas et que nous y mettons? Le Créateur n'est-il pas assez grand par ses ouvrages, et croyons-nous le faire plus grand par notre imbécillité? ce seroit, s'il pouvoit l'être, la façon de le rabaisser. Lequel en effet a de l'Être suprême la plus grande idée, celui qui le voit créer l'univers, ordonner les existences, fonder la Nature sur des lois invariables et perpétuelles, ou celui qui le cherche et veut le trouver attentif à conduire une république de mouches, et fort occupé de la manière dont se doit plier l'aile d'un scarabée?

Il y a parmi certains animaux, une espèce de société qui semble dépendre du choix de ceux qui la composent, et qui par conséquent approche bien davantage de l'intelligence et du dessein que la société des abeilles, qui n'a d'autre principe qu'une nécessité physique: les éléphans, les castors, les singes et plusieurs autres espèces d'animaux se cherchent, se rassemblent, vont par troupe, se secourent, se défendent, s'avertissent et se soumettent à des allures communes; si nous ne troublions pas si souvent ces sociétés, et que nous pussions les observer aussi facilement que celle des mouches, nous y verrions sans doute bien d'autres merveilles, qui cependant ne seroient que des rapports et des convenances physiques. Qu'on mette ensemble et dans un même lieu un grand nombre d'animaux de même espèce, il en résultera nécessairement un certain arrangement, un certain ordre, de certaines habitudes communes. Or toute habitude commune, bien loin d'avoir pour cause le principe d'une intelligence éclairée, ne suppose au contraire que celui d'une aveugle imitation.

Parmi les hommes, la société dépend moins des convenances physiques que des relations morales. L'Homme a d'abord mesuré sa force et sa foiblesse; il a comparé son ignorance et sa curiosité; il a senti que seul il ne pouvoit suffire ni satisfaire par lui-même à la multiplicité de ses besoins; il a reconnu l'avantage qu'il auroit à renoncer à l'usage illimité de sa volonté pour acquérir un droit sur la volonté des autres; il a réfléchi sur l'idée du bien et du mal, il l'a gravée au fond de son cœur à la faveur de la lumière naturelle qui lui a été départie par la bonté du Créateur; il a vu que la solitude n'étoit pour lui qu'un état de danger et de guerre; il a cherché la sûreté et la paix dans la société, il y a porté ses forces et ses lumières pour les augmenter en les réunissant à celles des autres: cette réunion est de l'Homme l'ouvrage le meilleur, c'est de sa raison l'usage le plus sage. En effet il n'est tranquille, il n'est fort, il n'est grand, il ne commande à l'univers que parce qu'il a su se commander à lui-même, se dompter, se soumettre et s'imposer des lois; l'Homme en un mot n'est Homme que parce qu'il a su se réunir à l'Homme.

Il est vrai que tout a concouru à rendre l'Homme sociable; car quoique les grandes sociétés, les sociétés policées dépendent certainement de l'usage, et quelquefois de l'abus qu'il a fait de sa raison, elles ont sans doute été précédées par de petites sociétés, qui ne dépendoient pour ainsi dire que de la Nature. Une famille est une société naturelle, d'autant plus stable, d'autant mieux fondée, qu'il y a plus de besoins, plus de causes d'attachement. Bien différent des animaux, l'Homme n'existe presque pas encore lorsqu'il vient de naître; il est nu, foible, incapable d'aucun mouvement; privé de toute action, réduit à tout souffrir, sa vie dépend des secours qu'on lui donne. Cet état de l'enfance imbécille, impuissante, dure longtemps; la nécessité du secours devient donc une habitude, qui seule seroit capable de produire l'attachement mutuel de l'enfant et des père et mère : mais comme à mesure qu'il avance, l'enfant acquiert de quoi se passer plus aisément de secours, comme il a physiquement moins besoin d'aide, que les parens au contraire continuent à s'occuper de lui beaucoup plus qu'il ne s'occupe d'eux, il arrive toujours que l'amour descend beaucoup plus qu'il ne remonte : l'attachement des père et mère devient excessif, aveugle, idolâtre, et celui de l'enfant reste tiède et ne reprend des forces que lorsque la raison vient à developper le germe de la reconnoissance.

Ainsi la société, considérée même dans une seule famille, suppose dans l'Homme la faculté raisonnable; la société, dans les animaux qui semblent se réunir librement et par convenance, suppose l'expérience du sentiment, et la société des bêtes qui, comme les abeilles, se trouvent ensemble sans s'être cherchées, ne suppose rien : quels qu'en puissent être les résultats, il est clair qu'ils n'ont été ni prévus, ni ordonnés, ni conçus par ceux qui les exécutent, et qu'ils ne dépendent que du mécanisme universel et des lois du mouvement établies par le Créateur. Qu'on mette ensemble dans le même lieu dix mille automates animés d'une force vive, et tous déterminés par la ressemblance parfaite de leur forme extérieure et intérieure, et par la conformité de leurs mouvemens, à faire chacun la même chose dans ce même lieu, il en résultera nécessairement un ouvrage régulier : les rapports d'égalité, de similitude, de situation, s'y trouveront, puisqu'ils dépendent de ceux de mouvement que nous supposons égaux et conformes ; les rapports de juxta-position, d'étendue, de figure s'y trouveront aussi, puisque nous supposons l'espace donné et circonscrit; et si nous accordons à ces automates le plus petit degré de sentiment, celui seulement qui est nécessaire pour sentir son existence, tendre à sa propre conservation, éviter les choses nuisibles, appéter les choses convenables, l'ouvrage sera, non-seulement régulier, proportionné, situé, semblable, égal, mais il aura encore l'air de la symmétrie, de la solidité, de la commodité, au plus haut point de perfection, parce qu'en le formant, chacun de ces dix mille individus a cherché à s'arranger de la manière la plus commode pour lui, et qu'il a en même temps été forcé d'agir et de se placer de la manière la moins incommode aux autres.

Dirai-je encore un mot? ces cellules des abeilles, ces hexagônes tant vantés, tant admirés, me fournissent une preuve de plus contre l'enthousiasme et l'admiration : cette figure, toute géométrique et toute régulière qu'elle nous paroît, et qu'elle est en effet dans la spéculation, n'est ici qu'un résultat mécanique et assez imparfait qui se trouve souvent dans la Nature, et que l'on remarque même dans ses productions les plus brutes ; les cristaux et plusieurs autres pierres, quelques sels, prennent constamment cette figure dans leur formation. Qu'on observe les petites écailles de la peau d'une roussette, on verra qu'elles sont hexagônes, parce que chaque écaille croissant en même temps, se fait obstacle et tend à occuper le plus d'espace qu'il est possible dans un espace donné : on voit ces mêmes hexagônes dans le second estomac des animaux ruminans, on les trouve dans les graines, dans leurs capsules, dans certaines fleurs : qu'on remplisse un vaisseau de pois, ou plutôt de quelqu'autre graine cylindrique, et qu'on le ferme exactement après y avoir versé autant d'eau que les intervalles qui restent entre ces graines peuvent en recevoir ; qu'on fasse bouillir cette eau, tous ces cylindres deviendront des colonnes à six pans. On en voit clairement la raison qui est purement mécanique ; chaque graine, dont la figure est cylindrique, tend par son renflement à occuper le plus d'espace possible dans un espace donné, elles deviennent donc toutes nécessairement hexagônes par la compression réciproque. Chaque abeille cherche à occuper de même le plus d'espace possible dans un espace donné ; il est donc nécessaire aussi, puisque le corps des abeilles est cylindrique, que leurs cellules soient hexagônes, par la même raison des obstacles réciproques.

On donne plus d'esprit aux mouches dont les ouvrages sont les plus réguliers ; les abeilles sont, dit-on, plus ingénieuses que les guêpes, que les frêlons qui savent aussi l'architecture, mais dont les constructions sont plus grossières et plus irrégulières que celles des abeilles : on ne veut pas voir, ou l'on ne se doute pas que cette régularité, plus ou moins grande, dépend uniquement du nombre et de la figure, et nullement de l'intelligence de ces petites bêtes ; plus elles sont nombreuses, plus il y a de forces qui agissent également et qui s'opposent de même, plus il y a par conséquent de contrainte mécanique, de régularité forcée et de perfection apparente dans leurs productions.

Les animaux qui ressemblent le plus à l'Homme par leur figure et par leur organisation, seront donc, malgré les apologistes des insectes, maintenus dans la possession où ils étoient d'être supérieurs à tous les autres pour les qualités intérieures ; et quoiqu'elles soient infiniment différentes de celles de l'Homme, qu'elles ne soient, comme nous l'avons prouvé, que des résultats de l'exercice et de l'expérience du sentiment, ces animaux sont par ces facultés mêmes fort supérieurs aux insectes ; et comme tout se fait et que tout est par nuances dans la Nature, on peut établir une échelle pour juger des degrés des qualités intrinsèques de chaque animal, en prenant pour premier terme la partie matérielle de l'Homme, et plaçant successivement les animaux à différentes distances, selon qu'en effet ils en approchent ou s'en éloignent davantage, tant par la forme extérieure, que par l'organisation intérieure ; en sorte que le singe, le chien, l'éléphant et les autres quadrupèdes seront au premier rang ; les cétacées qui, comme les quadrupèdes et l'Homme, ont de la chair et du sang, qui sont comme eux vivipares seront au second; les oiseaux au troisième, parce qu'à tout prendre ils diffèrent de l'Homme plus que les cétacées et que les quadrupèdes; et s'il n'y avoit pas des êtres qui, comme les huîtres ou les polypes, semblent en différer autant qu'il est possible, les insectes seroient avec raison les bêtes du dernier rang.

Mais si les animaux sont dépourvus d'entendement, d'esprit et de mémoire, s'ils sont privés de toute intelligence, si toutes leurs facultés dépendent de leurs sens, s'ils sont bornés à l'exercice et à l'expérience du sentiment seul, d'où peut venir cette espèce de prévoyance qu'on remarque dans quelques-uns d'entr'eux? le seul sentiment peut-il faire qu'ils ramassent des vivres pendant l'été pour subsister pendant l'hiver? ceci ne suppose-t-il pas une comparaison des temps, une notion de l'avenir, une inquiétude raisonnée? pourquoi trouveroit-on à la fin de l'automne dans le trou d'un mulot assez de gland pour le nourrir jusqu'à l'été suivant? pourquoi cette abondante récolte de cire et de miel dans les ruches? pourquoi les fourmis font-elles des provisions? pourquoi les oiseaux feroient-ils des nids s'ils ne savoient pas qu'ils en auront besoin pour y déposer leurs œufs et y élever leurs petits; et tant d'autres faits particuliers que l'on raconte de la prévoyance des renards, qui cachent leur gibier en différens endroits pour le retrouver au besoin et s'en nourrir pendant plusieurs jours; de la subtilité raisonnée des hiboux, qui savent ménager leur provision de souris en leur coupant les pattes pour les empêcher de fuir; de la pénétration merveilleuse des abeilles, qui savent d'avance que leur reine doit pondre dans un tel temps tel nombre d'œufs d'une certaine espèce, dont il doit sortir des vers de mouches mâles, et tel autre nombre d'œufs d'une autre espèce qui doivent produire les mouches neutres, et qui en conséquence de cette connoissance de l'avenir, construisent tel nombre d'alvéoles plus grandes pour les premières, et tel autre nombre d'alvéoles plus petites pour les secondes? etc, etc, etc.

Avant que de répondre à ces questions, et même de raisonner sur ces faits, il faudroit être assuré qu'ils sont réels et avérés, il faudroit qu'au lieu d'avoir été racontés par le peuple ou publiés par des observateurs amoureux du merveilleux, ils eussent été vus par des gens sensés et recueillis par des philosophes: je suis persuadé que toutes les prétendues merveilles disparoîtroient, et qu'en y réfléchissant on trouveroit la cause de chacun de ces effets en particulier. Mais admettons pour un instant la vérité de tous ces faits; accordons avec ceux qui les racontent le pressentiment, la prévision, la connoissance même de l'avenir aux animaux, en résultera-t-il que ce soit un effet de leur intelligence? Si cela étoit, elle seroit bien supérieure à la nôtre; car notre prévoyance est toujours conjecturale, nos notions sur l'avenir ne sont que douteuses, toute la lumière de notre ame suffit à peine pour nous faire entrevoir les probabilités des choses futures: dès-lors les animaux qui en voient la certitude, puisqu'ils se déterminent d'avance et sans jamais se tromper, auroient en eux quelque chose de bien supérieur au principe de notre connoissance, ils auroient une ame bien plus pénétrante et bien plus clairvoyante que la nôtre. Je demande si cette conséquence ne répugne pas autant à la religion qu'à la raison ?

Ce ne peut donc être par une intelligence semblable à la nôtre que les animaux aient une connoissance certaine de l'avenir, puisque nous n'en avons que des notions très-douteuses et très-imparfaites ; pourquoi donc leur accorder si légèrement une qualité si sublime ? pourquoi nous dégrader mal à propos ? ne seroit-il pas moins déraisonnable, supposé qu'on ne pût pas douter des faits, d'en rapporter la cause à des lois mécaniques, établies comme toutes les autres lois de la Nature, par la volonté du Créateur ? La sûreté avec laquelle on suppose que les animaux agissent, la certitude de leur détermination, suffiroit seule pour qu'on dût en conclure que ce sont les effets d'un pur mécanisme. Le caractère de la raison le plus marqué, c'est le doute, c'est la délibération, c'est la comparaison ; mais des mouvemens et des actions qui n'annoncent que la décision et la certitude, prouvent en même temps le mécanisme et la stupidité.

Cependant, comme les lois de la Nature, telles que nous les connoissons, n'en sont que les effets généraux, et que les faits dont il s'agit ne sont au contraire que des effets très-particuliers, il seroit peu philosophique et peu digne de l'idée que nous devons avoir du Créateur, de charger mal à propos sa volonté de tant de petites lois ; ce seroit déroger à sa toute-puissance et à la noble simplicité de la Nature, que de l'embarrasser gratuitement de cette quantité

de

de statuts particuliers, dont l'un ne seroit fait que pour les mouches, l'autre pour les hiboux, l'autre pour les mulots; ne doit-on pas au contraire faire tous ses efforts pour ramener ces effets particuliers aux effets généraux, et si cela n'étoit pas possible, mettre ces faits en réserve et s'abstenir de vouloir les expliquer jusqu'à ce que par de nouveaux faits et par de nouvelles analogies, nous puissions en connoître les causes?

Voyons donc en effet s'ils sont inexplicables, s'ils sont si merveilleux, s'ils sont même avérés. La prévoyance des fourmis n'étoit qu'un préjugé, on la leur avoit accordée en les observant, on la leur a ôtée en les observant mieux; elles sont engourdies tout l'hiver, leurs provisions ne sont donc que des amas superflus, amas accumulés sans vues, sans connoissance de l'avenir, puisque par cette connoissance même elles en auroient prévu toute l'inutilité. N'est-il pas très-naturel que des animaux qui ont une demeure fixe où ils sont accoutumés à transporter les nourritures dont ils ont actuellement besoin, et qui flattent leur appétit, en transportent beaucoup plus qu'il ne leur en faut, déterminés par le sentiment seul et par le plaisir de l'odorat ou de quelques autres de leurs sens, et guidés par l'habitude qu'ils ont prise d'emporter leurs vivres pour les manger en repos? cela même ne démontre-t-il pas qu'ils n'ont que du sentiment et point de raisonnement? C'est par la même raison que les abeilles ramassent beaucoup plus de cire et de miel qu'il ne leur en faut: ce n'est donc point du produit de leur intelligence, c'est des effets de leur stupidité que nous profitons; car l'intelligence les porteroit nécessairement à ne ramasser qu'à peu près autant qu'elles ont besoin, et à s'épargner la peine de tout le reste, sur-tout après la triste expérience que ce travail est en pure perte, qu'on leur enlève tout ce qu'elles ont de trop, qu'enfin cette abondance est la seule cause de la guerre qu'on leur fait, et la source de la désolation et du trouble de leur société. Il est si vrai que ce n'est que par un sentiment aveugle qu'elles travaillent, qu'on peut les obliger à travailler pour ainsi dire autant que l'on veut : tant qu'il y a des fleurs qui leur conviennent dans le pays qu'elles habitent, elles ne cessent d'en tirer le miel et la cire; elles ne discontinuent leur travail et ne finissent leur récolte, que parce qu'elles ne trouvent plus rien à ramasser. On a imaginé de les transporter et de les faire voyager dans d'autres pays où il y a encore des fleurs : alors elles reprennent le travail, elles continuent à ramasser, à entasser jusqu'à ce que les fleurs de ce nouveau canton soient épuisées ou flétries; et si on les porte dans un autre qui soit encore fleuri, elles continueront de même à recueillir, à amasser : leur travail n'est donc point une prévoyance ni une peine qu'elles se donnent dans la vue de faire des provisions pour elles, c'est au contraire un mouvement dicté par le sentiment, et ce mouvement dure et se renouvelle autant et aussi longtemps qu'il existe des objets qui y sont relatifs.

Je me suis particulièrement informé des mulots, et j'ai vu quelques-uns de leurs trous : ils sont ordinairement divisés en deux; dans l'un ils font leurs petits, dans l'autre ils entassent tout ce qui flatte leur appétit. Lorsqu'ils font eux-mêmes leurs trous, ils ne les font pas grands, et alors ils ne peuvent y placer qu'une assez petite quantité de graines; mais lorsqu'ils trouvent sous le tronc d'un arbre un grand espace, ils s'y logent et ils le remplissent autant qu'ils peuvent de blé, de noix, de noisettes, de glands, selon le pays qu'ils habitent; en sorte que la provision au lieu d'être proportionnée au besoin de l'animal ne l'est au contraire qu'à la capacité du lieu.

Voilà donc déjà les provisions des fourmis, des mulots, des abeilles, réduites à des tas inutiles, disproportionnés et ramassés sans vues, voilà les petites lois particulières de leur prévoyance supposée ramenées à la loi réelle et générale du sentiment; il en sera de même de la prévoyance des oiseaux. Il n'est pas nécessaire de leur accorder la connoissance de l'avenir ou de recourir à la supposition d'une loi particulière que le Créateur auroit établie en leur faveur, pour rendre raison de la construction de leurs nids; ils sont conduits par degrés à les faire, ils trouvent d'abord un lieu qui convient, ils s'y arrangent, ils y portent ce qui le rendra plus commode; ce nid n'est qu'un lieu qu'ils reconnoîtront, qu'ils habiteront sans inconvénient, et où ils séjourneront tranquillement : l'amour est le sentiment qui les guide et les excite à cet ouvrage, ils ont besoin mutuellement l'un de l'autre, ils se trouvent bien ensemble, ils cherchent à se cacher, à se dérober au reste de l'univers devenu pour eux plus incommode et plus dangereux que jamais;

ils s'arrêtent donc dans les endroits les plus touffus des arbres, dans les lieux les plus inaccessibles ou les plus obscurs; et pour s'y soutenir, pour y demeurer d'une manière moins incommode, ils entassent des feuilles, ils arrangent de petits matériaux, et travaillent à l'envi à leur habitation commune: les uns moins adroits ou moins sensuels ne font que des ouvrages grossièrement ébauchés, d'autres se contentent de ce qu'ils trouvent tout fait, et n'ont pas d'autre domicile que les trous qui se présentent ou les pots qu'on leur offre. Toutes ces manœuvres sont relatives à leur organisation et dépendantes du sentiment qui ne peut, à quelque degré qu'il soit, produire le raisonnement, et encore moins donner cette prévision intuitive, cette connoissance certaine de l'avenir, qu'on leur suppose.

On peut le prouver par des exemples familiers; non-seulement ces animaux ne savent pas ce qui doit arriver, mais ils ignorent même ce qui est arrivé. Une poule ne distingue pas ses œufs de ceux d'un autre oiseau; elle ne voit point que les petits canards qu'elle vient de faire éclore ne lui appartiennent point; elle couve des œufs de craie dont il ne doit rien résulter, avec autant d'attention que ses propres œufs : elle ne connoît donc ni le passé ni l'avenir, et se trompe encore sur le présent. Pourquoi les oiseaux de basse-cour ne font-ils pas des nids comme les autres? Seroit-ce parce que le mâle appartient à plusieurs femelles? ou plutôt n'est-ce pas qu'étant domestiques, familiers et accoutumés à être à l'abri des inconvéniens et des dangers, ils n'ont aucun besoin de se soustraire aux yeux, aucune habitude de chercher leur sûreté dans la retraite et dans la solitude? Cela même pourroit encore se prouver par le fait; car dans la même espèce l'oiseau sauvage fait souvent ce que l'oiseau domestique ne fait point; la gelinote et la cane sauvage font des nids, la poule et la cane domestique n'en font point. Les nids des oiseaux, les cellules des mouches, les provisions des abeilles, des fourmis, des mulots ne supposent donc aucune intelligence dans l'animal et n'émanent pas de quelques lois particulièrement établies pour chaque espèce, mais dépendent comme toutes les autres opérations des animaux, du nombre, de la figure, du mouvement, de l'organisation et du sentiment, qui sont les lois de la Nature, générales et communes à tous les êtres animés.

Il n'est pas étonnant que l'Homme qui se connoît si peu lui-même, qui confond si souvent ses sensations et ses idées, qui distingue si peu le produit de son ame de celui de son cerveau, se compare aux animaux, et n'admette entr'eux et lui qu'une nuance dépendante d'un peu plus ou d'un peu moins de perfection dans les organes; il n'est pas étonnant qu'il les fasse raisonner, s'entendre et se déterminer comme lui, et qu'il leur attribue non-seulement les qualités qu'il a, mais encore celles qui lui manquent. Mais que l'Homme s'examine, s'analyse et s'approfondisse, il reconnoîtra bientôt la noblesse de son être, il sentira l'existence de son ame, il cessera de s'avilir, et verra d'un coup-d'œil la distance infinie que l'Être suprême a mise entre les bêtes et lui.

Dieu seul connoît le passé, le présent et l'avenir;

il est de tous les temps, et voit dans tous les temps. L'Homme dont la durée est de si peu d'instans, ne voit que ces instans; mais une puissance vive, immortelle, les compare, les distingue, les ordonne; c'est par elle qu'il connoît le présent, qu'il juge du passé, qu'il prévoit l'avenir. Otez à l'Homme cette lumière divine, vous effacez, vous obscurcissez son être, il ne restera que l'animal; il ignorera le passé, ne soupçonnera pas l'avenir, et ne saura même ce que c'est que le présent.

Quelqu'intérêt que nous ayons à nous connoître nous-mêmes, je ne sais si nous ne connoissons pas mieux tout ce qui n'est pas nous. Pourvus par la Nature, d'organes uniquement destinés à notre conservation, nous ne les employons qu'à recevoir les impressions étrangères, nous ne cherchons qu'à nous répandre au dehors et à exister hors de nous; trop occupés à multiplier les fonctions de nos sens et à augmenter l'étendue extérieure de notre être, rarement faisons-nous usage de ce sens intérieur qui nous réduit à nos vrais dimensions, et qui sépare de nous tout ce qui n'en est pas; c'est cependant de ce sens qu'il faut nous servir si nous voulons nous connoître; c'est le seul par lequel nous puissions nous juger. Mais comment donner à ce sens son activité et toute son étendue ? comment dégager notre ame dans laquelle il réside, de toutes les illusions de notre esprit ? Nous avons perdu l'habitude de l'employer; elle est demeurée sans exercice au milieu du tumulte de nos sensations corporelles; elle s'est desséchée par le feu de nos passions; le cœur, l'esprit, les sens, tout a travaillé contr'elle.

Cependant inaltérable dans sa substance, impassible par son essence, elle est toujours la même; sa lumière offusquée a perdu son éclat sans rien perdre de sa force; elle nous éclaire moins, mais elle nous guide aussi sûrement : recueillons pour nous conduire ces rayons qui parviennent encore jusqu'à nous; l'obscurité qui nous environne diminuera, et si la route n'est pas également éclairée d'un bout à l'autre, au moins aurons-nous un flambeau avec lequel nous marcherons sans nous égarer.

Le premier pas et le plus difficile que nous ayons à faire pour parvenir à la connoissance de nous-mêmes, est de reconnoître nettement la nature des deux substances qui nous composent; dire simplement que l'une est inétendue, immatérielle, immortelle; et que l'autre est étendue, matérielle et mortelle, se réduit à nier de l'une ce que nous assurons de l'autre. Quelle connoissance pouvons-nous acquérir par cette voie de négation ? ces expressions privatives ne peuvent représenter aucune idée réelle et positive.

Mais dire que nous sommes certains de l'existence de la première, et peu assurés de l'existence de l'autre; que la substance de l'une est simple, indivisible, et qu'elle n'a qu'une forme, puisqu'elle ne se manifeste que par une seule modification qui est la pensée; que l'autre est moins une substance qu'un sujet capable de recevoir des espèces de formes relatives à celles de nos sens, toutes aussi incertaines, toutes aussi variables que la nature même de ces organes, c'est établir quelque chose, c'est attribuer à l'une et à l'autre des propriétés différentes, c'est leur donner des attributs positifs et suffisans pour parvenir au premier degré de connoissance de l'une et de l'autre, et commencer à les comparer.

Pour peu qu'on ait réfléchi sur l'origine de nos connoissances, il est aisé de s'apercevoir que nous ne pouvons en acquérir que par la voie de la comparaison : ce qui est absolument incomparable est entièrement incompréhensible; Dieu est le seul exemple que nous puissions donner ici, il ne peut être compris, parce qu'il ne peut-être comparé; mais tout ce qui est susceptible de comparaison, tout ce que nous pouvons apercevoir par des faces différentes, tout ce que nous pouvons considérer relativement, peut toujours être du ressort de nos connoissances; plus nous aurons de sujets de comparaison, de côtés différens, de points particuliers sous lesquels nous pourrons envisager notre objet, plus aussi nous aurons de moyens pour le connoître et de facilité à réunir les idées sur lesquelles nous devons fonder notre jugement.

L'existence de notre ame nous est démontrée, ou plutôt nous ne faisons qu'un, cette existence est *nous :* être et penser sont pour nous la même chose; cette vérité est intime et plus qu'intuitive; elle est indépendante de nos sens, de notre imagination, de notre mémoire et de toutes nos autres facultés relatives. L'existence de notre corps et des autres objets extérieurs est douteuse pour quiconque raisonne sans préjugés; car cette étendue en longueur, largeur et profondeur, que nous appelons notre corps, et qui semble nous appartenir de si près, qu'est-elle autre chose, sinon un rapport de nos sens ? Les organes matériels de nos sens, que sont-ils eux-mêmes, sinon des convenances avec ce qui les affecte? Et notre sens intérieur, notre ame a-t-elle rien de semblable, rien qui lui soit commun avec la nature de ses organes extérieurs ? La sensation excitée dans notre ame par la lumière ou par le son ressemble-t-elle à cette matière ténue qui semble propager la lumière, ou bien à ce trémoussement que le son produit dans l'air ? Ce sont nos yeux et nos oreilles qui ont avec ces matières toutes les convenances nécessaires, parce que ces organes sont en effet de la même nature que cette matière elle-même; mais la sensation que nous éprouvons n'a rien de commun, rien de semblable; cela seul ne suffiroit-il pas pour nous prouver que notre ame est en effet d'une nature différente de celle de la matière ?

Nous sommes donc certains que la sensation intérieure est tout-à-fait différente de ce qui peut la causer et nous voyons déjà que s'il existe des choses hors de nous, elles sont en elles-mêmes tout-à-fait différentes de ce que nous les jugeons, puisque la sensation ne ressemble en aucune façon à ce qui peut la causer; dès-lors ne doit-on pas conclure que ce qui cause nos sensations est nécessairement et par sa nature toute autre chose que ce que nous croyons ? Cette étendue que nous apercevons par les yeux, cette impénétrabilité dont le toucher nous donne une idée, toutes ces qualités réunies qui constituent la matière pourroient bien ne pas exister, puisque notre sensation intérieure et ce qu'elle nous représente par l'étendue, l'impénétrabilité, n'est nullement étendu ni impénétrable, et n'a même rien de commun avec ces qualités.

Si l'on fait attention que notre ame est souvent pendant le sommeil et l'absence des objets, affectée de sensations, que ces sensations sont quelquefois fort différentes de celles qu'elle a éprouvées par la présence de ces mêmes objets en faisant usage des sens, ne viendra-t-on pas à penser que cette présence des objets n'est pas nécessaire à l'existence de ces sensations, et que par conséquent notre ame et nous pouvons exister tout seuls et indépendamment de ces objets? Car dans le sommeil, et après la mort, notre corps existe, il a même tout le genre d'existence qu'il peut comporter, il est le même qu'il étoit auparavant; cependant l'ame ne s'aperçoit plus de l'existence du corps, il a cessé d'être pour nous; or je demande si quelque chose qui peut être et ensuite n'être plus, si cette chose qui nous affecte d'une manière toute différente de ce qu'elle est ou de ce qu'elle a été, peut être quelque chose d'assez réel pour que nous ne puissions pas douter de son existence?

Cependant nous pouvons croire qu'il y a quelque chose hors de nous, mais nous n'en sommes pas sûrs, au lieu que nous sommes assurés de l'existence réelle de tout ce qui est en nous; celle de notre ame est donc certaine, et celle de notre corps paroît douteuse dès qu'on vient à penser que la matière pourroit bien n'être qu'un mode de notre ame, une de ses façons de voir; notre ame voit de cette façon quand nous veillons, elle voit d'une autre façon pendant le sommeil, elle verra d'une manière bien plus différente encore après notre mort, et tout ce qui cause aujourd'hui ses sensations, la matière en général pourroit bien ne pas plus exister pour elle alors, que notre propre corps qui ne sera plus rien pour nous.

Mais admettons cette existence de la matière, et quoiqu'il soit impossible de la démontrer, prêtons-nous aux idées ordinaires, et disons qu'elle existe, et qu'elle existe même comme nous la voyons ; nous trouverons, en comparant notre ame avec cet objet matériel, des différences si grandes, des oppositions si marquées, que nous ne pourrons pas douter un instant qu'elle ne soit d'une nature totalement différente et d'un ordre infiniment supérieur.

Notre ame n'a qu'une forme très-simple, très-générale, très-constante ; cette forme est la pensée, il nous est impossible d'apercevoir notre ame autrement que par la pensée. Cette forme n'a rien de divisible, rien d'étendu, rien d'impénétrable, rien de matériel ; donc le sujet de cette forme, notre ame est indivisible et immatérielle. Notre corps au contraire et tous les autres corps ont plusieurs formes ; chacune de ces formes est composée, divisible, variable, destructible, et toutes sont relatives aux différens organes avec lesquels nous les apercevons : notre corps et toute la matière n'a donc rien de constant, rien de réel, rien de général par où nous puissions la saisir et nous assurer de la connoître. Un aveugle n'a nulle idée de l'objet matériel qui nous représente les images des corps ; un lépreux dont la peau seroit insensible, n'auroit aucune des idées que le toucher fait naître ; un sourd ne peut connoître les sons. Qu'on détruise successivement ces trois moyens de sensation dans l'homme qui en est pourvu, l'ame n'en existera pas moins, ses fonctions intérieures subsisteront, et la pensée se manifestera toujours au dedans de lui-même. Otez au contraire toutes ces qualités à la matière, ôtez-lui ses couleurs, son étendue, sa solidité, et toutes les autres propriétés relatives à nos sens, vous l'anéantirez; notre ame est donc impérissable, et la matière peut et doit périr.

Il en est de même des autres facultés de notre ame comparées à celles de notre corps et aux propriétés les plus essentielles à toute matière. L'ame veut et commande, le corps obéit tout autant qu'il le peut; l'ame s'unit intimement à tel objet qu'il lui plaît; la distance, la grandeur, la figure, rien ne peut nuire à cette union; lorsque l'ame la veut, elle se fait et se fait en un instant; le corps ne peut s'unir à rien, il est blessé de tout ce qui le touche de trop près; il lui faut beaucoup de temps pour s'approcher d'un autre corps; tout lui résiste, tout est obstacle, son mouvement cesse au moindre choc. La volonté n'est-elle donc qu'un mouvement corporel, et la contemplation un simple attouchement? comment cet attouchement pourroit-il se faire sur un objet éloigné, sur un sujet abstrait? comment ce mouvement pourroit-il s'opérer en un instant indivisible? A-t-on jamais conçu de mouvement sans qu'il y eût de l'espace et du temps? La volonté, si c'est un mouvement, n'est donc pas un mouvement matériel, et si l'union de l'ame à son objet est un attouchement, un contact, cet attouchement ne se fait-il pas au loin? ce contact n'est-il pas une pénétration? qualités absolument opposées à celles de la matière, et qui ne peuvent par conséquent appartenir qu'à un être immatériel.

Mais je crains de m'être déjà trop étendu sur un sujet que bien des gens regarderont peut-être comme étranger à notre objet; des considérations sur l'ame doivent-elles se trouver dans un livre d'Histoire Naturelle? J'avoue que je serois peu touché de cette réflexion, si je me sentois assez de force pour traiter dignement des matières aussi élevées, et que je n'ai abrégé mes pensées que par la crainte de ne pouvoir comprendre ce grand sujet dans toute son étendue. Pourquoi vouloir retrancher de l'Histoire Naturelle de l'Homme l'histoire de la partie la plus noble de son être? pourquoi l'avilir mal à propos et vouloir nous forcer à ne le voir que comme un animal, tandis qu'il est en effet d'une nature très-différente, très-distinguée et si supérieure à celle des bêtes, qu'il faudroit être aussi peu éclairé qu'elles le sont pour pouvoir les confondre?

Il est vrai que l'Homme ressemble aux animaux par ce qu'il a de matériel, et qu'en voulant le comprendre dans l'énumération de tous les êtres naturels, on est forcé de le mettre dans la classe des animaux; mais la Nature n'a ni classes, ni genres, elle ne comprend que des individus; ces genres et ces classes sont l'ouvrage de notre esprit, ce ne sont que des idées de convention, et lorsque nous mettons l'Homme dans l'une de ces classes, nous ne changeons pas la réalité de son être, nous ne dérogeons pas à sa noblesse, nous n'altérons pas sa condition, enfin nous n'ôtons rien à la supériorité de la Nature humaine sur celle des brutes, nous ne faisons que placer l'Homme avec ce qui lui ressemble le plus, en donnant même à la partie matérielle de son être le premier rang.

En comparant l'Homme avec l'animal, on trouvera dans l'un et dans l'autre un corps, une matière organisée, des sens, de la chair et du sang, du mouvement et une infinité de choses semblables; mais toutes ces ressemblances sont extérieures et ne suffisent pas pour nous faire prononcer que la nature de l'Homme est semblable à celle de l'animal. Pour juger de la nature de l'un et de l'autre, il faudroit connoître les qualités intérieures de l'animal aussi bien que nous connoissons les nôtres; et comme il n'est pas possible que nous ayons jamais connoissance de ce qui se passe à l'intérieur de l'animal, comme nous ne saurons jamais de quel ordre et de quelle espèce peuvent être les sensations relativement à celles de l'Homme, nous ne pouvons juger que par les effets, nous ne pouvons que comparer les résultats des opérations naturelles de l'un et de l'autre.

Voyons donc ces résultats, en commençant par avouer toutes les ressemblances extérieures et particulières, et en n'examinant que les différences même les plus générales. On conviendra que le plus stupide des hommes suffit pour conduire le plus spirituel des animaux; il le commande et le fait servir à ses usages, et c'est moins par force et par adresse que par supériorité de nature, et parce qu'il a un projet raisonné, un ordre d'actions et une suite de moyens par lesquels il contraint l'animal à lui obéir; car nous ne voyons pas que les animaux qui sont plus forts et plus adroits, commandent aux autres et les fassent servir à leur usage : les plus forts mangent les plus foibles; mais cette action ne suppose qu'un besoin, un appétit; qualités fort différentes de celle qui peut produire une suite d'actions dirigées vers le même but. Si les animaux étoient doués de cette faculté, n'en verrions-nous pas quelques-uns prendre l'empire sur les autres et les obliger à leur chercher la nourriture, à les veiller, à les garder, à les soulager lorsqu'ils sont malades ou blessés? Or il n'y a parmi tous les animaux aucune marque de cette subordination, aucune apparence que quelqu'un d'entr'eux connoisse ou sente la supériorité de sa nature sur celle des autres; par conséquent on doit penser qu'ils sont en effet tous de même nature; et en même temps on doit conclure que celle de l'Homme est non-seulement fort au-dessus de celle de l'animal, mais qu'elle est aussi tout-à-fait différente.

L'Homme rend par un signe extérieur ce qui se passe au-dedans de lui; il communique sa pensée par la parole; ce signe est commun à toute l'espèce humaine; l'homme sauvage parle comme l'homme policé, et tous deux parlent naturellement, et parlent pour se faire entendre : aucun des animaux n'a ce signe de la pensée; ce n'est pas, comme on le croit communément, faute d'organes. La langue du singe a paru aux anatomistes aussi parfaite que celle de l'Homme : le singe parleroit donc s'il pensoit; si l'ordre de ses pensées avoit quelque chose de commun avec les nôtres, il parleroit notre langue, et en supposant qu'il n'eût que des pensées de singe, il parleroit aux autres; il ne se passe à leur intérieur rien de suivi, rien d'ordonné, puisqu'ils n'expriment rien par des signes combinés et arrangés ; ils n'ont donc pas la pensée, même au plus petit degré.

Il est si vrai que ce n'est pas faute d'organes que les animaux ne parlent pas, qu'on en connoît de plusieurs espèces auxquels on apprend à prononcer des mots, et même à répéter des phrases assez longues, et peut-être y en auroit-il un grand nombre d'autres auxquels on pourroit, si l'on vouloit s'en donner la peine, faire articuler quelques sons (1) ; mais jamais on n'est parvenu à leur faire naître l'idée que ces mots expriment; ils semblent ne les répéter et même ne les articuler, que comme un écho ou une machine artificielle les répéteroit ou les articuleroit ; ce ne sont pas les puissances mécaniques ou les organes matériels, mais c'est la puissance intellectuelle, c'est la pensée qui leur manque.

C'est donc parce qu'une langue suppose une suite de pensées, que les animaux n'en ont aucune ; car quand même on voudroit leur accorder quelque chose de semblable à nos premières appréhensions, et à nos sensations les plus grossières et les plus machinales, il paroît certain qu'ils sont incapables de former cette association d'idées, qui seule peut produire la réflexion, dans laquelle cependant consiste l'essence de la pensée; c'est parce qu'ils ne peuvent joindre ensemble aucune idée,

(1) Leibnitz fait mention d'un chien auquel on avoit appris à prononcer quelques mots allemands et françois.

qu'ils ne pensent ni ne parlent; c'est par la même raison qu'ils n'inventent et ne perfectionnent rien. S'ils étoient doués de la puissance de réfléchir, même au plus petit degré, ils seroient capables de quelque espèce de progrès, ils acquerroient plus d'industrie ; les castors d'aujourd'hui bâtiroient avec plus d'art et de solidité que ne bâtissoient les premiers castors; l'abeille perfectionneroit encore tous les jours la cellule qu'elle habite; car si on suppose que cette cellule est aussi parfaite qu'elle peut l'être, on donne à cet insecte plus d'esprit que nous n'en avons, on lui accorde une intelligence supérieure à la nôtre, par laquelle il appercevroit tout d'un coup le dernier point de perfection auquel il doit porter son ouvrage; tandis que nous-mêmes ne voyons jamais clairement ce point, et qu'il nous faut beaucoup de réflexion, de temps et d'habitude pour perfectionner le moindre de nos arts.

D'où peut venir cette uniformité dans tous les ouvrages des animaux? pourquoi chaque espèce ne fait-elle jamais que la même chose, de la même façon? et pourquoi chaque individu ne la fait-il ni mieux ni plus mal qu'un autre individu? y a-t-il de plus forte preuve que leurs opérations ne sont que des résultats mécaniques et purement matériels? car s'ils avoient la moindre étincelle de la lumière qui nous éclaire, on trouveroit au moins de la variété si on ne voyoit pas de la perfection dans leurs ouvrages, chaque individu de la même espèce feroit quelque chose d'un peu différent de ce qu'auroit fait un autre individu; mais non, tous travaillent sur le même modèle; l'ordre de leurs actions est tracé dans l'espèce entière; il n'appartient point à l'individu; et si l'on vouloit attribuer une ame aux animaux, on seroit obligé à n'en faire qu'une pour chaque espèce, à laquelle chaque individu participeroit également : cette ame seroit donc nécessairement divisible, par conséquent elle seroit matérielle et fort différente de la nôtre.

Car pourquoi mettons-nous au contraire tant de diversité et de variété dans nos productions et dans nos ouvrages? pourquoi l'imitation servile nous coûte-t-elle plus qu'un nouveau dessin? c'est parce que notre ame est à nous, qu'elle est indépendante de celle d'un autre, que nous n'avons rien de commun avec notre espèce que la matière de notre corps, et que ce n'est en effet que par les dernières de nos facultés que nous ressemblons aux animaux.

Si les sensations intérieures appartenoient à la matière et dépendoient des organes corporels, ne verrions-nous pas parmi les animaux de même espèce, comme parmi les Hommes, des différences marquées dans leurs ouvrages? ceux qui seroient le mieux organisés ne feroient-ils pas leurs nids, leurs cellules ou leurs coques d'une manière plus solide, plus élégante, plus commode? et si quelqu'un avoit plus de génie qu'un autre, pourroit-il ne le pas manifester de cette façon? Or tout cela n'arrive pas et n'est jamais arrivé; le plus ou le moins de perfection des organes corporels n'influe donc pas sur la nature des sensations intérieures : n'en doit-on pas conclure que les animaux n'ont point de sensations de cette espèce, qu'elles ne peuvent appartenir à la matière, ni dépendre pour leur nature des organes corporels? ne faut-il pas par conséquent qu'il y ait en nous une substance différente de la matière, qui soit le sujet et la cause qui produit et reçoit ces sensations?

Mais ces preuves de l'immatérialité de notre ame peuvent s'étendre encore plus loin. Nous avons dit que la Nature marche toujours et agit en tout par degrés imperceptibles et par nuances. Cette vérité, qui d'ailleurs ne souffre aucune exception, se dément ici tout-à-fait; il y a une distance infinie entre les facultés de l'Homme et celles du plus parfait animal; preuve évidente que l'Homme est d'une différente nature, que seul il fait une classe à part, de laquelle il faut descendre en parcourant un espace infini avant que d'arriver à celle des animaux; car si l'Homme étoit de l'ordre des animaux, il y auroit dans la Nature un certain nombre d'êtres moins parfaits que l'Homme et plus parfaits que l'animal, par lesquels on descendroit insensiblement et par nuances, de l'Homme au singe; mais cela n'est pas, on passe tout d'un coup de l'être pensant à l'être matériel, de la puissance intellectuelle à la force mécanique, de l'ordre et du dessein au mouvement aveugle, de la réflexion à l'appétit.

En voilà plus qu'il n'en faut pour nous démontrer l'excellence de notre nature, et la distance immense que la bonté du Créateur a mise entre l'Homme et la bête : l'Homme est un être raisonnable, l'animal est un être sans raison; et comme il n'y a point de milieu entre le positif et le négatif, comme il n'y a point d'êtres intermédiaires entre l'être raisonnable et l'être sans raison, il est évident que l'Homme est d'une nature entièrement différente de celle de l'animal, qu'il ne lui ressemble que par l'extérieur, et que le juger par cette ressemblance matérielle, c'est se laisser tromper par l'apparence, et fermer volontairement les yeux à la lumière qui doit nous la faire distinguer de la réalité.

Après avoir considéré l'Homme intérieur, et avoir démontré la spiritualité de son ame, nous pouvons maintenant examiner l'Homme extérieur, et faire l'histoire de son corps. Prenons-le au moment de sa naissance; parcourons les différens âges de sa vie, et conduisons-le à cet instant où il doit se séparer de son corps, l'abandonner et le rendre à la masse commune de la matière à laquelle il appartient.

HISTOIRE

NATURELLE

DE L'HOMME.

DE L'ENFANCE (1).

Si quelque chose est capable de nous donner une idée de notre foiblesse, c'est l'état où nous nous trouvons immédiatement après la naissance ; incapable de faire encore aucun usage de ses organes et de se servir de ses sens, l'Enfant qui naît a besoin de secours

(1) On peut rapporter à cet article de l'Enfance le commencement du septième livre de Pline : « Si l'esprit humain existe pour tout connoître, la Nature entière ne nous offre peut-être pas d'objet plus digne d'arrêter nos regards, que les animaux, et dans leur histoire, la première place appartient à l'Homme, pour qui il semble que tout le reste ait été fait. Mais la Nature a été bien magnifique et bien cruelle envers lui ; tellement qu'on peut douter s'il ne doit pas voir plutôt en elle une marâtre impitoyable, qu'une bonne mère ; et d'abord seul de tous les animaux, il a été réduit à emprunter des vêtemens ; les autres ont été couverts de tégumens solides, d'un cuir épais, de coquilles, d'écailles, d'épines, de soies, de poils, de duvet, de plumes et de laine ; elle a même enveloppé les troncs et les tiges des arbres d'une, et quelquefois de deux écorces, pour les défendre contre

de toute espèce; c'est une image de misère et de douleur; il est dans ces premiers temps plus foible qu'aucun des animaux; sa vie incertaine et chancelante paroît devoir finir à chaque instant; il ne peut se

---

l'excès de la chaleur et la rigueur du froid. Il n'y a que l'Homme qu'elle ait jeté nu sur la terre nue. Sa première heure est signalée par des cris lamentables, et il est le seul de tous les animaux qu'elle ait condamné à verser des pleurs en commençant à respirer. C'est tout au plus au bout de quarante jours que le rire perce sur son visage, et encore prématurément. Son œil a fait à peine l'essai de la lumière, que des liens étroits le reçoivent; nous ne lui accordons pas même le mouvement d'un de ses membres, et nous n'en userions pas avec une pareille rigueur envers une bête féroce qui naîtroit au milieu de nous. Ainsi cet animal si heureusement né et qui doit commander à tous les autres, indignement lié, garotté, enchaîné, supplicié à son berceau, commence sa vie dans les larmes, sans qu'aucune faute puisse lui être reprochée que d'être né; et après avoir été amené au monde sous ces tristes auspices, il ose s'y croire, ô démence! pour faire tout fléchir sous le poids de son insupportable orgueil!»

« Le premier essai heureux qu'il fait de ses forces, ses premiers talens acquis ne font que le rendre semblable au quadrupède? Quand sera-t-il en état de marcher? quand saura-t-il parler? quand sa bouche commencera-t-elle à broyer ses alimens? combien de temps son cerveau palpitera-t-il au sommet de sa tête, et combien de temps continuera de se manifester cet indice d'extrême débilité qu'aucun animal que lui ne donne? Déjà surviennent les maladies et arrivent à leur suite une foule de remèdes impuissans, contre des maux qui renaissent à toute heure. Les autres animaux sentent leur nature et prennent d'eux-mêmes leur essor. Ceux-ci marchent sur la terre avec légereté, ceux-là s'élèvent dans les airs d'un

soutenir ni se mouvoir ; à peine a-t-il la force nécessaire pour exister et pour annoncer par des gémissemens les souffrances qu'il éprouve ; comme si la Nature vouloit l'avertir qu'il est né pour souffrir, et qu'il ne vient prendre place dans l'espèce humaine que pour en partager les infirmités et les peines.

Ne dédaignons pas de jeter les yeux sur un état

---

vol rapide ; d'autres nagent et fendent les flots. A l'égard de l'Homme, il ne sait que ce qu'on lui a enseigné ; il ne parle point, il ne marche point, il ne mange point qu'on ne lui ait appris à faire toutes ces choses ; pleurer est la seule faculté que la Nature lui ait départie : aussi plusieurs ont pensé qu'il vaudroit mieux pour l'Homme ne point naître, ou du moins périr en naissant. »

« A l'Homme seul, entre tous les animaux, appartient le deuil ; à lui seul ce luxe insensé qui prend une multitude innombrable de formes et s'empare de tous ses membres ; à lui seul l'ambition ; à lui seul l'avarice ; à lui seul le desir immense de la vie ; à lui seul la superstition ; à lui seul le soin de la sépulture ; à lui seul de se tourmenter de ce qui doit arriver quand il ne sera plus. Nul animal n'a une existence plus frêle ; nul n'est plus tyrannisé en toutes choses par des passions déréglées ; nul n'est plus pusillanime ; nul plus violent et plus furieux. Enfin tous les autres animaux vivent en paix avec leurs semblables ; nous les voyons seulement se réunir et se mettre en mesure contre les autres espèces. Les lions ne font point entr'eux assaut de férocité ; le serpent n'a point à redouter la morsure du serpent ; les poissons, les monstres des mers eux-mêmes ne s'élancent que contre les espèces étrangères à leurs espèces ; mais certes une foule de maux que l'Homme éprouve, lui viennent de l'Homme. » *Note de l'Editeur.*

par lequel nous avons tous commencé; voyons-nous au berceau; passons même sur le dégoût que peut donner le détail des soins que cet état exige, et cherchons par quels degrés cette machine délicate, ce corps naissant et à peine vivant, vient à prendre du mouvement, de la consistance et des forces.

L'Enfant qui naît, passe d'un élément dans un autre; au sortir de l'eau qui l'environnoit de toutes parts dans le sein de sa mère, il se trouve exposé à l'air, et il éprouve dans l'instant les impressions de ce fluide actif; l'air agit sur les nerfs de l'odorat et sur les organes de la respiration; cette action produit une secousse, une espèce d'éternuement qui soulève la capacité de la poitrine, et donne à l'air la liberté d'entrer dans les poumons; il dilate leurs vésicules et les gonfle; il s'y échauffe et s'y raréfie jusqu'à un certain degré; après quoi le ressort des fibres dilatées réagit sur ce fluide léger et le fait sortir des poumons. Nous n'entreprendrons pas d'expliquer ici les causes du mouvement alternatif et continuel de la respiration, nous nous bornerons à parler des effets: cette fonction est essentielle à l'Homme et à plusieurs espèces d'animaux; c'est ce mouvement qui entretient la vie; s'il cesse, l'animal périt; aussi la respiration ayant une fois commencé, elle ne finit qu'à la mort, et dès que le fœtus respire pour la première fois, il continue à respirer sans interruption; cependant on peut croire avec quelque fondement, que le trou ovale ne se ferme pas tout-à-coup au moment de la naissance, et que par conséquent une partie du sang doit continuer à passer par cette ouverture; tout le sang ne doit donc pas entrer d'abord dans les poumons, et peut-être pourroit-on priver de l'air l'Enfant nouveau-né pendant un temps considérable, sans que cette privation lui causât la mort. Je fis il y a environ dix ans une expérience sur des petits chiens, qui semble prouver la possibilité de ce que je viens de dire ; j'avois pris la précaution de mettre la mère, qui étoit une grosse chienne de l'espèce des plus grands lévriers, dans un baquet rempli d'eau chaude ; et l'ayant attachée de façon que les parties de derrière trempoient dans l'eau, elle mit bas trois chiens dans cette eau, et ces petits animaux se trouvèrent au sortir de leurs enveloppes dans un liquide aussi chaud que celui d'où ils sortoient ; on aida la mère dans l'accouchement ; on accommoda et on lava dans cette eau les petits chiens, ensuite on les fit passer dans un plus petit baquet rempli de lait chaud, sans leur donner le temps de respirer. Je les fis mettre dans du lait, au lieu de les laisser dans l'eau, afin qu'ils pussent prendre de la nourriture s'ils en avoient besoin ; on les retint dans le lait où ils étoient plongés, et ils y demeurèrent pendant plus d'une demi-heure, après quoi les ayant retirés les uns après les autres, je les trouvai tous trois vivans ; ils commencèrent à respirer et à rendre quelque humeur par la gueule ; je les laissai respirer pendant une demi-heure, et ensuite on les replongea dans le lait que l'on avoit fait réchauffer pendant ce temps ; je les y laissai pendant une seconde demi-heure, et les ayant ensuite retirés, il y en avoit deux qui étoient vigoureux et qui ne paroissoient pas avoir souffert de la privation de l'air ;

mais le troisième me paroissoit être languissant; je ne jugeai pas à propos de le replonger une seconde fois, je le fis porter à la mère; elle avoit d'abord fait ces trois chiens dans l'eau, et ensuite elle en avoit encore fait six autres.

Ce petit chien qui étoit né dans l'eau, qui d'abord avoit passé plus d'une demi-heure dans le lait avant d'avoir respiré, et encore une autre demi-heure après avoir respiré, n'en étoit pas fort incommodé, car il fut bientôt rétabli sous la mère, et il vécut comme les autres. Des six qui étoient nés dans l'air, j'en fis jeter quatre; de sorte qu'il n'en restoit alors à la mère que deux de ces six, et celui qui étoit né dans l'eau. Je continuai ces épreuves sur les deux autres qui étoient dans le lait; je les laissai respirer une seconde fois pendant une heure environ; ensuite je les fis mettre de nouveau dans le lait chaud, où ils se trouvèrent plongés pour la troisième fois; je ne sais s'ils en avalèrent ou non; ils restèrent dans ce liquide pendant une demi-heure, et lorsqu'on les en tira, ils paroissoient être presqu'aussi vigoureux qu'auparavant; cependant les ayant fait porter à la mère, l'un des deux mourut le même jour; mais je ne pus savoir si c'étoit par accident, ou pour avoir souffert dans le temps qu'il étoit plongé dans la liqueur et qu'il étoit privé de l'air : l'autre vécut aussi bien que le premier, et ils prirent tous deux autant d'accroissement que ceux qui n'avoient pas subi cette épreuve. Je n'ai pas suivi ces expériences plus loin, mais j'en ai assez vu pour être persuadé que la respiration n'est pas aussi absolument nécessaire à l'animal nouveau-né qu'à l'adulte, et qu'il seroit peut-être possible, en s'y prenant avec précaution, d'empêcher de cette façon le trou ovale de se fermer, et de faire par ce moyen d'excellens plongeurs, et des espèces d'animaux amphibies, qui vivroient également dans l'air et dans l'eau.

L'air trouve ordinairement en entrant pour la première fois dans les poumons de l'Enfant, quelque obstacle, causé par la liqueur qui s'est amassée dans la trachée-artère ; cet obstacle est plus ou moins grand à proportion de la viscosité de cette liqueur ; mais l'Enfant en naissant relève sa tête qui étoit penchée en avant sur sa poitrine, et par ce mouvement il alonge le canal de la trachée-artère ; l'air trouve place dans ce canal au moyen de cet agrandissement ; il force la liqueur dans l'intérieur du poumon, et en dilatant les bronches de ce viscère, il distribue sur leurs parois la mucosité qui s'opposoit à son passage ; le superflu de cette humidité est bientôt desséché par le renouvellement de l'air ; ou si l'Enfant en est incommodé, il tousse, et enfin il s'en débarrasse par l'expectoration ; on la voit couler de sa bouche ; car il n'a pas encore la force de cracher.

Comme nous ne nous souvenons de rien de ce qui nous arrive alors, nous ne pouvons guère juger du sentiment que produit l'impression de l'air sur l'Enfant nouveau-né ; il paroît seulement que les gémissemens et les cris qui se font entendre dans le moment qu'il respire, sont des signes peu équivoques de la douleur que l'action de l'air lui fait ressentir. L'Enfant est en effet, jusqu'au moment de sa naissance, accoutumé à la douce chaleur d'un liquide tranquille, et on peut croire que l'action d'un fluide dont la température est inégale, ébranle trop violemment les fibres délicates de son corps; il paroît être également sensible au chaud et au froid, il gémit en quelque situation qu'il se trouve, et la douleur paroît être sa première et son unique sensation.

La plupart des animaux ont encore les yeux fermés pendant quelques jours après leur naissance; l'Enfant les ouvre aussitôt qu'il est né, mais ils sont fixes et ternes; on n'y voit pas ce brillant qu'ils auront dans la suite, ni le mouvement qui accompagne la vision; cependant la lumière qui les frappe, semble faire impression, puisque la prunelle qui a déjà jusqu'à une ligne et demie ou deux de diamètre, s'étrécit ou s'élargit à une lumière plus forte ou plus foible, en sorte qu'on pourroit croire qu'elle produit déjà une espèce de sentiment; mais ce sentiment est fort obtus; le nouveau-né ne distingue rien, car ses yeux, même en prenant du mouvement, ne s'arrêtent sur aucun objet; l'organe est encore imparfait, la cornée est ridée, et peut-être la rétine est-elle aussi trop molle pour recevoir les images des objets et donner la sensation de la vue distincte. Il paroît en être de même des autres sens, ils n'ont pas encore pris une certaine consistance nécessaire à leurs opérations, et lors même qu'ils sont arrivés à cet état, il se passe encore beaucoup de temps avant que l'Enfant puisse avoir des sensations justes et complettes. Les sens sont des espèces d'instrumens dont il faut apprendre à se servir; celui de la vue, qui paroît être le plus noble et le plus admirable, est en même temps le moins sûr et le plus illusoire; ses sensations ne produiroient que des jugemens faux, s'ils n'étoient à tout instant rectifiés par le témoignage du toucher; celui-ci est le sens solide, c'est la pierre de touche et la mesure de tous les autres sens, c'est le seul qui soit absolument essentiel à l'animal, c'est celui qui est universel et qui est répandu dans toutes les parties de son corps; cependant ce sens même n'est pas encore parfait dans l'Enfant au moment de sa naissance; il donne à la vérité des signes de douleur par ses gémissemens et ses cris, mais il n'a encore aucune expression pour marquer le plaisir; il ne commence à rire qu'au bout de quarante jours; c'est aussi le temps auquel il commence à pleurer; car auparavant les cris et les gémissemens ne sont point accompagnés de larmes. Il ne paroît donc aucun signe des passions sur le visage du nouveau-né; les parties de la face n'ont pas même toute la consistance et tout le ressort nécessaires à cette espèce d'expression des sentimens de l'ame; toutes les autres parties du corps encore foibles et délicates, n'ont que des mouvemens incertains et mal assurés; il ne peut pas se tenir debout, ses jambes et ses cuisses sont encore pliées par l'habitude qu'il a contractée dans le sein de sa mère, il n'a pas la force d'étendre les bras ou de saisir quelque chose avec la main; si on l'abandonnoit, il resteroit couché sur le dos sans pouvoir se retourner.

En réfléchissant sur ce que nous venons de dire, il paroît que la douleur que l'Enfant ressent dans les premiers temps, et qu'il exprime par des gémissemens, n'est qu'une sensation corporelle semblable à celle des animaux qui gémissent aussi dès qu'ils sont nés, et que les sensations de l'ame ne commencent à se manifester qu'au bout de quarante jours, car le rire et les larmes sont des produits de deux sensations intérieures, qui toutes deux dépendent de l'action de l'ame. La première est une émotion agréable qui ne peut naître qu'à la vue ou par le souvenir d'un objet connu, aimé et desiré, l'autre est un ébranlement désagréable, mêlé d'attendrissement et d'un retour sur nous-mêmes; toutes deux sont des passions qui supposent des connoissances, des comparaisons et des réflexions; aussi le rire et les pleurs sont-ils des signes particuliers à l'espèce humaine pour exprimer le plaisir ou la douleur de l'ame; tandis que les cris, les mouvemens et les autres signes des douleurs et des plaisirs du corps, sont communs à l'Homme et à la plupart des animaux.

Mais revenons aux parties matérielles et aux affections du corps: la grandeur de l'Enfant né à terme est ordinairement de vingt-un pouces, il en naît cependant de beaucoup plus petits, et il y en a même qui n'ont que quatorze pouces, quoiqu'ils aient atteint le terme de neuf mois: quelques autres au contraire ont plus de vingt-un pouces. A neuf mois le fœtus pèse ordinairement douze livres et quelquefois jusqu'à quatorze; la tête du nouveau-né est plus grosse à proportion que le reste du corps, et cette disproportion qui étoit encore beaucoup plus grande dans le premier âge du fœtus, ne disparoît qu'après la première enfance; la peau de l'Enfant qui naît est fort fine; elle paroît rougeâtre parce qu'elle est assez transparente pour laisser paroître une nuance foible de la couleur du sang ; on prétend même que les enfans dont la peau est la plus rouge en naissant sont ceux qui dans la suite auront la peau la plus belle et la plus blanche.

La forme du corps et des membres de l'Enfant qui vient de naître, n'est pas bien exprimée; toutes les parties sont trop arrondies; elles paroissent même gonflées lorsque l'Enfant se porte bien et qu'il ne manque pas d'embonpoint. Au bout de trois jours il survient ordinairement une jaunisse, et dans ce même temps il y a du lait dans les mamelles de l'Enfant, qu'on exprime avec les doigts ; la surabondance des sucs et le gonflement de toutes les parties du corps diminuent ensuite peu à peu à mesure que l'Enfant prend de l'accroissement.

On voit palpiter dans quelques enfans nouveau-nés le sommet de la tête à l'endroit de la fontanelle, et dans tous on y peut sentir le battement des sinus ou des artères du cerveau, si on y porte la main. Il se forme au dessus de cette ouverture une espèce de croûte ou de galle, quelquefois fort épaisse, et qu'on est obligé de frotter avec des brosses pour la faire tomber à mesure qu'elle se sèche : il semble que cette production qui se fait au dessus de l'ouverture du crâne, ait quelqu'analogie avec celle des cornes des animaux, qui tirent aussi leur origine d'une ouverture du crâne et de la substance du cerveau. Nous ferons voir dans la suite que toutes les extrémités des nerfs deviennent solides lorsqu'elles sont exposées à l'air, et que c'est cette substance nerveuse qui produit les ongles, les ergots et les cornes.

La liqueur contenue dans l'amnios laisse sur l'Enfant une humeur visqueuse, blanchâtre, et quelquefois assez tenace pour qu'on soit obligé de la détremper avec quelque liqueur douce, afin de la pouvoir enlever; on a toujours dans ce pays-ci la sage précaution de ne laver l'Enfant qu'avec des liqueurs tièdes : cependant des nations entières, celles même qui habitent les climats froids, sont dans l'usage de plonger leurs enfans dans l'eau froide aussitôt qu'ils sont nés, sans qu'il leur en arrive aucun mal; on dit même que les Lapones laissent leurs enfans dans la neige jusqu'à ce que le froid les ait saisis au point d'arrêter la respiration, et qu'alors elles les plongent dans un bain d'eau chaude; ils n'en sont pas même quittes pour être lavés avec si peu de ménagement au moment de leur naissance; on les lave encore de la même façon trois fois chaque jour pendant la première année de leur vie, et dans les suivantes on les baigne trois fois chaque semaine dans l'eau froide. Les peuples du nord sont persuadés que les bains froids rendent les hommes plus forts et plus robustes, et c'est par cette raison qu'ils les forcent de bonne heure à en contracter l'habitude. Ce qu'il y a de vrai, c'est que nous ne connoissons pas assez jusqu'où peuvent s'étendre les limites de ce que notre corps est capable de souffrir, d'acquérir ou de perdre par l'habitude : par exemple, les Indiens de l'isthme de l'Amérique se plongent impunément dans l'eau froide pour se rafraîchir lorsqu'ils sont en sueur; leurs femmes les y jettent quand ils sont ivres, pour faire passer leur ivresse plus promptement; les mères se baignent avec leurs enfans dans l'eau froide un instant après leur accouchement

chement. Avec cet usage que nous regarderions comme fort dangereux, ces femmes périssent très-rarement par les suites des couches; au lieu que, malgré tous nos soins, nous en voyons périr un grand nombre parmi nous.

Quelques instans après sa naissance, l'Enfant urine; c'est ordinairement lorsqu'il sent la chaleur du feu; quelquefois il rend en même temps le *meconium* ou les excrémens qui se sont formés dans les intestins pendant le temps de son séjour dans la matrice; cette évacuation ne se fait pas toujours aussi promptement; souvent elle est retardée; mais si elle n'arrivoit pas dans l'espace du premier jour, il seroit à craindre que l'Enfant ne s'en trouvât incommodé, et qu'il ne ressentît des douleurs de colique; dans ce cas on tâche de faciliter cette évacuation par quelques moyens. Le *meconium* est de couleur noire; on connoît que l'Enfant en est absolument débarrassé, lorsque les excrémens qui succèdent ont une autre couleur; ils deviennent blanchâtres; ce changement arrive ordinairement le deuxième ou le troisième jour; alors leur odeur est beaucoup plus mauvaise que n'est celle du *meconium*, ce qui prouve que la bile et les sucs amers du corps commencent à s'y mêler.

Cette remarque paroît prouver que le fœtus ne prend aucune nourriture par la bouche, et que l'estomac et les intestins ne font aucune fonction semblable à celles qui s'opèrent dans la suite lorsque la respiration a commencé à donner du mouvement au diaphragme et à toutes les parties intérieures sur lesquelles il peut agir, puisque ce n'est qu'alors que se fait la digestion et le mélange de la bile et du suc pancréatique avec la nourriture que l'estomac laisse passer aux intestins.

On ne fait point teter l'Enfant aussitôt qu'il est né; on lui donne auparavant le temps de rendre la liqueur et les glaires qui sont dans son estomac, et le *meconium* qui est dans ses intestins : ces matières pourroient faire aigrir le lait et produire un mauvais effet; ainsi on commence par lui faire avaler un peu de vin sucré pour fortifier son estomac et procurer les évacuations qui doivent le disposer à recevoir la nourriture et à la digérer; ce n'est que dix ou douze heures après la naissance qu'il doit teter pour la première fois.

A peine l'Enfant est-il sorti du sein de sa mère, à peine jouit-il de la liberté de mouvoir et d'étendre ses membres, qu'on lui donne de nouveaux liens; on l'emmaillotte, on le couche la tête fixe et les jambes alongées, les bras pendans à côté du corps; il est entouré de linges et de bandages de toute espèce qui ne lui permettent pas de changer de situation; heureux si on ne l'a point serré au point de l'empêcher de respirer, et si on a eu la précaution de le coucher sur le côté, afin que les eaux qu'il doit rendre par la bouche, puissent tomber d'elles-mêmes; car il n'auroit pas la liberté de tourner la tête sur le côté pour en faciliter l'écoulement! Les peuples qui se contentent de couvrir ou de vêtir leurs enfans sans les mettre au maillot, ne font-ils pas mieux que nous? Les Siamois, les Japonois, les Indiens, les nègres, les sauvages du Canada, ceux de Virginie, du Brésil, et la plupart des peuples de la partie méridionale de l'Amérique, couchent les enfans nus sur des lits de coton suspendus, ou les mettent dans des espèces de berceaux couverts et garnis de pelleteries. Je crois que ces usages ne sont pas sujets à autant d'inconvéniens que le nôtre; on ne peut pas éviter, en emmaillottant les enfans, de les gêner au point de leur faire ressentir de la douleur; les efforts qu'ils font pour se débarrasser, sont plus capables de corrompre l'assemblage de leur corps, que les mauvaises situations où ils pourroient se mettre eux-mêmes s'ils étoient en liberté. Les bandages du maillot peuvent être comparés aux corps que l'on fait porter aux filles dans leur jeunesse; cette espèce de cuirasse, ce vêtement incommode qu'on a imaginé pour soutenir la taille et l'empêcher de se déformer, cause cependant plus d'incommodités et de difformités qu'il n'en prévient (1).

(1) On commence heureusement à revenir de cet usage préjudiciable, et l'on ne sauroit trop répéter ce qui a été dit à ce sujet par les plus savans anatomistes. Winslow a observé dans plusieurs femmes et filles de condition, que les côtes inférieures se trouvoient plus basses, et que les portions cartilagineuses de ces côtes, étoient plus courbées que dans les filles du bas peuple; il jugea que cette différence ne pouvoit venir que de l'usage habituel des corps, qui sont d'ordinaire extrêmement serrés par en bas. Il explique et démontre par de très-bonnes raisons, tous les inconvéniens qui en résultent. La respiration gênée par le serrement des côtes inférieures, et par la voûte forcée du diaphragme, trouble la circulation, occasionne des palpitations, des vertiges, des maladies pulmonaires. La compression forcée de l'estomac, du foie et de

Si le mouvement que les Enfans veulent se donner dans le maillot peut leur être funeste, l'inaction dans laquelle cet état les retient, peut aussi leur être nuisible. Le défaut d'exercice est capable de retarder l'accroissement des membres et de diminuer les forces du corps; ainsi les Enfans qui ont la liberté de mouvoir leurs membres à leur gré, doivent être plus forts que ceux qui sont emmaillotés; c'étoit pour cette raison que les anciens Péruviens laissoient les bras libres aux enfans dans un maillot fort large; lorsqu'ils les en tiroient ils les mettoient en liberté dans un trou fait en terre et garni de linges, dans lequel ils les descendoient jusqu'à la moitié du corps; de cette façon ils avoient les bras libres, et ils pouvoient mouvoir leur tête et fléchir leur corps à leur gré sans tomber et sans se blesser; dès qu'ils pouvoient faire un pas, on leur présentoit la mamelle d'un peu loin comme un appât pour les obliger à marcher. Les petits nègres sont quelquefois dans une situation bien plus fatigante pour teter : ils embrassent l'une des hanches de la mère avec leurs genoux et leurs pieds, et ils la serrent si bien

---

la rate, peut aussi produire des accidens plus ou moins fâcheux, par rapport aux nerfs, comme des foiblesses, des suffocations, des tremblemens.

Mais ces maux intérieurs ne sont pas les seuls que l'usage des corps occasionne; bien loin de redresser les tailles défectueuses, ils ne font qu'en augmenter les défauts, et toutes les personnes sensées devroient proscrire dans leurs familles l'usage du maillot pour leurs enfans, et plus sévérement encore l'usage des corps pour leurs filles, surtout avant qu'elles aient atteint leur accroissement en entier.

qu'ils peuvent s'y soutenir sans le secours des bras de leur mère ; ils s'attachent à la mamelle avec leurs mains, et ils la sucent constamment sans se déranger et sans tomber, malgré les différens mouvemens de la mère, qui pendant ce temps travaille à son ordinaire. Ces enfans commencent à marcher dès le second mois, ou plutôt à se traîner sur les genoux et sur les mains ; cet exercice leur donne pour la suite la facilité de courir dans cette situation presqu'aussi vîte que s'ils étoient sur leurs pieds.

Les Enfans nouveau-nés dorment beaucoup, mais leur sommeil est souvent interrompu ; ils ont aussi besoin de prendre souvent de la nourriture ; on les fait teter pendant la journée de deux heures en deux heures, et pendant la nuit à chaque fois qu'ils se réveillent. Ils dorment pendant la plus grande partie du jour et de la nuit dans les premiers temps de leur vie ; ils semblent même n'être éveillés que par la douleur ou par la faim ; aussi les plaintes et les cris succèdent presque toujours à leur sommeil ; comme ils sont obligés de demeurer dans la même situation dans le berceau, et qu'ils sont toujours contraints par les entraves du maillot, cette situation devient fatigante et douloureuse après un certain temps ; ils sont mouillés et souvent refroidis par leurs excrémens dont l'âcreté offense la peau qui est fine, délicate et par conséquent très-sensible. Dans cet état, les Enfans ne font que des efforts impuissans, ils n'ont dans leur foiblesse que l'expression des gémissemens pour demander du soulagement ; on doit avoir la plus grande attention à les secourir, ou plutôt il faut prévenir tous ces inconvéniens en changeant une partie de leurs vêtemens au moins deux ou trois fois par jour et même dans la nuit. Ce soin est si nécessaire que les sauvages même y sont attentifs, quoique le linge manque aux sauvages et qu'il ne leur soit pas possible de changer aussi souvent de pelleterie que nous pouvons changer de linge; ils suppléent à ce défaut en mettant dans les endroits convenables quelque matière assez commune pour qu'ils ne soient pas dans la nécessité de l'épargner. Dans la partie septentrionale de l'Amérique, on met au fond des berceaux une bonne quantité de cette poudre que l'on tire du bois qui a été rongé des vers et que l'on appelle communément ver-moulu; les enfans sont couchés sur cette poudre et recouverts de pelleteries. On prétend que cette sorte de lit est aussi douce et aussi molle que la plume; mais ce n'est pas pour flatter la délicatesse des enfans que cet usage est introduit, c'est seulement pour les tenir propres : en effet, cette poudre pompe l'humidité, et après un certain temps, on la renouvelle. En Virginie, on attache les enfans nus sur une planche garnie de coton, qui est percée pour l'écoulement des excrémens; le froid de ce pays devroit contrarier cette pratique qui est presque générale en Orient et sur-tout en Turquie; au reste, cette précaution supprime toute sorte de soins; c'est toujours le moyen le plus sûr de prévenir les effets de la négligence ordinaire des nourrices; il n'y a que la tendresse maternelle qui soit capable de cette vigilance continuelle, de ces petites attentions si nécessaires; peut-on l'espérer de ces nourrices mercenaires et grossières ?

Les unes abandonnent leurs Enfans pendant plusieurs heures, sans avoir la moindre inquiétude de leur état ; d'autres sont assez cruelles pour n'être pas touchées de leurs gémissemens ; alors ces petits infortunés entrent dans une sorte de désespoir ; ils font tous les efforts dont ils sont capables ; ils poussent des cris qui durent autant que leurs forces ; enfin ces excès leur causent des maladies, ou au moins les mettent dans un état de fatigue et d'abattement qui dérange leur tempérament et qui peut même influer sur leur caractère. Il est un usage dont les nourrices nonchalantes et paresseuses abusent souvent ; au lieu d'employer des moyens efficaces pour soulager l'Enfant ; elles se contentent d'agiter le berceau en le faisant balancer sur les côtés, ce mouvement lui donne une sorte de distraction qui appaise ses cris ; en continuant le même mouvement, on l'étourdit, et à la fin on l'endort ; mais ce sommeil forcé n'est qu'un palliatif qui ne détruit pas la cause du mal présent ; au contraire on pourroit causer un mal réel aux Enfans en les berçant pendant un trop longtemps ; on les feroit vomir ; peut-être aussi que cette agitation est capable de leur ébranler la tête et d'y causer du dérangement.

Avant que de bercer les Enfans, il faut être sûr qu'il ne leur manque rien, et on ne doit jamais les agiter au point de les étourdir ; si on s'aperçoit qu'ils ne dorment pas assez, il suffit d'un mouvement lent et égal pour les assoupir ; on ne doit donc les bercer que rarement, car si on les y accoutume, ils ne peuvent plus dormir autrement. Pour que leur santé soit bonne, il faut que leur sommeil soit naturel et long; cependant s'ils dormoient trop, il seroit à craindre que leur tempérament n'en souffrît; dans ce cas, il faut les tirer du berceau et les éveiller par de petits mouvemens, leur faire entendre des sons doux et agréables, leur faire voir quelque chose de brillant. C'est à cet âge que l'on reçoit les premières impressions des sens; elles sont sans doute plus importantes que l'on ne croit pour le reste de la vie.

Les yeux des Enfans se portent toujours du côté le plus éclairé de l'endroit qu'ils habitent, et s'il n'y a que l'un de leurs yeux qui puisse s'y fixer, l'autre n'étant pas exercé n'acquerra pas autant de force : pour prévenir cet inconvénient, il faut placer le berceau de façon qu'il soit éclairé par les pieds, soit que la lumière vienne d'une fenêtre ou d'un flambeau; dans cette position les deux yeux de l'Enfant peuvent la recevoir en même temps, et acquérir par l'exercice une force égale : si l'un des yeux prend plus de force que l'autre, l'Enfant deviendra louche; car il est prouvé que l'inégalité de force dans les yeux est la cause du regard louche.

La nourrice ne doit donner à l'Enfant que le lait de ses mamelles pour toute nourriture, au moins pendant les deux premiers mois; il ne faudroit même lui faire prendre aucun autre aliment pendant le troisième et le quatrième mois, sur-tout lorsque son tempérament est foible et délicat. Quelque robuste que puisse être un Enfant, il pourroit en arriver de grands inconvéniens, si on lui donnoit d'autre nourriture que le lait de la nourrice avant la fin du premier

mois. En Hollande, en Italie, en Turquie, et en général dans tout le Levant, on ne donne aux enfans que le lait des mamelles pendant un an entier; les Sauvages du Canada les allaitent jusqu'à l'âge de quatre ou cinq ans, et quelquefois jusqu'à six ou sept ans: dans ce pays-ci, comme la plupart des nourrices n'ont pas assez de lait pour fournir à l'appétit de leurs enfans, elles cherchent à l'épargner, et pour cela elles leur donnent un aliment composé de farine et de lait, même dès les premiers jours de leur naissance; cette nourriture appaise la faim, mais l'estomac et les intestins de ces enfans étant à peine ouverts, et encore trop foibles pour digérer un aliment grossier et visqueux, ils souffrent, deviennent malades et périssent quelquefois de cette espèce d'indigestion.

Le lait des animaux peut suppléer au défaut de celui des femmes; si les nourrices en manquoient dans certains cas, ou s'il y avoit quelque chose à craindre pour elles de la part de l'Enfant, on pourroit lui donner à teter le mamelon d'un animal, afin qu'il reçût le lait dans un degré de chaleur toujours égal et convenable, et sur-tout afin que sa propre salive se mêlât avec le lait pour en aciliter la digestion, comme cela se fait par le moyen de la succion, parce que les muscles qui sont alors en mouvement, font couler la salive en pressant les glandes et les autres vaisseaux. J'ai connu à la campagne quelques paysans qui n'ont pas eu d'autres nourrices que des brebis, et ces paysans étoient aussi vigoureux que les autres.

Après deux ou trois mois, lorsque l'Enfant a acquis des forces, on commence à lui donner une nourriture un peu plus solide : on fait cuire de la farine avec du lait ; c'est une sorte de pain qui dispose peu à peu son estomac à recevoir le pain ordinaire et les autres alimens dont il doit se nourrir dans la suite.

Pour parvenir à l'usage des alimens solides, on augmente peu à peu la consistance des alimens liquides ; ainsi après avoir nourri l'Enfant avec de la farine délayée et cuite dans du lait, on lui donne du pain trempé dans une liqueur convenable. Les Enfans dans la première année de leur âge, sont incapables de broyer les alimens ; les dents leur manquent ; ils n'en ont encore que le germe enveloppé dans des gencives si molles, que leur foible résistance ne feroit aucun effet sur des matières solides. On voit certaines nourrices, sur-tout dans le bas peuple, qui mâchent des alimens pour les faire avaler ensuite à leurs enfans : avant que de réfléchir sur cette pratique, écartons toute idée de dégoût, et soyons persuadés qu'à cet âge les enfans ne peuvent en avoir aucune impression ; en effet, ils ne sont pas moins avides de recevoir leur nourriture de la bouche de la nourrice, que de ses mamelles ; au contraire il semble que la Nature ait introduit cet usage dans plusieurs pays fort éloignés les uns des autres ; il est en Italie, en Turquie et dans presque toute l'Asie ; on le trouve en Amérique, dans les Antilles, au Canada. Je le crois fort utile aux Enfans, et très-convenable à leur état ; c'est le seul moyen de fournir à leur estomac toute la salive qui est nécessaire pour la digestion des alimens solides : si la nourrice mâche du pain, sa salive le détrempe et en fait une nourriture bien meilleure que s'il étoit détrempé avec toute autre liqueur ; cependant cette précaution ne peut être nécessaire que jusqu'à ce qu'ils puissent faire usage de leurs dents, broyer les alimens et les détremper de leur propre salive.

Les dents que l'on appelle incisives, sont au nombre de huit, quatre au-devant de chaque mâchoire ; leurs germes se développent ordinairement les premiers ; communément ce n'est pas plutôt qu'à l'âge de sept mois, souvent à celui de huit ou dix mois, et d'autres fois à la fin de la première année; ce développement est quelquefois très-prématuré ; on voit assez souvent des Enfans naître avec des dents assez grandes pour déchirer le sein de leur nourrice : on a aussi trouvé des dents bien formées dans des fœtus longtemps avant le terme ordinaire de la naissance.

Le germe des dents est d'abord contenu dans l'alvéole et recouvert par la gencive ; en croissant il pousse des racines au fond de l'alvéole, et il s'étend du côté de la gencive. Le corps de la dent presse peu à peu contre cette membrane et la distend au point de la rompre et de la déchirer pour passer au travers ; cette opération, quoique naturelle, ne suit pas les lois ordinaires de la Nature, qui agit à tout instant dans le corps humain sans y causer la moindre douleur, et même sans exciter aucune sensation ; ici il se fait un effort violent et douloureux qui est accompagné de pleurs et de cris, et qui a quelquefois des suites fâcheuses ; les Enfans perdent d'abord leur gaieté et leur enjouement ; on les voit tristes et inquiets ; alors leur gencive est rouge et gonflée, et ensuite elle blanchit lorsque la pression est au point d'intercepter le cours du sang dans les vaisseaux ; ils y portent le doigt à tous momens pour tâcher d'appaiser la démangeaison qu'ils y ressentent ; on leur facilite ce petit soulagement en mettant au bout de leur hochet un morceau d'ivoire ou de corail, ou de quelque autre corps dur et poli ; ils le portent d'eux-mêmes à leur bouche, et ils le serrent entre les gencives à l'endroit douloureux : cet effort opposé à celui de la dent, relâche la gencive et calme la douleur pour un instant ; il contribue aussi à l'amincissement de la membrane de la gencive, qui étant pressée des deux côtés à la fois, doit se rompre plus aisément, mais souvent cette rupture ne se fait qu'avec beaucoup de peine et de danger. La Nature s'oppose à elle-même ses propres forces ; lorsque les gencives sont plus fermes qu'à l'ordinaire par la solidité des fibres dont elles sont tissues, elles résistent plus longtemps à la pression de la dent ; alors l'effort est si grand de part et d'autre, qu'il cause une inflammation accompagnée de tous ses symptômes, ce qui est, comme on le sait, capable de causer la mort ; pour prévenir ces accidens on a recours à l'art ; on coupe la gencive sur la dent ; au moyen de cette petite opération, la tension et l'inflammation de la gencive cessent, et la dent trouve un libre passage.

Les dents canines sont à côté des incisives au nombre de quatre ; elles sortent ordinairement dans le neuvième ou le dixième mois. Sur la fin de la première ou dans le courant de la seconde année, on voit paroître seize autres dents que l'on appelle molaires ou mâchelières, quatre à côté de chacune des canines.

Ces termes pour la sortie des dents varient ; on prétend que celles de la mâchoire supérieure paroissent ordinairement plutôt, cependant il arrive aussi quelquefois qu'elles sortent plus tard que celles de la mâchoire inférieure.

Les dents incisives, les canines et les quatre premières mâchelières tombent naturellement dans la cinquième, la sixième ou la septième année ; mais elles sont remplacées par d'autres qui paroissent dans la septième année, souvent plus tard, et quelquefois elles ne sortent qu'à l'âge de puberté ; la chûte de ces seize dents est causée par le développement d'un second germe placé au fond de l'alvéole, qui en croissant les pousse au dehors ; ce germe manque aux autres mâchelières, aussi ne tombent-elles que par accident, et leur perte n'est presque jamais réparée.

Il y a encore quatre autres dents qui sont placées à chacune des deux extrémités des mâchoires ; ces dents manquent à plusieurs personnes ; leur développement est plus tardif que celui des autres dents ; il ne se fait ordinairement qu'à l'âge de puberté, et quelquefois dans un âge beaucoup plus avancé ; on les a nommées dents de sagesse ; elles paroissent successivement l'une après l'autre ou deux en même temps, indifféremment en haut ou en bas, et le nombre des dents en général ne varie que parce que celui des dents de sagesse n'est pas toujours le même, de-là vient la différence de vingt-huit à trente-deux dans le nombre total des dents ; on croit avoir observé que les femmes en ont ordinairement moins que les hommes.

Quelques auteurs ont prétendu que les dents croissoient pendant tout le cours de la vie, et qu'elles augmenteroient en longueur dans l'Homme, comme dans certains animaux, à mesure qu'il avanceroit en âge, si le frottement des alimens ne les usoit pas continuellement; mais cette opinion paroît être démentie par l'expérience; car les gens qui ne vivent que d'alimens liquides, n'ont pas les dents plus longues que ceux qui mangent des choses dures; et si quelque chose est capable d'user les dents, c'est leur frottement mutuel des unes contre les autres plutôt que celui des alimens; d'ailleurs on a pu se tromper au sujet de l'accroissement des dents de quelques animaux, en confondant les dents avec les défenses; par exemple, les défenses des sangliers croissent pendant toute la vie de ces animaux; il en est de même de celles de l'éléphant; mais il est fort douteux que leurs dents prennent aucun accroissement lorsqu'elles sont une fois arrivées à leur grandeur naturelle. Les défenses ont beaucoup plus de rapport avec les cornes qu'avec les dents, mais ce n'est pas ici le lieu d'examiner ces différences; nous remarquerons seulement que les premières dents ne sont pas d'une s'ubstance aussi solide que l'est celle des dents qui leur succèdent; ces premières dents n'ont aussi que fort peu de racine; elles ne sont pas infixées dans la mâchoire, et elles s'ébranlent très-aisément.

Bien des gens prétendent que les cheveux que l'Enfant apporte en naissant, sont toujours bruns, mais que ces premiers cheveux tombent bientôt et qu'ils sont remplacés par d'autres de couleur différente; je ne sais si cette remarque est vraie; presque tous les

Enfans ont les cheveux blonds et souvent presque blancs; quelques-uns les ont roux et d'autres les ont noirs; mais tous ceux qui doivent être un jour blonds, châtains ou bruns, ont les cheveux plus ou moins blonds dans le premier âge. Ceux qui doivent être blonds ont ordinairement les yeux bleus; les roux ont les yeux d'un jaune ardent; les bruns d'un jaune foible et brun; mais ces couleurs ne sont pas bien marquées dans les yeux des Enfans qui viennent de naître; ils ont alors presque tous les yeux bleus.

Lorsqu'on laisse crier les Enfans trop fort et trop longtemps, ces efforts leur causent des descentes qu'il faut avoir grand soin de rétablir promptement par un bandage; ils guérissent aisément par ce secours; mais si l'on négligeoit cette incommodité, ils seroient en danger de la garder toute leur vie. Les bornes que nous nous sommes prescrites ne permettent pas que nous parlions des maladies particulières aux Enfans; je ne ferai sur cela qu'une remarque : c'est que les vers et les maladies vermineuses auxquelles ils sont sujets, ont une cause bien marquée dans la qualité de leurs alimens; le lait est une espèce de chyle, une nourriture dépurée qui contient par conséquent plus de nourriture réelle, plus de cette matière organique et productive qui lorsqu'elle n'est pas digérée par l'estomac de l'Enfant pour servir à sa nutrition et à l'accroissement de son corps, prend par l'activité qui lui est essentielle, d'autres formes, et produit des êtres animés, des vers en si grande quantité, que l'Enfant est souvent en danger d'en périr. En permettant aux Enfans de boire de temps en temps un peu de vin, on préviendroit peut-être une partie des mauvais effets que causent les vers; car les liqueurs fermentées s'opposent à leur génération; elles contiennent fort peu de parties organiques et nutritives, et c'est principalement par son action sur les solides que le vin donne des forces; il nourrit moins le corps qu'il ne le fortifie; au reste la plupart des Enfans aiment le vin ou du moins s'accoutument fort aisément à en boire.

Quelque délicat que l'on soit dans l'Enfance on est à cet âge moins sensible au froid que dans tous les autres temps de la vie; la chaleur intérieure est apparemment plus grande; on sait que le pouls des Enfans est bien plus fréquent que celui des adultes; cela seul suffiroit pour faire penser que la chaleur intérieure est plus grande dans la même proportion, et l'on ne peut guère douter que les petits animaux n'aient plus de chaleur que les grands, par cette même raison; car la fréquence du battement du cœur et des artères est d'autant plus grande que l'animal est plus petit; cela s'observe dans les différentes espèces aussi bien que dans la même espèce; le pouls d'un Enfant ou d'un homme de petite stature est plus fréquent que celui d'une personne adulte ou d'un homme de haute taille; le pouls d'un bœuf est plus lent que celui d'un homme, et celui d'un chien est plus fréquent, et les battemens du cœur d'un animal encore plus petit, comme d'un moineau, se succèdent si promptement qu'à peine on peut les compter.

Il y a quelque chose d'assez remarquable dans l'accroissement du corps humain; le fœtus dans le sein de sa mère croît toujours de plus en plus jusqu'au moment

moment de la naissance; l'Enfant au contraire croît toujours de moins en moins jusqu'à l'âge de puberté, où la Nature semble faire un effort pour achever de développer et de perfectionner son ouvrage, en le portant, pour ainsi dire, tout à coup au dernier degré de son accroissement.

Tout le monde sait combien il est important pour la santé des Enfans de choisir de bonnes nourrices; il est absolument nécessaire qu'elles soient saines et qu'elles se portent bien; on n'a que trop d'exemples de la communication réciproque de certaines maladies de la nourrice à l'Enfant, et de l'Enfant à la nourrice: il y a eu des villages entiers dont tous les habitans ont été infectés du virus vénérien que quelques nourrices malades avoient communiqué en donnant à d'autres femmes leurs enfans à allaiter.

Si les mères nourrissoient leurs Enfans, il y a apparence qu'ils en seroient plus forts et plus vigoureux; le lait de leur mère doit leur convenir mieux que le lait d'une autre femme; car le fœtus se nourrit dans la matrice d'une liqueur laiteuse qui est fort semblable au lait qui se forme dans les mamelles: l'Enfant est donc déjà, pour ainsi dire, accoutumé au lait de sa mère, au lieu que le lait d'une autre nourrice est une nourriture nouvelle pour lui, et qui est quelquefois assez différente de la première pour qu'il ne puisse pas s'y accoutumer; car on voit des enfans qui ne peuvent s'accommoder du lait de certaines femmes; ils maigrissent et deviennent languissans: dès qu'on s'en aperçoit, il faut prendre une autre nourrice; si l'on n'a pas cette attention, ils périssent en fort peu de temps.

Je ne puis m'empêcher d'observer ici que l'usage où l'on est de rassembler un grand nombre d'enfans dans un même lieu, comme dans les hôpitaux des grandes villes, est extrêmement contraire au principal objet qu'on doit se proposer, qui est de les conserver; la plupart de ces enfans périssent par une espèce de scorbut ou par d'autres maladies qui leur sont communes à tous, auxquelles ils ne seroient pas sujets, s'ils étoient élevés séparément les uns des autres, ou du moins s'ils étoient distribués en plus petit nombre dans différentes habitations à la ville, et encore mieux à la campagne. Le même revenu suffiroit sans doute pour les entretenir, et on éviteroit la perte d'une infinité d'hommes qui, comme l'on sait, sont la vraie richesse d'un état.

Les Enfans commencent à bégayer à douze ou quinze mois; la voyelle qu'ils articulent le plus aisément est l'*A*, parce qu'il ne faut pour cela qu'ouvrir les lèvres et pousser un son; l'*E* suppose un petit mouvement de plus; la langue se relève en haut en même temps que les lèvres s'ouvrent; il en est de même de l'*I*; la langue se relève encore plus, et s'approche des dents de la mâchoire supérieure; l'*O* demande que la langue s'abaisse et que les lèvres se serrent; il faut qu'elles s'alongent un peu, et qu'elles se serrent encore plus pour prononcer l'*U*. Les premières consonnes que les Enfans prononcent sont aussi celles qui demandent le moins de mouvement dans les organes; le *B*, l'*M* et le *P* sont les plus aisés à articuler; il ne faut pour le *B* et le *P* que joindre les deux lèvres et les ouvrir avec vîtesse, et pour l'*M* les ouvrir d'abord et ensuite les joindre avec vîtesse : l'articulation de toutes les autres consonnes suppose des mouvemens plus compliqués que ceux-ci, et il y a un mouvement de la langue dans le *C*, le *D*, le *G*, l'*L*, l'*N*, le *Q*, l'*R*, l'*S* et le *T*; il faut pour articuler l'*F* un son continué plus longtemps que pour les autres consonnes : ainsi de toutes les voyelles l'*A* est la plus aisée, et de toutes les consonnes le *B*, le *P* et l'*M* sont aussi les plus faciles à articuler : il n'est donc pas étonnant que les premiers mots que les Enfans prononcent soient composés de cette voyelle et de ces consonnes, et l'on doit cesser d'être surpris de ce que dans toutes les langues et chez tous les peuples les Enfans commencent toujours par bégayer *baba, mama, papa:* ces mots ne sont, pour ainsi dire, que les sons les plus naturels à l'Homme, parce qu'ils sont les plus aisés à articuler; les lettres qui les composent, ou plutôt les caractères qui les représentent, doivent exister chez tous les peuples qui ont l'écriture ou d'autres signes pour représenter les sons.

On doit seulement observer que les sons de quelques consonnes étant à peu près semblables, comme celui du *B* et du *P*, celui du *C* et de l'*S*, ou du *K* ou du *Q* dans de certains cas, celui du *D* et du *T*, celui de l'*F* et de l'*V* consonne, celui du *G* et de l'*J* consonne ou du *G* et du *K*, celui de l'*L* et de l'*R*, il doit y avoir beaucoup de langues où ces différentes consonnes ne se trouvent pas; mais il y aura toujours un *B* ou un *P*, un *C* ou une *S*, un *C* ou bien un *K* ou un *Q* dans d'autres cas, un *D* ou un *T*, un *F* ou un *V* consonne, un *G* ou un *J* consonne, une *L* ou une *R*; et il ne peut guère y avoir moins de six ou sept consonnes dans le plus petit de tous les alphabets, parce que ces six ou sept tons ne supposent pas des mouvemens bien compliqués, et qu'ils sont tous très-sensiblement différens entr'eux. Les Enfans qui n'articulent pas aisément l'*R*, y substituent l'*L*; au lieu du *T* ils articulent le *D*, parce qu'en effet ces premières lettres supposent dans les organes des mouvemens plus difficiles que les dernières; et c'est de cette différence et du choix des consonnes plus ou moins difficiles à exprimer, que vient la douceur ou la dureté d'une langue.

Il y a des Enfans qui à deux ans prononcent distinctement et répètent tout ce qu'on leur dit; mais la plupart ne parlent qu'à deux ans et demi, et très-souvent beaucoup plus tard. On remarque que ceux qui commencent à parler fort tard, ne parlent jamais aussi aisément que les autres; ceux qui parlent de bonne heure, sont en état d'apprendre à lire avant trois ans; j'en ai connu quelques-uns qui avoient commencé à apprendre à lire à deux ans, qui lisoient à merveille à quatre ans. Au reste on ne peut guère décider s'il est fort utile d'instruire les Enfans d'aussi bonne heure; on a tant d'exemples du peu de succès de ces éducations prématurées, on a vu tant de prodiges de quatre ans, de huit ans, de douze ans, de seize ans, qui n'ont été que des sots ou des hommes fort communs à vingt-cinq ou trente ans, qu'on seroit porté à croire que la meilleure de toutes les éducations est celle qui est la plus ordinaire, celle par laquelle on ne force pas la Nature, celle qui est la moins sévère, celle qui est la plus proportionnée, je ne dis pas aux forces, mais à la foiblesse de l'Enfant.

DE LA JEUNESSE

ET

DE L'AGE VIRIL.

DESCRIPTION DE L'HOMME.

Le corps achève de prendre son accroissement en hauteur à l'âge de la puberté, et pendant les premières années qui succèdent à cet âge ; il y a des Jeunes Gens qui ne grandissent plus après la quatorzième ou la quinzième année ; d'autres croissent jusqu'à vingt-deux ou vingt-trois ans ; presque tous dans ce temps sont minces de corps ; la taille est effilée, les cuisses et les jambes sont menues, toutes les parties musculeuses ne sont pas encore remplies comme elles le doivent être ; mais peu à peu la chair augmente, les muscles se dessinent, les intervalles se remplissent, les membres se moulent et s'arrondissent, et le corps est avant l'âge de trente ans, dans les hommes, à son point de perfection pour les proportions de sa forme.

Les femmes parviennent ordinairement beaucoup plutôt à ce point de perfection ; elles arrivent d'abord plutôt à l'âge de puberté ; leur accroissement qui, dans le total est moindre que celui des hommes, se fait aussi en moins de temps; les muscles, les chairs et toutes les autres parties qui composent leur corps, étant moins fortes, moins compactes, moins solides que celles du corps de l'homme, il faut moins de temps pour qu'elles arrivent à leur développement entier, qui est le point de perfection pour la forme ; aussi le corps de la femme est ordinairement à vingt-ans aussi parfaitement formé, que celui de l'homme l'est à trente.

Le corps d'un homme bien fait doit être carré; les muscles doivent être durement exprimés, le contour des membres fortement dessiné, les traits du visage bien marqués. Dans la femme tout est plus arrondi, les formes sont plus adoucies, les traits plus fins; l'homme a la force et la majesté, les grâces et la beauté sont l'apanage de l'autre sexe.

Tout annonce dans tous deux les maîtres de la terre, tout marque dans l'Homme, même à l'extérieur, sa supériorité sur tous les êtres vivans; il se soutient droit et élevé; son attitude est celle du commandement; sa tête regarde le ciel et présente une face auguste, sur laquelle est imprimé le caractère de sa dignité; l'image de l'ame y est peinte par la physionomie; l'excellence de sa nature perce à travers les organes matériels et anime d'un feu divin les traits de son visage; son port majestueux, sa démarche ferme et hardie annoncent sa noblesse et son rang; il ne touche à la terre que par ses extrémités les plus éloignées; il ne la voit que de loin, et semble la dédaigner; les bras ne lui sont pas donnés pour servir de piliers d'appui à la masse de son corps; sa main ne doit pas fouler la terre, et perdre par des frottemens réitérés la finesse du toucher dont elle est le principal organe; le bras et la main sont faits pour servir à des usages plus nobles, pour exécuter les ordres de la volonté, pour saisir les choses éloignées, pour écarter les obstacles, pour prévenir les rencontres et le choc de ce qui pourroit nuire, pour em-

N. Monsiau, Inv. L'Epine, Sculp.

brasser et retenir ce qui peut plaire, pour le mettre à portée des autres sens.

Lorsque l'ame est tranquille, toutes les parties du visage sont dans un état de repos; leur proportion, leur union, leur ensemble, marquent encore assez la douce harmonie des pensées, et répondent au calme de l'intérieur; mais lorsque l'ame est agitée, la face humaine devient un tableau vivant, où les passions sont rendues avec autant de délicatesse que d'énergie, où chaque mouvement de l'ame est exprimé par un trait, chaque action par un caractère, dont l'impression vive et prompte devance la volonté, nous décèle et rend au-dehors, par des signes pathétiques, les images de nos secrettes agitations.

C'est sur-tout dans les yeux qu'elles se peignent et qu'on peut les reconnoître; l'œil appartient à l'ame plus qu'aucun autre organe; il semble y toucher et participer à tous ses mouvemens; il en exprime les passions les plus vives et les émotions les plus tumultueuses, comme les mouvemens les plus doux et les sentimens les plus délicats; il les rend dans toute leur force, dans toute leur pureté tels qu'ils viennent de naître; il les transmet par des traits rapides qui portent dans une autre ame le feu, l'action, l'image de celle dont ils partent; l'œil reçoit et réfléchit en même temps la lumière de la pensée et la chaleur du sentiment; c'est le sens de l'esprit et la langue de l'intelligence.

Les personnes qui ont la vue courte ou qui sont louches, ont beaucoup moins de cette ame extérieure qui réside principalement dans les yeux; ces défauts détruisent la physionomie et rendent désagréables ou difformes les plus beaux visages ; comme l'on n'y peut reconnoître que les passions fortes et qui mettent en jeu les autres parties, et comme l'expression de l'esprit et de la finesse du sentiment ne peut s'y montrer, on juge ces personnes défavorablement lorsqu'on ne les connoît pas, et quand on les connoît, quelque spirituelles qu'elles puissent être, on a encore de la peine à revenir du premier jugement qu'on a porté contre elles.

Nous sommes si fort accoutumés à ne voir les choses que par l'extérieur, que nous ne pouvons plus reconnoître combien cet extérieur influe sur nos jugemens même les plus graves et les plus réfléchis ; nous prenons l'idée d'un homme, et nous la prenons par sa physionomie qui ne dit rien, nous jugeons dès-lors qu'il ne pense rien ; il n'y a pas jusqu'aux habits et à la coiffure qui n'influent sur notre jugement ; un homme sensé doit regarder ses vêtemens comme faisant partie de lui-même, puisqu'ils en font en effet partie aux yeux des autres, et qu'ils entrent pour quelque chose dans l'idée totale qu'on se forme de celui qui les porte.

La vivacité ou la langueur du mouvement des yeux fait un des principaux caractères de la physionomie, et leur couleur contribue à rendre ce caractère plus marqué. Les différentes couleurs des yeux sont l'orangé foncé, le jaune, le vert, le bleu, le gris, et le gris mêlé de blanc ; la substance de l'iris est veloutée et disposée par filets et par flocons; les filets sont dirigés vers le milieu de la prunelle comme des rayons qui tendent à un centre ; les flocons remplissent les intervalles qui sont entre les filets, et quelquefois les

N. Monsiau, Inv. L'Epine, Sculp.

uns et les autres sont disposés d'une manière si régulière, que le hasard a fait trouver dans les yeux de quelques personnes des figures qui sembloient avoir été copiées sur des modèles connus. Ces filets et ces flocons tiennent les uns aux autres par des ramifications très-fines et très-déliées; aussi la couleur n'est pas si sensible dans ces ramifications que dans le corps des filets et des flocons, qui paroissent toujours être d'une teinte plus foncée.

Les couleurs les plus ordinaires dans les yeux sont l'orangé et le bleu, et le plus souvent ces couleurs se trouvent dans le même œil. Les yeux que l'on croit être noirs ne sont que d'un jaune-brun ou d'orangé foncé; il ne faut, pour s'en assurer, que les regarder de près; car lorsqu'on les voit à quelque distance, ou qu'ils sont tournés à contre-jour, ils paroissent noirs, parce que la couleur jaune-brun tranche si fort sur le blanc de l'œil, qu'on la juge noire par l'opposition du blanc. Les yeux qui sont d'un jaune moins brun passent aussi pour des yeux noirs; mais on ne les trouve pas si beaux que les autres, parce que cette couleur tranche moins sur le blanc; il y a aussi des yeux jaunes et jaunes-clairs; ceux-ci ne paroissent pas noirs, parce que ces couleurs ne sont pas assez foncées pour disparoître dans l'ombre. On voit très-communément dans le même œil des nuances d'orangé, de jaune, de gris et de bleu; dès qu'il y a du bleu, quelque léger qu'il soit, il devient la couleur dominante; cette couleur paroît par filets dans toute l'étendue de l'iris, et l'orangé est par flocons autour et à quelque petite distance de la prunelle; le bleu efface si fort cette couleur, que l'œil paroît tout bleu, et on ne s'aperçoit du mélange de l'orangé qu'en le regardant de près. Les plus beaux yeux sont ceux qui paroissent noirs ou bleus; la vivacité et le feu qui font le principal caractère des yeux, éclatent davantage dans les couleurs foncées que dans les demi-teintes de couleur; les yeux noirs ont donc plus de force d'expression et plus de vivacité, mais il y a plus de douceur et peut-être plus de finesse dans les yeux bleus; on voit dans les premiers un feu qui brille uniformément, parce que le fond qui nous paroît de couleur uniforme, renvoie par-tout les mêmes reflets; mais on distingue des modifications dans la lumière qui anime les yeux bleus, parce qu'il y a plusieurs teintes de couleurs qui produisent des reflets différens.

Il y a des yeux qui se font remarquer sans avoir, pour ainsi dire, de couleur; ils paroissent être composés différemment des autres; l'iris n'a que des nuances de bleu ou de gris, si foibles qu'elles sont presque blanches dans quelques endroits; les nuances d'orangé qui s'y rencontrent sont si légères qu'on les distingue à peine du gris et du blanc, malgré le contraste de ces couleurs; le noir de la prunelle est alors trop marqué, parce que la couleur de l'iris n'est pas assez foncée; on ne voit, pour ainsi dire, que la prunelle isolée au milieu de l'œil; ces yeux ne disent rien, et le regard en paroît fixe ou effaré.

Il y a aussi des yeux dont la couleur de l'iris tire sur le vert; cette couleur est plus rare que le bleu, le gris, le jaune et le jaune-brun. Il se trouve aussi des personnes dont les deux yeux ne sont pas de la même couleur : cette variété qui se trouve dans la couleur des yeux est particulière à l'espèce humaine et à celle du cheval. Dans la plupart des autres espèces d'animaux la couleur des yeux de tous les individus est la même ; les yeux des bœufs sont bruns ; ceux des moutons sont couleur d'eau ; ceux des chèvres sont gris. Aristote qui fait cette remarque, prétend que dans les hommes les yeux gris sont les meilleurs, que les bleus sont les plus foibles, que ceux qui sont avancés hors de l'orbite ne voient pas d'aussi loin que ceux qui y sont enfoncés ; que les yeux bruns ne voient pas si bien que les autres dans l'obscurité.

Quoique l'œil paroisse se mouvoir comme s'il étoit tiré de différens côtés, il n'a cependant qu'un mouvement de rotation autour de son centre, par lequel la prunelle paroît s'approcher ou s'éloigner des angles de l'œil, et s'élever ou s'abaisser. Les deux yeux sont plus près l'un de l'autre dans l'Homme que dans tous les autres animaux ; cet intervalle est même si considérable dans la plupart des espèces d'animaux, qu'il n'est pas possible qu'ils voient le même objet des deux yeux à la fois, à moins que cet objet ne soit à une grande distance.

Après les yeux, les parties du visage qui contribuent le plus à marquer la physionomie, sont les sourcils ; comme ils sont d'une nature différente des autres parties, ils sont plus apparens par ce contraste et frappent plus qu'aucun autre trait ; les sourcils sont une ombre dans le tableau, qui en relève les couleurs et les formes ; les cils des paupières font aussi leur effet, lorsqu'ils sont longs et garnis, les yeux en paroissent plus beaux et le regard plus doux; il n'y a que l'Homme et le singe qui aient des cils aux deux paupières; les autres animaux n'en ont point à la paupière inférieure; et dans l'Homme même il y en a beaucoup moins à la paupière inférieure qu'à la supérieure; le poil des sourcils devient quelquefois si long dans la vieillesse, qu'on est obligé de le couper. Les sourcils n'ont que deux mouvemens qui dépendent des muscles du front; l'un par lequel on les élève, et l'autre par lequel on les fronce et on les abaisse, en les approchant l'un de l'autre.

Les paupières servent à garantir les yeux et à empêcher la cornée de se dessécher; la paupière supérieure se relève et s'abaisse, l'inférieure n'a que peu de mouvement, et quoique le mouvement des paupières dépende de la volonté, cependant on n'est pas maître de les tenir élevées lorsque le sommeil presse, ou lorsque les yeux sont fatigués; il arrive aussi très-souvent à cette partie des mouvemens convulsifs et d'autres mouvemens involontaires, desquels on ne s'aperçoit en aucune façon; dans les oiseaux et les quadrupèdes amphibies la paupière inférieure est celle qui a du mouvement, et les poissons n'ont de paupières ni en haut ni en bas.

Le front est une des grandes parties de la face, et l'une de celles qui contribuent le plus à la beauté de sa forme; il faut qu'il soit d'une juste proportion, qu'il ne soit ni trop rond, ni trop plat, ni trop étroit, ni trop court, et qu'il soit régulièrement garni de cheveux au-dessus et aux côtés. Tout le monde sait combien les cheveux font à la physionomie; c'est un défaut que d'être chauve ; l'usage de porter des cheveux étrangers qui est devenu si général, auroit dû se borner à cacher les têtes chauves ; car cette espèce de coiffure empruntée altère la vérité de la physionomie, et donne au visage un air différent de celui qu'il doit avoir naturellement : on jugeroit beaucoup mieux les visages si chacun portoit ses cheveux et les laissoit flotter librement. La partie la plus élevée de la tête est celle qui devient chauve la première, aussi-bien que celle qui est au-dessus des tempes : il est rare que les cheveux qui accompagnent le bas des tempes tombent en entier, non plus que ceux de la partie inférieure du derrière de la tête. Au reste, il n'y a que les hommes qui deviennent chauves en avançant en âge, les femmes conservent toujours leurs cheveux, et quoiqu'ils deviennent blancs comme ceux des hommes, lorsqu'elles approchent de la vieillesse, ils tombent beaucoup moins : les enfans et les eunuques ne sont pas plus sujets à être chauves que les femmes ; aussi les cheveux sont-ils plus grands et plus abondans dans la Jeunesse, qu'ils ne le sont à tout autre âge. Les plus longs cheveux tombent peu à peu ; à mesure qu'on avance en âge, ils diminuent et se dessèchent ; ils commencent à blanchir par la pointe ; dès qu'ils sont devenus blancs, ils sont moins forts et se cassent plus aisément. On a des exemples de jeunes gens dont les cheveux devenus blancs par l'effet d'une grande maladie, ont ensuite repris leur couleur naturelle peu à peu lorsque leur santé a été parfaitement rétablie. Aristote et Pline disent qu'aucun homme ne devient chauve avant d'avoir fait usage des femmes, à l'exception de ceux qui sont chauves dès leur naissance. Les anciens écrivains ont appelé les habitans de l'île de Mycone, têtes chauves; on prétend que c'étoit un défaut naturel à ces insulaires, et comme une maladie endémique avec laquelle ils venoient presque tous au monde.

Le nez est la partie la plus avancée et le trait le plus apparent du visage; mais comme il n'a que très-peu de mouvement, et qu'il n'en prend ordinairement que dans les plus fortes passions, il fait plus à la beauté qu'à la physionomie, et à moins qu'il ne soit fort disproportionné ou très-difforme, on ne le remarque pas autant que les autres parties qui ont du mouvement, comme la bouche ou les yeux. La forme du nez et sa position plus avancée que celle de toutes les autres parties de la face, sont particulières à l'espèce humaine; car la plupart des animaux ont des narines ou naseaux avec la cloison qui les sépare, mais dans aucun le nez ne fait un trait élevé et avancé; les singes même n'ont, pour ainsi dire, que des narines, ou du moins, leur nez qui est posé comme celui de l'Homme, est si plat et si court qu'on ne doit pas le regarder comme une partie semblable; c'est par cet organe que l'Homme et la plupart des animaux respirent et sentent les odeurs. Les oiseaux n'ont point de narines; ils ont seulement deux trous ou deux conduits pour la respiration et l'odorat, au lieu que les animaux quadrupèdes ont des naseaux, ou des narines cartilagineuses comme les nôtres.

La bouche et les lèvres sont après les yeux les parties du visage qui ont le plus de mouvement et d'expression ; les passions influent sur ces mouvemens ; la bouche en marque les différens caractères par les différentes formes qu'elle prend ; l'organe de la voix anime encore cette partie et la rend plus vivante que toutes les autres ; la couleur vermeille des lèvres, la blancheur de l'émail des dents, tranchent avec tant d'avantage sur les autres couleurs du visage, qu'elles paroissent en faire le point de vue principal ; on fixe en effet les yeux sur la bouche d'un homme qui parle, et on les y arrête plus longtemps que sur toutes les autres parties ; chaque mot, chaque articulation, chaque son, produisent des mouvemens différens dans les lèvres : quelque variés et quelque rapides que soient ces mouvemens, on pourroit les distinguer tous les uns des autres ; on a vu des sourds en connoître si parfaitement les différences et les nuances successives, qu'ils entendoient parfaitement ce qu'on disoit, en voyant comme on le disoit.

La mâchoire inférieure est la seule qui ait du mouvement dans l'Homme et dans tous les animaux, sans en excepter même le crocodile, quoiqu'Aristote assure en plusieurs endroits que la mâchoire supérieure de cet animal est la seule qui ait du mouvement, et que la mâchoire inférieure à laquelle, dit-il, la langue du crocodile est attachée, soit absolument immobile ; j'ai voulu vérifier ce fait, et j'ai trouvé en examinant le squelette d'un crocodile, que c'est au contraire la seule mâchoire inférieure qui est mobile, et que la supérieure est, comme dans tous les autres animaux, jointe aux autres os de la tête, sans qu'il y ait aucune articulation qui puisse la rendre mobile.

Dans le fœtus humain la mâchoire inférieure est, comme dans le singe, beaucoup plus avancée que la mâchoire supérieure ; dans l'adulte il seroit également difforme qu'elle fût trop avancée ou trop reculée, elle doit être à peu près de niveau avec la mâchoire supérieure. Dans les instans les plus vifs des passions, la mâchoire a souvent un mouvement involontaire, comme dans les mouvemens où l'ame n'est affectée de rien ; la douleur, le plaisir, l'ennui font également bâiller ; mais il est vrai qu'on bâille vivement, et que cette espèce de convulsion est très-prompte dans la douleur et le plaisir, au lieu que le bâillement de l'ennui en porte le caractère par la lenteur avec laquelle il se fait.

Lorsqu'on vient à penser tout-à-coup à quelque chose qu'on desire ardemment ou qu'on regrette vivement, on ressent un tressaillement ou un serrement intérieur : ce mouvement du diaphragme agit sur les poumons, les élève et occasionne une inspiration vive et prompte qui forme le soupir ; et lorsque l'ame a réfléchi sur la cause de son émotion, et qu'elle ne voit aucun moyen de remplir son desir ou de faire cesser ses regrets, les soupirs se répètent, la tristesse qui est la douleur de l'ame, succède à ces premiers mouvemens, et lorsque cette douleur de l'ame est profonde et subite, elle fait couler les larmes ; l'air entre dans la poitrine par secousses, il se fait plusieurs inspirations réitérées par une espèce de secousse involontaire ; chaque inspiration fait un bruit plus fort que celui du soupir, c'est ce qu'on appelle sanglotter ; les sanglots se succèdent plus rapidement que les soupirs, et le son de la voix se fait entendre un peu dans le sanglot ; les accens en sont encore plus marqués dans le gémissement; c'est une espèce de sanglot continué, dont le son lent se fait entendre dans l'inspiration et dans l'expiration : son expression consiste dans la continuation et la durée d'un ton plaintif formé par des sons inarticulés. Ces sons du gémissement sont plus ou moins longs, suivant le degré de tristesse, d'affliction et d'abattement qui les cause; mais ils sont toujours répétés plusieurs fois ; le temps de l'inspiration est celui de l'intervalle de silence qui est entre les gémissemens, et ordinairement ces intervalles sont égaux pour la durée et pour la distance. Le cri plaintif est un gémissement exprimé avec force et à haute voix ; quelquefois ce cri se soutient dans toute son étendue sur le même ton, c'est sur-tout lorsqu'il est fort élevé et très-aigu; quelquefois aussi il finit par un ton plus bas, c'est ordinairement lorsque la force du cri est modérée.

Le ris est un son entrecoupé subitement et à plusieurs reprises, par une sorte de trémoussement qui est marqué à l'extérieur par le mouvement du ventre qui s'élève et s'abaisse précipitamment; quelquefois pour faciliter ce mouvement, on penche la poitrine et la tête en avant; la poitrine se resserre et reste immobile; les coins de la bouche s'éloignent du côté des joues qui se trouvent resserrées et gonflées; l'air à chaque fois que le ventre s'abaisse, sort de la bouche avec bruit, et l'on entend un éclat de la voix qui se répète plusieurs fois de suite, quelquefois sur le même ton, d'autres fois sur des tons différens qui vont en diminuant à chaque répétition.

Dans le ris immodéré et dans presque toutes les passions violentes, les lèvres sont fort ouvertes; mais dans des mouvemens de l'ame plus doux et plus tranquilles, les coins de la bouche s'éloignent sans qu'elle s'ouvre; les joues se gonflent, et dans quelques personnes il se forme sur chaque joue, à une petite distance des coins de la bouche, un léger enfoncement que l'on appelle la fossette; c'est un agrément qui se joint aux grâces dont le souris est ordinairement accompagné. Le souris est une marque de bienveillance, d'applaudissement et de satisfaction intérieure; c'est aussi une façon d'exprimer le mépris et la moquerie; mais dans ce souris malin on serre davantage les lèvres l'une contre l'autre, par un mouvement de la lèvre inférieure.

Les joues sont des parties uniformes qui n'ont par elles-mêmes aucun mouvement, aucune expression, si ce n'est par la rougeur ou la pâleur qui les couvre involontairement dans des passions différentes; ces parties forment le contour de la face et l'union des traits; elles contribuent plus à la beauté du visage qu'à l'expression des passions; il en est de même du menton, des oreilles et des tempes.

On rougit dans la honte, la colère, l'orgueil, la joie; on pâlit dans la crainte, l'effroi et la tristesse: cette altération de la couleur du visage est absolument involontaire; elle manifeste l'état de l'ame sans son consentement; c'est un effet du sentiment sur lequel la volonté n'a aucun empire; elle peut commander à tout le reste, car un instant de réflexion suffit pour qu'on puisse arrêter les mouvemens musculaires du visage dans les passions, et même pour les changer;

mais il n'est pas possible d'empêcher le changement de couleur, parce qu'il dépend d'un mouvement du sang occasionné par l'action du diaphragme qui est le principal organe du sentiment intérieur.

La tête en entier prend dans les passions, des positions et des mouvemens différens; elle est abaissée en avant dans l'humilité, la honte, la tristesse; penchée à côté dans la langueur, la pitié; élevée dans l'arrogance; droite et fixe dans l'opiniâtreté; la tête fait un mouvement en arrière dans l'étonnement, et plusieurs mouvemens réitérés de côté et d'autre dans le mépris, la moquerie, la colère et l'indignation.

Dans l'affliction, la joie, l'amour, la honte, la compassion, les yeux se gonflent tout-à-coup; une humeur surabondante les couvre et les obscurcit, il en coule des larmes; l'effusion des larmes est toujours accompagnée d'une tension des muscles du visage, qui fait ouvrir la bouche; l'humeur qui se forme naturellement dans le nez devient plus abondante; les larmes s'y joignent par des conduits intérieurs; elles ne coulent pas uniformément, et elles semblent s'arrêter par intervalles.

Dans la tristesse, les deux coins de la bouche s'abaissent; la lèvre inférieure remonte; la paupière est abaissée à demi; la prunelle de l'œil est élevée et à moitié cachée par la paupière; les autres muscles de la face sont relâchés; de sorte que l'intervalle qui est entre la bouche et les yeux est plus grand qu'à l'ordinaire, et par conséquent le visage paroît alongé. *Fig.* 1.

Dans la peur, la terreur, l'effroi, l'horreur, le front

se ride, les sourcils s'élèvent, la paupière s'ouvre autant qu'il est possible ; elle surmonte la prunelle et laisse paroître une partie du blanc de l'œil au-dessus de la prunelle qui est abaissée et un peu cachée par la paupière inférieure; la bouche est en même temps fort ouverte, les lèvres se retirent et laissent paroître les dents en haut et en bas. *Fig.* 2.

Dans le mépris et la dérision, la lèvre supérieure se relève d'un côté et laisse paroître les dents, tandis que de l'autre côté, elle a un petit mouvement comme pour sourire ; le nez se fronce du même côté que la lèvre s'est élevée, et le coin de la bouche recule ; l'œil du même côté est presque fermé, tandis que l'autre est ouvert à l'ordinaire ; mais les deux prunelles sont abaissées comme lorsqu'on regarde du haut en bas. *Fig.* 3.

Dans la jalousie, l'envie, la malice, les sourcils descendent et se froncent; les paupières s'élèvent et les prunelles s'abaissent ; la lèvre supérieure s'élève de chaque côté; les coins de la bouche s'abaissent un peu, et le milieu de la lèvre inférieure se relève pour joindre le milieu de la lèvre supérieure. *Fig.* 4.

Dans le ris, les deux coins de la bouche reculent et s'élèvent un peu; la partie supérieure des joues se relève ; les yeux se ferment plus ou moins; la lèvre supérieure s'élève, l'inférieure s'abaisse ; la bouche s'ouvre, et la peau du nez se fronce dans les ris immodérés. *Fig.* 5.

Les bras, les mains et tout le corps entrent aussi dans l'expression des passions ; les gestes concourent avec les mouvemens du visage pour exprimer les différens mouvemens de l'ame. Dans la joie, par exem-

L'Epine, Sculp.

ple, les yeux, la tête, les bras et tout le corps sont agités par des mouvemens prompts et variés : dans la langueur et la tristesse, les yeux sont abaissés, la tête est penchée sur le côté, les bras sont pendans et tout le corps est immobile : dans l'admiration, la surprise, l'étonnement, tout mouvement est suspendu, on reste dans une même attitude. Cette première expression des passions est indépendante de la volonté ; mais il y a une autre sorte d'expression qui semble être produite par une réflexion de l'esprit et par le commandement de la volonté, qui fait agir les yeux, la tête, les bras et tout le corps : ces mouvemens paroissent être autant d'efforts que fait l'ame pour défendre le corps ; ce sont au moins autant de signes secondaires qui répètent les passions, et qui pourroient seuls les exprimer ; par exemple, dans l'amour, dans le desir, dans l'espérance, on lève la tête et les yeux vers le ciel, comme pour demander le bien que l'on souhaite ; on porte la tête et le corps en avant, comme pour avancer, en s'approchant, la possession de l'objet desiré ; on étend les bras, on ouvre les mains pour l'embrasser et le saisir : au contraire dans la crainte, dans la haine, dans l'horreur, nous avançons les bras avec précipitation, comme pour repousser ce qui fait l'objet de notre aversion ; nous détournons les yeux et la tête, nous reculons pour l'éviter, nous fuyons pour nous en éloigner. Ces mouvemens sont si prompts qu'ils paroissent involontaires ; mais c'est un effet de l'habitude qui nous trompe ; car ces mouvemens dépendent de la réflexion, et marquent seulement la perfection des ressorts du corps humain, par la promptitude avec laquelle tous les membres obéissent aux ordres de la volonté.

Comme toutes les passions sont des mouvemens de l'ame, la plupart relatifs aux impressions des sens, elles peuvent être exprimées par les mouvemens du corps, et sur-tout par ceux du visage; on peut juger de ce qui se passe à l'intérieur par l'action extérieure, et connoître à l'inspection des changemens du visage, la situation actuelle de l'ame; mais comme l'ame n'a point de forme qui puisse être relative à aucune forme matérielle, on ne peut pas la juger par la figure du corps ou par la forme du visage; un corps mal fait peut renfermer une fort belle ame, et l'on ne doit pas juger du bon ou du mauvais naturel d'une personne par les traits de son visage; car ces traits n'ont aucun rapport avec la nature de l'ame, aucune analogie sur laquelle on puisse fonder des conjectures raisonnables.

Les anciens étoient cependant fort attachés à cette espèce de préjugé, et dans tous les temps il y a eu des hommes qui ont voulu faire une science divinatoire de leurs prétendues connoissances en physionomie; mais il est bien évident qu'elles ne peuvent s'étendre qu'à deviner les mouvemens de l'ame par ceux des yeux, du visage et du corps, et que la forme du nez, de la bouche et des autres traits ne fait pas plus à la forme de l'ame, au naturel de la personne, que la grandeur ou la grosseur des membres ne fait à la pensée. Un homme en sera-t-il plus spirituel, parce qu'il aura le nez bien fait? en sera-t-il moins sage, parce qu'il aura les yeux petits et la bouche grande? Il faut donc avouer que tout ce que nous ont dit les physionomistes est destitué de tout fondement, et que rien n'est plus chimérique que les inductions qu'ils ont voulu tirer de leurs prétendues observations métoposcopiques.

Les parties de la tête qui font le moins à la physionomie et à l'air du visage, sont les oreilles; elles sont placées à côté et cachées par les cheveux : cette partie qui est si petite et si peu apparente dans l'Homme, est fort remarquable dans la plupart des animaux quadrupèdes; elle fait beaucoup à l'air de la tête de l'animal; elle indique même son état de vigueur ou d'abattement; elle a des mouvemens musculaires qui dénotent le sentiment et répondent à l'action intérieure de l'animal. Les oreilles de l'Homme n'ont ordinairement aucun mouvement, volontaire ou involontaire, quoiqu'il y ait des muscles qui y aboutissent; les plus petites oreilles sont, à ce qu'on prétend, les plus jolies, mais les plus grandes et qui sont en même temps bien bordées, sont celles qui entendent le mieux. Il y a des peuples qui en agrandissent prodigieusement le lobe, en le perçant et en y mettant des morceaux de bois ou de métal, qu'ils remplacent successivement par d'autres morceaux plus gros; ce qui fait avec le temps un trou énorme dans le lobe de l'oreille, qui croît toujours à proportion que le trou s'élargit. J'ai vu de ces morceaux de bois qui avoient plus d'un pouce et demi de diamètre, qui venoient des Indiens de l'Amérique méridionale; ils ressemblent à des dames de trictrac. On ne sait sur quoi peut être fondée cette coutume singulière de s'agrandir si prodigieusement les oreilles : il est vrai qu'on ne sait guère mieux d'où peut venir l'usage presque général dans toutes les nations, de percer les oreilles et quelquefois les narines, pour porter des boucles et des anneaux; à moins que d'en attribuer l'origine aux peuples encore sauvages et nus, qui ont cherché à porter de la manière la moins incommode les choses qui leur ont paru les plus précieuses, en les attachant à cette partie.

La bizarrerie et la variété des usages paroissent encore plus dans la manière différente dont les Hommes ont arrangé les cheveux et la barbe : les uns, comme les Turcs, coupent leurs cheveux et laissent croître leur barbe; d'autres, comme la plupart des Européens, portent leurs cheveux ou des cheveux empruntés et rasent leur barbe; les sauvages se l'arrachent et conservent soigneusement leurs cheveux; les nègres se rasent la tête par figures, tantôt en étoiles, tantôt à la façon des religieux, et plus communément encore par bandes alternatives, en laissant autant de plein que de rasé, et ils font la même chose à leurs petits garçons; les Talapoins de Siam font raser la tête et les sourcils aux enfans dont on leur confie l'éducation : chaque peuple a sur cela des usages différens; les uns font plus de cas de la barbe de la lèvre supérieure que de celle du menton, d'autres préfèrent celle des joues et celle du dessous du visage; les uns la frisent, les autres la portent lisse. Nos habillemens sont différens de ceux de nos pères; la variété dans la manière de se vêtir est aussi grande que la diversité des nations; et ce qu'il y a de singulier, c'est que de toutes les espèces de vêtemens, nous avons choisi l'une des plus incommodes, et que notre manière, quoique généralement imitée par tous les peuples de l'Europe, est en même temps de toutes les manières de se vêtir celle qui demande le plus de temps, celle qui me paroît être le moins assortie à la Nature.

Quoique les modes semblent n'avoir d'autre origine que le caprice et la fantaisie, les caprices adoptés et les fantaisies générales méritent d'être examinées; les hommes ont toujours fait et feront toujours cas de tout ce qui peut fixer les yeux des autres hommes et leur donner en même temps des idées avantageuses de richesse, de puissance et de grandeur. La valeur de ces pierres brillantes, qui de tout temps ont été regardées comme des ornemens précieux, n'est fondée que sur leur rareté et sur leur éclat éblouissant; il en est de même de ces métaux éclatans, dont le poids nous paroît si léger lorsqu'il est réparti sur tous les plis de nos vêtemens pour en faire la parure : ces pierres, ces métaux sont moins des ornemens pour nous, que des signes pour les autres, auxquels ils doivent nous remarquer et reconnoître nos richesses; nous tâchons de leur en donner une plus grande idée en agrandissant la surface de ces métaux; nous voulons fixer leurs yeux ou plutôt les éblouir; combien peu y en a-t-il en effet qui soient capables de séparer la personne de son vêtement, et de juger sans mélange l'homme et le métal!

Tout ce qui est rare et brillant sera donc toujours de mode, tant que les hommes tireront plus d'avantage de l'opulence que de la vertu, tant que les moyens de paroître considérable seront si différens de ce qui mérite seul d'être considéré. L'éclat extérieur dépend beaucoup de la manière de se vêtir; cette manière prend des formes différentes, selon les différens points de vue sous lesquels nous voulons être regardés : l'homme modeste, ou qui veut le paroître, veut en même temps marquer cette vertu par la simplicité de son habillement ; l'homme glorieux ne néglige rien de ce qui peut étayer son orgueil ou flatter sa vanité ; on le reconnoît à la richesse ou à la recherche de ses ajustemens.

Un autre point de vue que les hommes ont assez généralement, est de rendre leur corps plus grand, plus étendu : peu contens du petit espace dans lequel est circonscrit notre être, nous voulons tenir plus de place en ce monde que la Nature ne peut nous en donner ; nous cherchons à agrandir notre figure par des chaussures élevées, par des vêtemens renflés ; quelqu'amples qu'ils puissent être, la vanité qu'ils couvrent n'est-elle pas encore plus grande ? Pourquoi la tête d'un docteur est-elle environnée d'une quantité énorme de cheveux empruntés, et que celle d'un homme du bel air en est si légèrement garnie ? L'un veut qu'on juge de l'étendue de sa science par la capacité physique de cette tête dont il grossit le volume apparent, et l'autre ne cherche à le diminuer que pour donner l'idée de la légéreté de son esprit.

Il y a des modes dont l'origine est plus raisonnable ; ce sont celles où l'on a eu pour but de cacher des défauts et de rendre la Nature moins désagréable. A prendre les Hommes en général, il y a beaucoup plus de figures défectueuses et de laids visages, que de personnes belles et bien faites ; les modes, qui ne sont que l'usage du plus grand nombre, usage auquel le reste se soumet, ont donc été introduites, établies par ce grand nombre de personnes intéressées à rendre leurs défauts plus supportables. Les femmes ont coloré leur visage lorsque les roses de leur teint se sont flétries, et lorsqu'une pâleur naturelle les rendoit moins agréables que les autres ; cet usage est presque universellement répandu chez tous les peuples de la terre ; celui de se blanchir les cheveux (1) avec de la poudre, et de les enfler par la frisure, quoique beaucoup moins général et bien plus nouveau, paroît avoir été imaginé pour faire sortir les couleurs du visage, et en accompagner plus avantageusement la forme.

Mais laissons les choses accessoires et extérieures, et sans nous occuper plus longtemps des ornemens et de la draperie du tableau, revenons à la figure. La tête de l'Homme est à l'extérieur et à l'intérieur d'une forme différente de celle de la tête de tous les autres animaux, à l'exception du singe, dans lequel cette partie est assez semblable ; il a cependant beaucoup moins de cerveau et plusieurs autres différences dont nous parlerons dans la suite ; le corps de presque tous les animaux quadrupèdes vivipares est en entier couvert de poils ; le derrière de la tête de l'Homme est jusqu'à l'âge de puberté la seule partie de son corps qui en soit couverte, et elle en est plus abondamment garnie que la tête d'aucun animal. Le singe res-

---

(1) Les voyageurs rapportent que les Papoux, habitans de la nouvelle Guinée, qui sont des peuples sauvages, ne laissent pas de faire grand cas de leur barbe et de leurs cheveux, et de les poudrer avec de la chaux.

semble encore à l'Homme par les oreilles, par les narines, par les dents : il y a une très-grande diversité dans la grandeur, la position et le nombre des dents des différens animaux ; les uns en ont en haut et en bas, d'autres n'en ont qu'à la mâchoire inférieure; dans les uns les dents sont séparées les unes des autres, dans d'autres elles sont continues et réunies ; le palais de certains poissons n'est qu'une espèce de masse osseuse très-dure et garnie d'un très-grand nombre de pointes qui font l'office de dents.

Dans presque tous les animaux la partie par laquelle ils prennent la nourriture est ordinairement solide ou armée de quelque corps dur ; dans l'Homme, les quadrupèdes et les poissons, les dents; le bec dans les oiseaux ; les pinces, les scies dans les insectes, sont des instrumens d'une matière dure et solide, avec lesquels tous ces animaux saisissent et broient leurs alimens : toutes ces parties dures tirent leur origine des nerfs, comme les ongles, les cornes. Nous avons dit que la substance nerveuse prend de la solidité et une grande dureté dès qu'elle se trouve exposée à l'air; la bouche est une partie divisée, une ouverture dans le corps de l'animal; il est donc naturel d'imaginer que les nerfs qui y aboutissent doivent prendre à leurs extrémités de la dureté et de la solidité, et produire par conséquent les dents, les palais osseux, les becs, les pinces et toutes les autres parties dures que nous trouvons dans les animaux, comme ils produisent aux autres extrémités du corps auxquelles ils aboutissent, les ongles, les cornes, les ergots, et même à la surface les poils, les plumes, les écailles.

Le cou soutient la tête et la réunit avec le corps; cette partie est bien plus considérable dans la plupart des animaux quadrupèdes, qu'elle ne l'est dans l'Homme : les poissons et les autres animaux qui n'ont point de poumons semblables aux nôtres n'ont point de cou. Les oiseaux sont en général les animaux dont le cou est le plus long; dans les espèces d'oiseaux qui ont les pattes courtes, le cou est aussi assez court, et dans celles où les pattes sont fort longues, le cou est aussi d'une très-grande longueur. Aristote dit que les oiseaux de proie qui ont des serres, ont tous le cou court.

La poitrine de l'Homme est à l'extérieur conformée différemment de celle des autres animaux; elle est plus large à proportion du corps, et il n'y a que l'Homme et le singe dans lesquels on trouve ces os qui sont immédiatement au-dessus du cou et que l'on appelle les clavicules. Les deux mamelles sont posées sur la poitrine; celles des femmes sont plus grosses et plus éminentes que celles des hommes; cependant elles paroissent être à peu près de la même consistance, et leur organisation est assez semblable; car les mamelles des hommes peuvent former du lait comme celles des femmes; on a plusieurs exemples de ce fait, et c'est sur-tout à l'âge de puberté que cela arrive; j'ai vu un jeune homme de quinze ans faire sortir d'une de ses mamelles plus d'une cuillerée d'une liqueur laiteuse ou plutôt de véritable lait.

Il y a dans les animaux une grande variété dans la situation et dans le nombre des mamelles; les uns, comme le singe, l'éléphant, n'en ont que deux qui sont posées sur le devant de la poitrine ou à côté; d'autres en ont quatre, comme l'ours; d'autres, comme les brebis, n'en ont que deux placées entre les cuisses; d'autres ne les ont ni sur la poitrine ni entre les cuisses, mais sur le ventre, comme les chiennes, les truies, qui en ont un grand nombre; les oiseaux n'ont point de mamelles, non plus que tous les autres animaux ovipares : les poissons vivipares, comme la baleine, le dauphin, le lamentin, ont aussi des mamelles et du lait. La forme des mamelles varie dans les différentes espèces d'animaux, et dans la même espèce suivant les différens âges. On prétend que les femmes dont les mamelles ne sont pas bien rondes, mais en forme de poire, sont les meilleures nourrices, parce que les enfans peuvent alors prendre dans leur bouche non-seulement le mamelon, mais encore une partie même de l'extrémité de la mamelle. Au reste, pour que les mamelles des femmes soient bien placées, il faut qu'il y ait autant d'espace de l'un des mamelons à l'autre, qu'il y en a depuis le mamelon jusqu'au milieu de la fossette des clavicules, en sorte que ces trois points fassent un triangle équilatéral.

Au-dessous de la poitrine est le ventre sur lequel l'ombilic ou le nombril est apparent et bien marqué; au lieu que dans la plupart des espèces d'animaux il est presqu'insensible, et souvent même entièrement oblitéré; les singes même n'ont qu'une espèce de callosité ou de dureté à la place du nombril.

Les bras de l'Homme ne ressemblent point du tout aux jambes de devant des quadrupèdes, non plus qu'aux ailes des oiseaux; le singe est le seul de tous les animaux qui ait des bras et des mains; mais ces bras sont plus grossièrement formés et dans des proportions moins exactes que le bras et la main de l'Homme; les épaules sont aussi beaucoup plus larges et d'une forme très-différente dans l'Homme de ce qu'elles sont dans tous les autres animaux; le haut des épaules est la partie du corps sur laquelle l'Homme peut porter les plus grands fardeaux.

La forme du dos n'est pas fort différente dans l'Homme de ce qu'elle est dans plusieurs animaux quadrupèdes; la partie des reins est seulement plus musculeuse et plus forte; mais les fesses qui sont les parties les plus inférieures du tronc, n'appartiennent qu'à l'espèce humaine; aucun des animaux quadrupèdes n'a de fesses; ce que l'on prend pour cette partie, ce sont leurs cuisses. L'Homme est le seul qui se soutienne dans une situation droite et perpendiculaire; c'est à cette position des parties inférieures qu'est relatif ce renflement au haut des cuisses qui forme les fesses.

Le pied de l'Homme est aussi très-différent de celui de quelque animal que ce soit, et même de celui du singe; le pied du singe est plutôt une main qu'un pied; les doigts en sont longs et disposés comme ceux de la main; celui du milieu est plus grand que les autres, comme dans la main; ce pied du singe n'a d'ailleurs point de talon semblable à celui de l'Homme: l'assiette du pied est aussi plus grande dans l'Homme que dans tous les animaux quadrupèdes, et les doigts du pied servent beaucoup à maintenir l'équilibre du corps et à assurer ses mouvemens dans la démarche, la course et la danse.

Les ongles sont plus petits dans l'Homme que dans tous les autres animaux; s'ils excédoient beaucoup les extrémités des doigts, ils nuiroient à l'usage de la main; les sauvages qui les laissent croître, s'en servent pour déchirer la peau des animaux; mais quoique leurs ongles soient plus forts et plus grands que les nôtres, ils ne le sont point assez pour qu'on puisse les comparer en aucune façon à la corne et aux ergots du pied des animaux.

On n'a rien observé de parfaitement exact dans le détail des proportions du corps humain; non-seulement les mêmes parties du corps n'ont pas les mêmes dimensions proportionnelles dans deux personnes différentes, mais souvent dans la même personne une partie n'est pas exactement semblable à la partie correspondante : par exemple, souvent le bras ou la jambe du côté droit n'a pas exactement les mêmes dimensions que le bras ou la jambe du côté gauche. Il a donc fallu des observations répétées pendant longtemps pour trouver un milieu entre ces différences, afin d'établir au juste les dimensions des parties du corps humain, et de donner une idée des proportions qui font ce que l'on appelle la belle Nature : ce n'est pas par la comparaison du corps d'un homme avec celui d'un autre homme, ou par des mesures actuellement prises sur un grand nombre de sujets, qu'on a pu acquérir cette connoissance; c'est par les efforts qu'on a faits pour imiter et copier exactement la Nature; c'est à l'art du dessin qu'on doit tout ce que l'on peut savoir en ce genre; le sentiment et le goût ont fait ce que la mécanique ne pouvoit faire : on a quitté

la

la règle et le compas pour s'en tenir au coup d'œil; on a réalisé sur le marbre toutes les formes, tous les contours de toutes les parties du corps humain, et on a mieux connu la Nature par la représentation que par la Nature même; dès qu'il y a eu des statues, on a mieux jugé de leur perfection en les voyant, qu'en les mesurant. C'est par un grand exercice de l'art du dessin et par un sentiment exquis, que les grands statuaires sont parvenus à faire sentir aux autres hommes les justes proportions des ouvrages de la Nature; les anciens ont fait de si belles statues, que d'un commun accord on les a regardées comme la représentation exacte du corps humain le plus parfait. Ces statues qui n'étoient que des copies de l'Homme sont devenues des originaux, parce que ces copies n'étoient pas faites d'après un seul individu, mais d'après l'espèce humaine entière bien observée, et si bien vue qu'on n'a pu trouver aucun homme dont le corps fût aussi bien proportionné que ces statues; c'est donc sur ces modules que l'on a pris les mesures du corps humain, et ce sont ces mêmes mesures que les dessinateurs nous ont données.

Dans l'enfance les parties supérieures du corps sont plus grandes que les parties inférieures, les cuisses et les jambes ne font pas à beaucoup près la moitié de la hauteur du corps; à mesure que l'enfant avance en âge, ces parties inférieures prennent plus d'accroissement que les parties supérieures, et lorsque l'accroissement de tout le corps est entièrement achevé, les cuisses et les jambes font à peu près la moitié de la hauteur du corps.

Dans les femmes, la partie antérieure de la poitrine est plus élevée que dans les hommes ; en sorte qu'ordinairement la capacité de la poitrine formée par les côtes, a plus d'épaisseur dans les femmes et plus de largeur dans les hommes, proportionnellement au reste du corps ; les hanches des femmes sont aussi beaucoup plus grosses, parce que les os des hanches et ceux qui y sont joints et qui composent ensemble cette capacité qu'on appelle le bassin, sont plus larges qu'ils ne le sont dans les hommes ; cette différence dans la conformation de la poitrine et du bassin, est assez sensible pour être reconnue fort aisément, et elle suffit pour faire distinguer le squélette d'une femme de celui d'un homme.

La hauteur totale du corps humain varie assez considérablement ; la grande taille pour les hommes est depuis cinq pieds quatre ou cinq pouces, jusqu'à cinq pieds huit ou neuf pouces ; la taille médiocre est depuis cinq pieds ou cinq pieds un pouce, jusqu'à cinq pieds quatre pouces, et la petite taille est au-dessous de cinq pieds : les femmes ont en général deux ou trois pouces de moins que les hommes ; nous parlerons ailleurs des géans et des nains.

Quoique le corps de l'Homme soit à l'extérieur plus délicat que celui d'aucun des animaux, il est cependant très-nerveux, et peut-être plus fort par rapport à son volume que celui des animaux les plus forts ; car si nous voulons comparer la force du lion à celle de l'Homme, nous devons considérer que cet animal étant armé de griffes et de dents, l'emploi qu'il fait de ses forces nous en donne une fausse idée ; nous attribuons à sa force ce qui n'appartient qu'à ses armes; celles que l'Homme a reçues de la Nature ne sont point offensives; heureux si l'art ne lui en eût pas mis à la main de plus terribles que les ongles du lion !

Mais il y a une meilleure manière de comparer la force de l'Homme avec celle des animaux, c'est par le poids qu'il peut porter; on assure que les porte-faix ou crocheteurs de Constantinople portent des fardeaux de neuf cents livres pesant. Je me souviens d'avoir lu une expérience au sujet de la force de l'Homme : l'auteur fit faire une espèce de harnois, par le moyen duquel il distribuoit sur toutes les parties du corps d'un homme debout, un certain nombre de poids, en sorte que chaque partie du corps supportoit tout ce qu'elle pouvoit supporter relativement aux autres, et qu'il n'y avoit aucune partie qui ne fût chargée comme elle devoit l'être; on portoit au moyen de cette machine, sans être fort surchargé, un poids de deux milliers: si on compare cette charge avec celle que, volume pour volume, un cheval doit porter, on trouvera que comme le corps de cet animal a au moins six ou sept fois plus de volume que celui d'un homme, on pourroit donc charger un cheval de douze à quatorze milliers; ce qui est un poids énorme en comparaison des fardeaux que nous faisons porter à cet animal, même en distribuant le poids du fardeau aussi avantageusement qu'il nous est possible.

On peut encore juger de la force par la continuité de l'exercice et par la légéreté des mouvemens; les hommes qui sont exercés à la course devancent les chevaux ou du moins soutiennent ce mouvement bien plus longtemps; et même dans un exercice plus modéré un homme accoutumé à marcher fera chaque jour plus de chemin qu'un cheval; et s'il ne fait que le même chemin, lorsqu'il aura marché autant de jours qu'il sera nécessaire pour que le cheval soit rendu, l'homme sera encore en état de continuer sa route sans en être incommodé. Les Chaters d'Ispaham, qui sont des coureurs de profession, font trente-six lieues en quatorze ou quinze heures. Les voyageurs assurent que les Hottentots devancent les lions à la course; que les sauvages qui vont à la chasse de l'orignal poursuivent ces animaux qui sont aussi légers que des cerfs, avec tant de vîtesse qu'ils les lassent et les attrapent : on raconte mille autres choses prodigieuses de la légéreté des sauvages à la course et des longs voyages qu'ils entreprennent et qu'ils achèvent à pied dans les montagnes les plus escarpées, dans les pays les plus difficiles où il n'y a aucun chemin battu, aucun sentier tracé; ces hommes font, dit-on, des voyages de mille et douze cents lieues en moins de six semaines ou deux mois. Y a-t-il aucun animal, à l'exception des oiseaux qui ont en effet les muscles plus forts à proportion que tous les autres animaux; y a-t-il, dis-je, aucun animal qui pût soutenir cette longue fatigue? L'homme civilisé ne connoît pas ses forces; il ne sait pas combien il en perd par la mollesse et combien il pourroit en acquérir par l'habitude d'un fort exercice.

Il se trouve cependant quelquefois parmi nous des hommes d'une force extraordinaire; mais ce don de la Nature qui leur seroit précieux s'ils étoient dans le cas de l'employer pour leur défense ou pour des travaux utiles, est un très-petit avantage dans une société policée, où l'esprit fait plus que le corps, et où le travail de la main ne peut être que celui des hommes du dernier ordre.

Les femmes ne sont pas à beaucoup près aussi fortes que les hommes, et le plus grand usage ou le plus grand abus que l'homme ait fait de sa force, c'est d'avoir asservi et traité souvent d'une manière tyrannique cette moitié du genre-humain, faite pour partager avec lui les plaisirs et les peines de la vie. Les sauvages obligent leurs femmes à travailler continuellement; ce sont elles qui cultivent la terre, qui font l'ouvrage pénible, tandis que le mari reste nonchalamment couché dans son hamac, dont il ne sort que pour aller à la chasse ou à la pêche, ou pour se tenir debout dans la même attitude pendant des heures entières; car les sauvages ne savent ce que c'est que de se promener, et rien ne les étonne plus dans nos manières, que de nous voir aller en droite ligne et revenir ensuite sur nos pas plusieurs fois de suite; ils n'imaginent pas qu'on puisse prendre cette peine sans aucune nécessité, et se donner ainsi du mouvement qui n'aboutit à rien. Tous les Hommes tendent à la paresse; mais les sauvages des pays chauds sont les plus paresseux de tous les hommes et les plus tyranniques à l'égard de leurs femmes par les services qu'ils en exigent avec une dureté vraiment sauvage : chez les peuples policés, les hommes, comme les plus forts, ont dicté des lois où les femmes sont toujours plus lésées à proportion de la grossièreté des mœurs, et ce n'est que parmi les nations civilisées jusqu'à la politesse, que les femmes ont obtenu cette égalité de condition qui cependant est si naturelle et si nécessaire à la douceur de la société; aussi cette politesse dans les mœurs est-elle leur ouvrage; elles ont opposé à la force, des armes victorieuses, lorsque par leur modestie elles nous ont appris à reconnoître l'empire de la beauté, avantage naturel plus grand que celui de la force, mais qui suppose l'art de le faire valoir. Car les idées que les différens peuples ont de la beauté, sont si singulières et si opposées qu'il y a tout lieu de croire que les femmes ont plus gagné par l'art de se faire desirer, que par ce don même de la Nature dont les hommes jugent si différemment; ils sont bien plus d'accord sur la valeur de ce qui est en effet l'objet de leurs desirs; le prix de la chose augmente par la difficulté d'en obtenir la possession. Les femmes ont eu de la beauté dès qu'elles ont su se respecter assez pour se refuser à tous ceux qui ont voulu les attaquer par d'autres voies que par celles du sentiment; et du sentiment une fois né, la politesse des mœurs a dû suivre.

Les anciens avoient des goûts de beauté différens des nôtres; les petits fronts, les sourcils joints ou presque point séparés étoient des agrémens dans le visage d'une femme : on fait encore aujourd'hui grand cas en Perse de gros sourcils qui se joignent; dans quelques pays des Indes il faut pour être belle avoir les dents noires et les cheveux blancs, et l'une des principales occupations des femmes aux îles Marianes, est de se noircir les dents avec les herbes, et de se blanchir les cheveux à force de les laver avec certaines eaux préparées. A la Chine et au Japon, c'est une beauté que d'avoir le visage large, les yeux petits et couverts, le nez camus et large, les pieds extrêmement petits, le ventre fort gros. Il y a des peuples parmi les Indiens de l'Amérique et de l'Asie, qui aplatissent la tête de leurs enfans en leur serrant le front et le derrière de la tête entre des planches, afin de rendre leur visage beaucoup plus large qu'il ne le seroit naturellement; d'autres aplatissent la tête et l'alongent en la serrant par les côtés; d'autres l'aplatissent par le sommet; d'autres enfin la rendent la plus ronde qu'ils peuvent. Chaque nation a des préjugés différens sur la beauté, chaque homme a même sur cela ses idées et son goût particulier; ce goût est apparemment relatif aux premières impressions agréables qu'on a reçues de certains objets dans le temps de l'enfance, et dépend peut-être plus de l'habitude et du hasard que de la disposition de nos organes. Nous verrons lorsque nous traiterons du développement des sens, sur quoi peuvent être fondées les idées de beauté en général que les yeux peuvent nous donner.

DE LA VIEILESSE
ET
DE LA MORT.

Tout change dans la Nature, tout s'altère, tout périt; le corps de l'Homme n'est pas plutôt arrivé à son point de perfection qu'il commence à déchoir : le dépérissement est d'abord insensible, il se passe même plusieurs années avant que nous nous apercevions d'un changement considérable ; cependant nous devrions sentir le poids de nos années mieux que les autres ne peuvent en compter le nombre ; et comme ils ne se trompent pas sur notre âge en le jugeant par les changemens extérieurs, nous devrions nous tromper encore moins sur l'effet intérieur qui les produit, si nous nous observions mieux, si nous nous flattions moins, et si dans tout, les autres ne nous jugeoient pas toujours beaucoup mieux que nous ne nous jugeons nous-mêmes.

Lorsque le corps a acquis toute son étendue en hauteur et en largeur par le développement entier de toutes ses parties, il augmente en épaisseur ; le commencement de cette augmentation est le premier point de son dépérissement ; car cette extension n'est pas une continuation de développement ou d'accroissement intérieur de chaque partie par lesquels le corps continueroit de prendre plus d'étendue dans toutes ses parties organiques, et par conséquent plus de force et d'activité ; mais c'est une simple addition de matière surabondante qui enfle le volume du corps et le charge d'un poids inutile. Cette matière est la graisse qui survient ordinairement à trente-cinq ou quarante ans; et à mesure qu'elle augmente, le corps a moins de légéreté et de liberté dans ses mouvemens; ses facultés pour la génération diminuent; ses membres s'appesantissent; il n'acquiert de l'étendue qu'en perdant de la force et de l'activité.

D'ailleurs les os et les autres parties solides du corps ayant pris toute leur extension en longueur et en grosseur, continuent d'augmenter en solidité; les sucs nourriciers qui y arrivent, et qui étoient auparavant employés à en augmenter le volume par le développement, ne servent plus qu'à l'augmentation de la masse, en se fixant dans l'intérieur de ces parties; les membranes deviennent cartilagineuses, les cartilages deviennent osseux; les os deviennent plus solides, toutes les fibres plus dures; la peau se dessèche, les rides se forment peu à peu, les cheveux blanchissent, les dents tombent, le visage se déforme, le corps se courbe; les premières nuances de cet état se font apercevoir avant quarante ans, elles augmentent par degrés assez lents jusqu'à soixante, par degrés plus rapides jusqu'à soixante et dix; la caducité commence à cet âge de soixante et dix ans, elle va toujours en augmentant; la décrépitude suit, et la Mort termine ordinairement avant l'âge de quatre-vingt-dix ou cent ans la Vieillesse et la vie.

Considérons en particulier ces différens objets, et de la même façon que nous avons examiné les causes de l'origine et du développement de notre corps; examinons aussi celles de son dépérissement et de sa destruction; les os qui sont les parties les plus solides du corps, ne sont dans le commencement que des filets d'une matière ductile que l'on aperçoit aisément et distinctement à travers la peau et les autres parties extérieures, qui sont alors extrêmement minces et transparentes; l'os de la cuisse, par exemple, n'est qu'un petit filet fort court, semblable au filet herbacé qui doit produire un arbre en se développant.

Lorsque l'os est arrivé à son développement entier, lorsque les périostes ne fournissent plus de matière ductile capable de s'ossifier, ce qui arrive lorsque l'animal a pris son accroissement en entier, alors les sucs nourriciers, qui étoient employés à augmenter le volume de l'os, ne servent plus qu'à en augmenter la densité; ces sucs se déposent dans l'intérieur de l'os; il devient plus solide, plus massif, plus pesant spécifiquement, comme on peut le voir par la pesanteur et la solidité des os d'un bœuf, comparées à la pesanteur et à la solidité des os d'un veau; et enfin la substance de l'os devient avec le temps si compacte qu'elle ne peut plus admettre les sucs nécessaires à cette espèce de circulation qui fait la nutrition de ces parties; dès-lors cette substance de l'os doit s'altérer, comme le bois d'un vieil arbre s'altère lorsqu'il a une fois acquis toute sa solidité; cette altération dans la substance même des os est une des premières causes qui rendent nécessaire le dépérissement de notre corps.

Les cartilages qu'on peut regarder comme des os mous et imparfaits, reçoivent comme les os, des sucs nourriciers qui en augmentent peu à peu la densité; ils deviennent plus solides à mesure qu'on avance en âge, et dans la vieillesse ils se durcissent presque jusqu'à l'ossification, ce qui rend les mouvemens des jointures du corps très-difficiles, et doit enfin nous priver de l'usage de nos membres, et produire une cessation totale du mouvement extérieur; seconde cause très-immédiate et très-nécessaire d'un dépérissement plus sensible et plus marqué que le premier, puisqu'il se manifeste par la cessation des fonctions extérieures de notre corps.

Les membranes dont la substance a bien des choses communes avec celle des cartilages, prennent aussi, à mesure qu'on avance en âge, plus de densité et de sécheresse; par exemple, celles qui environnent les os, cessent d'être ductiles de bonne heure; dès que l'accroissement du corps est achevé, c'est-à-dire des l'âge de dix-huit ou vingt ans, elles ne peuvent plus s'étendre, elles commencent donc à augmenter en solidité, et continuent à devenir plus denses à mesure qu'on vieillit : il en est de même des fibres qui composent les muscles et la chair; plus on vit, plus la chair devient dure; cependant à en juger par l'attouchement extérieur, on pourroit croire que c'est tout le contraire; car dès qu'on a passé l'âge de la jeunesse, il semble que la chair commence à perdre de sa fraîcheur et de sa fermeté, et à mesure qu'on avance en âge, il paroît qu'elle devient toujours plus molle. Il faut faire attention que ce n'est pas de la chair, mais de la peau que cette apparence dépend; lorsque la peau est bien tendue, comme elle l'est en effet tant que les chairs et les autres parties prennent de l'augmentation de volume, la chair, quoique moins solide qu'elle ne doit le devenir, paroît ferme au toucher;

cette fermeté commence à diminuer lorsque la graisse recouvre les chairs, parce que la graisse, surtout lorsqu'elle est trop abondante, forme une espèce de couche entre la chair et la peau; cette couche de graisse que recouvre la peau, étant beaucoup plus molle que la chair sur laquelle la peau portoit auparavant, on s'aperçoit au toucher de cette différence, et la chair paroît avoir perdu de sa fermeté; la peau s'étend et croît à mesure que la graisse augmente, et ensuite, pour peu qu'elle diminue, la peau se plisse et la chair paroît être alors fade et molle au toucher: ce n'est donc pas la chair elle-même qui se ramollit, mais c'est la peau dont elle est couverte, qui n'étant plus assez tendre, devient molle; car la chair prend toujours plus de dureté à mesure qu'on avance en âge; on peut s'en assurer par la comparaison de la chair des jeunes animaux avec celle de ceux qui sont vieux; l'une est tendre et délicate, et l'autre est si sèche et si dure qu'on ne peut en manger.

La peau peut toujours s'étendre tant que le volume du corps augmente; mais lorsqu'il vient à diminuer, elle n'a pas tout le ressort qu'il faudroit pour se rétablir en entier dans son premier état; il reste alors des rides et des plis qui ne s'effacent plus; les rides du visage dépendent en partie de cette cause, mais il y a dans leur production une espèce d'ordre relatif à la forme, aux traits et aux mouvemens habituels du visage. Si l'on examine bien le visage d'un homme de vingt-cinq ou trente ans, on pourra déjà y découvrir l'origine de toutes les rides qu'il aura dans sa vieillesse; il ne faut pour cela que voir le visage dans un état de violente action, comme est celle du ris, des pleurs, ou seulement celle d'une forte grimace ; tous les plis qui se formeront dans ces différentes actions, seront un jour des rides ineffaçables : elles suivent en effet la disposition des muscles, et se gravent plus ou moins par l'habitude plus ou moins répétée des mouvemens qui en dépendent.

A mesure qu'on avance en âge, la chair, la peau, les fibres, les membranes, les cartilages, les os, deviennent donc plus solides, plus durs, plus secs ; toutes les parties se retirent, se resserrent; tous les mouvemens deviennent plus lents, plus difficiles; la circulation des fluides se fait avec moins de liberté; la transpiration diminue, les sécrétions s'altèrent ; la digestion des alimens devient lente et laborieuse; les sucs nourriciers sont moins abondans, et ne pouvant être reçus dans la plupart des fibres devenues trop foibles, ils ne servent plus à la nutrition. Ces parties trop solides sont des parties déjà mortes, puisqu'elles cessent de se nourrir ; le corps meurt donc peu à peu et par parties; son mouvement diminue par degrés ; la vie s'éteint par nuances successives, et la Mort n'est que le dernier terme de cette suite de degrés, la dernière nuance de la vie.

Comme les os, les cartilages, les muscles et toutes les autres parties qui composent le corps, sont moins solides et plus molles dans les femmes que dans les hommes, il faudra plus de temps pour que ces parties prennent cette solidité qui cause la Mort ; les femmes par conséquent doivent vieillir plus que les hommes. C'est aussi ce qui arrive, et on peut observer, en consultant les tables qu'on a faites sur la mortalité du genre humain, que quand les femmes ont passé un certain âge, elles vivent ensuite plus longtemps que les hommes du même âge : on doit aussi conclure de ce que nous avons dit, que les hommes qui sont en apparence plus foibles que les autres, et qui approchent plus de la constitution des femmes, doivent vivre plus longtemps que ceux qui paroissent être les plus forts et les plus robustes ; et de même on peut croire que dans l'un et l'autre sexe les personnes qui n'ont achevé de prendre leur accroissement que fort tard, sont celles qui doivent vivre le plus; car dans ces deux cas les os, les cartilages et toutes les fibres arriveront plus tard à ce degré de solidité qui doit produire leur destruction.

Cette cause de la mort naturelle est générale et commune à tous les animaux et même aux végétaux ; un chêne ne périt que parce que les parties les plus anciennes du bois, qui sont au centre, deviennent si dures et si compactes qu'elles ne peuvent plus recevoir de nourriture ; l'humidité qu'elles contiennent n'ayant plus de circulation et n'étant pas remplacée par une séve nouvelle, fermente, se corrompt et altère peu à peu les fibres du bois ; elles deviennent rouges, elles se désorganisent, enfin elles tombent en poussière.

La durée totale de la vie peut se mesurer en quelque façon par celle du temps de l'accroissement ; un arbre ou un animal qui prend en peu de temps tout son accroissement, périt beaucoup plutôt qu'un autre auquel il faut plus de temps pour croître. Dans les animaux, comme dans les végétaux, l'accroissement en hauteur est celui qui est achevé le premier ; un chêne cesse de grandir longtemps avant qu'il cesse de grossir: l'Homme croît en hauteur jusqu'à seize ou dix-huit ans, et cependant le développement entier de toutes les parties de son corps en grosseur n'est achevé qu'à trente ans : les chiens prennent en moins d'un an leur accroissement en longueur, et ce n'est que dans la seconde année qu'ils achèvent de prendre leur grosseur. L'Homme qui est trente ans à croître, vit quatre-vingt-dix ou cent ans; le chien qui ne croît que pendant deux ou trois ans, ne vit aussi que dix ou douze ans; il en est de même de la plupart des autres animaux ; les poissons qui ne cessent de croître qu'au bout d'un très-grand nombre d'années, vivent des siècles, et comme nous l'avons déjà insinué, cette longue durée de leur vie doit dépendre de la constitution particulière de leurs arêtes, qui ne prennent jamais autant de solidité que les os des animaux terrestres.

Les causes de notre destruction sont donc nécessaires et la mort est inévitable. Il ne nous est pas plus possible d'en reculer le terme fatal, que de changer les lois de la Nature. Les idées que quelques visionnaires ont eues sur la possibilité de perpétuer la vie par des remèdes, auroient dû périr avec eux, si l'amour propre n'augmentoit pas toujours la crédulité au point de se persuader ce qu'il y a même de plus impossible, et de douter de ce qu'il y a de plus vrai, de plus réel et de plus constant; la panacée, quelle qu'en fût la composition, la transfusion du sang et les autres moyens qui ont été proposés pour rajeunir et immortaliser le corps, sont au moins aussi chimériques que la fontaine de Jouvence est fabuleuse.

Lorsque le corps est bien constitué, peut-être est-il possible de le faire durer quelques années de plus en le ménageant; il se peut que la modération dans les passions, la tempérance et la sobriété dans les plaisirs contribuent à la durée de la vie; encore cela même paroît-il fort douteux : il est peut-être nécessaire que le corps fasse l'emploi de toutes ses forces, qu'il consomme tout ce qu'il peut consommer, qu'il s'exerce autant qu'il en est capable; que gagnera-t-on dès-lors par la diète et par la privation ? Il y a des hommes qui ont vécu au-delà du terme ordinaire; et sans parler de ces deux vieillards dont il est fait mention dans les transactions philosophiques, dont l'un a vécu cent soixante et cinq ans, et l'autre cent quarante-quatre, nous avons un grand nombre d'exemples d'hommes qui ont vécu cent dix, et même cent vingt ans; cependant ces hommes ne s'étoient pas plus ménagés que d'autres; au contraire il paroît que la plupart étoient des paysans accoutumés aux plus grandes fatigues, des chasseurs, des gens de travail, des hommes en un mot qui avoient employé toutes les forces de leur corps, qui en avoient même abusé, s'il est possible d'en abuser autrement que par l'oisiveté et la débauche continuelle.

D'ailleurs, si l'on fait réflexion que l'Européen, le Nègre, le Chinois, l'Américain, l'homme policé, l'homme sauvage, le riche, le pauvre, l'habitant de la ville, celui de la campagne, si différens entre eux par tout le reste, se ressemblent à cet égard, et n'ont chacun que la même mesure, le même intervalle de temps à parcourir depuis la naissance à la la Mort ; que la différence des races, des climats, des nourritures, des commodités, n'en fait aucune à la durée de la vie ; que les hommes qui ne se nourrissent que de chair crue ou de poisson sec, de sagou ou de riz, de cassave ou de racines, vivent aussi longtemps que ceux qui se nourrissent de pain ou de mets préparés ; on reconnoîtra encore plus clairement que la durée de la vie ne dépend ni des habitudes, ni des mœurs, ni de la qualité des alimens ; que rien ne peut changer les lois de la mécanique, qui règlent le nombre de nos années, et qu'on ne peut guère les altérer que par des excès de nourriture ou par de trop grandes diètes.

S'il y a quelque différence tant soit peu remarquable dans la durée de la vie, il semble qu'on doit l'attribuer à la qualité de l'air ; on a observé que dans les pays élevés, il se trouve communément plus de Vieillards que dans les lieux bas ; les montagnes d'Écosse, de Galles, d'Auvergne, de Suisse, ont fourni plus d'exemples de Vieillesses extrêmes que les plaines de Hollande, de Flandre, d'Allemagne et de Pologne ; mais à prendre le genre humain en général, il n'y a, pour ainsi dire, aucune différence dans la durée de la vie ; l'homme qui ne meurt point de maladies accidentelles, vit par-tout quatre-vingt-dix ou cent ans.

La plupart des gens âgés périssent par le scorbut, l'hydropisie, ou par d'autres maladies qui semblent provenir du vice du sang et de l'altération de la lymphe. Quelque influence que les liquides contenus dans le corps humain puissent avoir sur son économie, on peut penser que ces liqueurs n'étant que des parties passives et divisées, elles ne font qu'obéir à l'impulsion des solides qui sont les vraies parties organiques et actives, desquelles le mouvement, la qualité, et même la quantité des liquides doivent dépendre en entier; dans la Vieillesse le calibre des vaisseaux se resserre, le ressort des muscles s'affoiblit, les filtres sécrétoires s'obstruent; le sang, la lymphe et les autres humeurs doivent par conséquent s'épaissir, s'altérer, s'extravaser et produire les symptômes des différentes maladies qu'on a coutume de rapporter aux vices des liqueurs, comme à leur principe, tandis que la première cause est en effet une altération dans les solides, produite par leur dépérissement naturel, ou par quelque lésion et quelque dérangement accidentels. Il est vrai que quoique le mauvais état des liquides provienne d'un vice organique dans les solides, les effets qui résultent de cette altération des liqueurs, se manifestent par des symptômes prompts et menaçans, parce que les liqueurs étant en continuelle circulation et en grand mouvement, pour peu qu'elles deviennent stagnantes par le trop grand rétrécissement des vaisseaux, ou que par leur relâchement forcé, elles se répandent en s'ouvrant de fausses routes, elles ne peuvent manquer de se corrompre et d'attaquer en même temps les parties les plus foibles des solides, ce qui produit souvent des maux sans remède; ou du moins elles communiquent à toutes les parties solides qu'elles abreuvent, leur mauvaise qualité, ce qui doit en déranger le tissu et en changer la nature; ainsi les moyens de dépérissement se multiplient, le mal intérieur augmente de plus en plus et amène à la hâte l'instant de la destruction.

Toutes les causes de dépérissement que nous venons d'indiquer, agissent continuellement sur notre être matériel et le conduisent peu à peu à sa dissolution; la Mort, ce changement d'état si marqué, si redouté, n'est donc dans la Nature que la dernière nuance d'un état précédent; la succession nécessaire du dépérissement de notre corps amène ce degré comme tous les autres qui ont précédé; la vie commence à s'éteindre longtemps avant qu'elle s'éteigne entièrement, et dans le réel il y a plus loin de la caducité à la jeunesse, que de la décrépitude à la Mort; car on ne doit pas ici considérer la vie comme une chose absolue, mais comme une quantité susceptible d'augmentation et de diminution. Dans l'instant de la formation du fœtus, cette vie corporelle n'est encore rien ou presque rien; peu à peu elle augmente, elle s'étend, elle acquiert de la consistance à mesure que le corps croît, se développe et se fortifie; dès qu'il commence à dépérir, la quantité de vie diminue; enfin lorsqu'il se courbe, se dessèche et s'affaisse, elle décroît, elle se resserre, elle se réduit à rien, nous commençons de vivre par degrés et nous finissons de mourir comme nous commençons de vivre.

Pourquoi donc craindre la Mort, si l'on a assez bien vécu pour n'en pas craindre les suites? pourquoi redouter cet instant, puisqu'il est préparé par une infinité d'autres instans du même ordre; puisque la Mort est aussi naturelle que la vie, et que l'une et l'autre nous arrivent de la même façon, sans que nous le sentions, sans que nous puissions nous en apercevoir? Qu'on interroge les médecins et les ministres de l'église, accoutumés à observer les actions des mourans et à recueillir leurs derniers sentimens; ils conviendront qu'à l'exception d'un très-petit nombre de maladies aiguës où l'agitation causée par des mouvemens convulsifs semble indiquer les souffrances du malade, dans toutes les autres on meurt tranquillement, doucement et sans douleurs; et même ces terribles agonies effraient plus les spectateurs qu'elles ne tourmentent le malade; car combien n'en a-t-on pas vus qui après avoir été à cette dernière extrémité, n'avoient aucun souvenir de ce qui s'étoit passé, non plus que de ce qu'ils avoient senti ! ils avoient réellement cessé d'être pour eux pendant ce temps, puisqu'ils sont obligés de rayer du nombre de leurs jours tous ceux qu'ils ont passés dans cet état duquel il ne leur reste aucune idée.

La plupart des hommes meurent donc sans le savoir, et dans le petit nombre de ceux qui conservent de la connoissance jusqu'au dernier soupir, il ne s'en trouve peut-être pas un qui ne conserve en même temps de l'espérance, et qui ne se flatte d'un retour vers la vie. La Nature a, pour le bonheur de l'Homme, rendu ce sentiment plus fort que la raison. Un malade dont le mal est incurable, qui peut juger son état par des exemples fréquens et familiers, qui en est averti par les mouvemens inquiets de sa famille, par les larmes de ses amis, par la contenance ou l'abandon des médecins, n'en est pas plus convaincu qu'il touche à sa dernière heure; l'intérêt est si grand qu'on ne s'en rapporte qu'à soi; on n'en croit pas les jugemens des autres, on les regarde comme des alarmes peu fondées : tant qu'on se sent et qu'on pense, on ne réfléchit, on ne raisonne que pour soi, et tout est mort que l'espérance vit encore.

Jetez les yeux sur un malade qui vous aura dit cent fois qu'il se sent attaqué à mort, qu'il voit bien qu'il ne peut pas en revenir, qu'il est prêt à expirer; examinez ce qui se passe sur son visage, lorsque par zèle ou par indiscrétion quelqu'un vient à lui annoncer que sa fin est prochaine en effet; vous le verrez changer comme celui d'un homme auquel on annonce une nouvelle imprévue. Ce malade ne croit donc pas ce qu'il dit lui-même, tant il est vrai qu'il n'est nullement convaincu qu'il doit mourir; il a seulement quelque doute, quelqu'inquiétude sur son état; mais il craint toujours beaucoup moins qu'il n'espère, et si l'on ne réveilloit pas ses frayeurs par ces tristes soins et cet appareil lugubre qui devancent la Mort, il ne la verroit point arriver.

La Mort n'est donc pas une chose aussi terrible que nous nous l'imaginons; nous la jugeons mal de loin; c'est un spectre qui nous épouvante à une certaine distance, et qui disparoît lorsqu'on vient à en approcher de près; nous n'en avons donc que des notions fausses; nous la regardons non-seulement comme le plus grand malheur, mais encore comme un mal accompagné de la plus vive douleur et des plus pénibles angoisses: nous avons même cherché à grossir dans notre imagination ces funestes images, et à augmenter nos craintes en raisonnant sur la nature de la douleur. Elle doit être extrême, a-t-on dit, lorsque l'ame se sépare du corps; elle peut aussi être de très-longue durée, puisque le temps n'ayant d'autre mesure que la succession de nos idées, un instant de douleur très-vive, pendant lequel ces idées se succèdent avec une rapidité proportionnée à la violence du mal, peut nous paroître plus long qu'un siècle pendant lequel elles coulent lentement et relativement aux sentimens tranquilles qui nous affectent ordinairement. Quel abus de la philosophie dans ce raisonnement ! il ne mériteroit pas d'être relevé s'il étoit sans conséquence ; mais il influe sur le malheur du genre humain ; il rend l'aspect de la Mort mille fois plus affreux qu'il ne peut être, et n'y eût-il qu'un très-petit nombre de gens trompés par l'apparence spécieuse de ces idées, il seroit toujours utile de les détruire et d'en faire voir la fausseté.

Lorsque l'ame vient à s'unir à notre corps, avons-nous un plaisir excessif, une joie vive et prompte qui nous transporte et nous ravisse ? non ; cette union se fait sans que nous nous en apercevions ; la désunion doit s'en faire de même sans exciter aucun sentiment. Quelle raison a-t-on pour croire que la séparation de l'ame et du corps ne puisse se faire sans une douleur extrême ? quelle cause peut produire cette douleur ou l'occasionner ? la fera-t-on résider dans l'ame ou dans le corps ? La douleur de l'ame ne peut être produite que par la pensée, celle du corps est toujours proportionnée à sa force et à sa foiblesse ; dans l'instant de la mort naturelle le corps est plus foible que jamais ; il ne peut donc éprouver qu'une très-petite douleur, si même il en éprouve aucune.

Maintenant supposons une mort violente ; un homme, par exemple, dont la tête est emportée par un boulet de canon, souffre-t-il plus d'un instant ? a-t-il dans l'intervalle de cet instant une succession d'idées assez rapides pour que cette douleur lui paroisse durer une heure, un jour, un siècle ? c'est ce qu'il faut examiner.

J'avoue que la succession de nos idées est en effet, par rapport à nous, la seule mesure du temps, et que nous devons le trouver plus court ou plus long, selon que nos idées coulent plus uniformément ou se croisent plus irrégulièrement ; mais cette mesure a une unité dont la grandeur n'est point arbitraire ni indéfinie ; elle est au contraire déterminée par la Nature même, et relative à notre organisation : deux idées qui se succèdent ou qui sont seulement différentes l'une de l'autre, ont nécessairement entr'elles un certain intervalle qui les sépare ; quelque prompte que soit la pensée, il faut un petit temps pour qu'elle soit suivie d'une autre pensée ; cette succession ne peut se faire dans un instant indivisible ; il en est de même du sentiment ; il faut un certain temps pour passer de la douleur au plaisir, ou même d'une douleur à une autre douleur ; cet intervalle de temps qui sépare nécessairement nos pensées, nos sentimens, est l'unité dont je parle ; il ne peut être ni extrêmement long, ni extrêmement court ; il doit même être à peu près égal dans sa durée, puisqu'elle dépend de la nature de notre ame et de l'organisation de notre corps dont les mouvemens ne peuvent avoir qu'un certain degré de vîtesse déterminée ; il ne peut donc y avoir dans le même individu des successions d'idées plus ou moins rapides au degré qu'il seroit nécessaire pour produire cette différence énorme de durée, qui d'une minute de douleur feroit un siècle, un jour, une heure.

Une douleur très-vive, pour peu qu'elle dure, conduit à l'évanouissement ou à la Mort; nos organes n'ayant qu'un certain degré de force, ne peuvent résister que pendant un certain temps à un certain degré de douleur; si elle devient excessive, elle cesse, parce qu'elle est plus forte que le corps, qui ne pouvant la supporter, peut encore moins la transmettre à l'ame avec laquelle il ne peut correspondre que quand les organes agissent; ici l'action des organes cesse, le sentiment intérieur qu'ils communiquent à l'ame doit donc cesser aussi.

Ce que je viens de dire est peut-être plus que suffisant pour prouver que l'instant de la Mort n'est point accompagné d'une douleur extrême ni de longue durée; mais pour rassurer les gens les moins courageux, nous ajouterons encore un mot. Une douleur excessive ne permet aucune réflexion; cependant on a vu souvent des signes de réflexion dans le moment même d'une mort violente; lorsque Charles XII reçut le coup qui termina dans un instant ses exploits et sa vie, il porta la main sur son épée; cette douleur mortelle n'étoit donc pas excessive, puisqu'elle n'excluoit pas la réflexion; il se sentit attaqué, il réfléchit qu'il falloit se défendre, il ne souffrit donc qu'autant que l'on souffre par un coup ordinaire : on ne peut pas dire que cette action ne fut que le résultat d'un mouvement mécanique; car nous avons prouvé à l'article des passions, que leurs mouvemens, même les plus prompts, dépendent toujours de la réflexion, et ne sont que des effets d'une volonté habituelle de l'ame.

Je ne me suis un peu étendu sur ce sujet, que pour

tâcher de détruire un préjugé si contraire au bonheur de l'Homme ; j'ai vu des victimes de ce préjugé, des personnes que la frayeur de la Mort a fait mourir en effet, des femmes surtout, que la crainte de la douleur anéantissoit ; ces terribles alarmes semblent même n'être faites que pour des personnes élevées et devenues par leur éducation plus sensibles que les autres ; car le commun des hommes, surtout ceux de la campagne, voient la Mort sans effroi.

La vraie philosophie est de voir les choses telles qu'elles sont ; le sentiment intérieur seroit toujours d'accord avec cette philosophie, s'il n'étoit perverti par les illusions de notre imagination et par l'habitude malheureuse que nous avons prise de nous forger des fantômes de douleur et de plaisir : il n'y a rien de terrible ni rien de charmant que de loin ; mais pour s'en assurer il faut avoir le courage et la sagesse de voir l'un et l'autre de près.

Si quelque chose peut confirmer ce que nous avons dit au sujet de la cessation graduelle de la vie, et prouver encore mieux que sa fin n'arrive que par nuances souvent insensibles, c'est l'incertitude des signes de la Mort ; qu'on consulte les recueils d'observations, on sera convaincu qu'entre la Mort et la vie il n'y a souvent qu'une nuance si foible, qu'on ne peut l'apercevoir même avec toutes les lumières de la médecine et de l'observation la plus attentive : selon les gens de l'art, « le coloris du visage, la chaleur du corps, la mollesse des parties flexibles, sont des signes incertains d'une vie encore subsistante, comme la pâleur du visage, le froid du corps, la roideur des extrémités, la cessation des mouvemens et l'abolition des sens externes sont des signes très-équivoques d'une mort certaine » (1) : il en est de même de la cessation apparente du pouls et de la respiration; ces mouvemens sont quelquefois tellement engourdis et assoupis, qu'il n'est pas possible de les apercevoir, on approche un miroir ou une lumière de la bouche du malade ; si le miroir se ternit, ou si la lumière vacille, on conclud qu'il respire encore ; mais souvent ces effets arrivent par d'autres causes, lors même que le malade est mort en effet, et quelquefois ils n'arrivent pas quoiqu'il soit encore vivant ; ces moyens sont donc très-équivoques ; on irrite les narines par des sternutatoires, des liqueurs pénétrantes ; on cherche à réveiller les organes du tact par des piqûres, des brûlures ; on donne des lavemens de fumée ; on agite les membres par des mouvemens violens ; on fatigue l'oreille par des sons aigus et des cris ; on scarifie les omoplates, le dedans des mains et la plante des pieds ; on y applique des fers rouges, de la cire d'Espagne brûlante, lorsqu'on veut être bien convaincu de la certitude de la mort de quelqu'un ; mais il y a des cas où toutes ces épreuves sont inutiles, et on a des exemples, sur-tout de personnes cataleptiques, qui les ayant subies sans donner aucun signe de vie, sont ensuite revenues d'elles-mêmes, au grand étonnement des spectateurs.

Rien ne prouve mieux combien un certain état de vie ressemble à l'état de la Mort; rien aussi ne seroit

---

(1) Winslow.

plus raisonnable et plus selon l'humanité que de se presser moins qu'on ne fait d'abandonner, d'ensevelir et d'enterrer les corps; pourquoi n'attendre que dix, vingt ou vingt-quatre heures, puisque ce temps ne suffit pas pour distinguer une mort vraie d'une mort apparente, et qu'on a des exemples de personnes qui sont sorties de leur tombeau au bout de deux ou trois jours? pourquoi laisser avec indifférence précipiter les funérailles des personnes mêmes dont nous aurions ardemment desiré de prolonger la vie? pourquoi cet usage, au changement duquel tous les hommes sont également intéressés, subsiste-t-il? ne suffit-il pas qu'il y ait eu quelquefois de l'abus par les enterremens précipités, pour nous engager à les différer et à suivre les avis des sages médecins qui nous disent (1), « qu'il est incontestable que le corps est quelquefois tellement privé de toute fonction vitale, et que le souffle de vie y est quelquefois tellement caché, qu'il ne paroît en rien différent de celui d'un mort; que la charité et la religion veulent qu'on détermine un temps suffisant pour attendre que la vie puisse, si elle subsiste encore, se manifester par des signes; qu'autrement on s'expose à devenir homicide en enterrant des personnes vivantes? or, disent-ils, c'est ce qui peut arriver, si l'on en croit la plus grande partie des auteurs, dans l'espace de trois jours naturels ou de soixante-douze heures; mais si pendant ce temps il ne paroît aucun signe de vie, et qu'au contraire les corps exhalent une

(1) Winslow, sur l'incertitude des signes de la mort, pag. 84.

odeur cadavéreuse, on a une preuve infaillible de la Mort, et on peut les enterrer sans scrupule ».

La plupart même des peuples sauvages font plus d'attention que nous à ces derniers instans; ils regardent comme le premier devoir ce qui n'est chez nous qu'une cérémonie; ils respectent leurs morts, ils les vêtissent, ils leur parlent, ils récitent leurs exploits, louent leurs vertus; et nous qui nous piquons d'être sensibles, nous ne sommes pas même humains; nous fuyons, nous les abandonnons, nous ne voulons pas les voir; nous n'avons ni le courage ni la volonté d'en parler, nous évitons même de nous trouver dans les lieux qui peuvent nous en rappeler l'idée; nous sommes donc trop indifférens ou trop foibles.

Après avoir fait l'histoire de la vie et de la Mort par rapport à l'individu, considérons l'une et l'autre dans l'espèce entière. L'Homme, comme l'on sait, meurt à tout âge, et quoiqu'en général on puisse dire que la durée de sa vie est plus longue que celle de la vie de presque tous les animaux, on ne peut pas nier qu'elle ne soit en même temps plus incertaine et plus variable. On a cherché dans ces derniers temps à connoître les degrés de ces variations, et à établir par des observations quelque chose de fixe sur la mortalité des Hommes à différens âges; si ces observations étoient assez exactes et assez multipliées, elles seroient d'une très-grande utilité pour la connoissance de la population et de la consommation des denrées. Plusieurs personnes habiles ont travaillé sur cette matière. Voici les vérités que nous présentent les tables de mortalité qui ont été faites.

Le quart du genre humain périt pour ainsi dire avant d'avoir vu la lumière, puisqu'il en meurt près d'un quart dans les premiers onze mois de la vie, et que dans ce court espace de temps, il en meurt beaucoup plus au-dessous de cinq mois qu'au-dessus.

Le tiers du genre-humain périt avant d'avoir atteint l'âge de vingt-trois mois, c'est-à-dire avant d'avoir fait usage de ses membres et de la plupart de ses autres organes.

La moitié du genre humain périt avant l'âge de huit ans un mois, c'est-à-dire avant que le corps soit développé, et avant que l'ame ne se manifeste par la raison.

Les deux-tiers du genre-humain périssent avant l'âge de trente-neuf ans, en sorte qu'il n'y a guère qu'un tiers des hommes qui puissent propager l'espèce et qu'il n'y en a pas un tiers qui puissent prendre état de consistance dans la société.

Les trois quarts du genre-humain périssent avant l'âge de cinquante-un ans, c'est-à-dire avant d'avoir rien achevé pour soi-même, peu fait pour sa famille, et rien pour les autres.

De neuf enfans qui naissent, un seul arrive à soixante-dix ans; de trente-trois qui naissent, un seul arrive à quatre-vingts ans; un seul sur deux cent quatre-vingt-onze, se traîne jusqu'à quatre-vingt-dix ans; et enfin un seul sur onze mille neuf cent quatre-vingt-seize, languit jusqu'à cent ans révolus.

On peut parier également 11 contre 4 qu'un enfant qui vient de naître vivra un an et n'en vivra pas quarante-sept; de même 7 contre 4 qu'il vivra deux ans, et qu'il n'en vivra pas trente-quatre :

13 contre 9 qu'il vivra 3 ans, et qu'il n'en vivra pas 27 :

6 contre 5 qu'il vivra 4 ans, et qu'il n'en vivra pas 19 :

13 contre 11 qu'il vivra 5 ans, et qu'il n'en vivra pas 18 :

12 contre 11 qu'il vivra 6 ans, et qu'il n'en vivra pas 13 :

et enfin 1 contre 1 qu'il vivra 8 ans 1 mois, et qu'il ne vivra pas 8 ans et 2 mois.

Un homme, âgé de soixante-six ans, peut parier de vivre aussi longtemps qu'un enfant qui vient de naître; et par conséquent un père qui n'a point atteint l'âge de soixante-six ans, ne doit pas compter que son fils, qui vient de naître, lui succède, puisqu'on peut parier qu'il vivra plus longtemps que son fils.

De même un homme, âgé de cinquante-un ans, ayant encore seize ans à vivre, il y a 2 contre 1 à parier, que son fils, qui vient de naître, ne lui survivra pas; il y a 3 contre 1 pour un homme de trente-six ans, et 4 contre 1 pour un homme de vingt-deux ans; un père de cet âge, pouvant espérer avec autant de fondement trente-deux ans de vie pour lui, que huit pour son fils nouveau-né.

On peut parier également à peu près 6 contre 1, qu'un enfant d'un an vivra un an, et n'en vivra pas soixante-neuf de plus; de même 4 à peu près contre 1, qu'il vivra deux ans, et qu'il n'en vivra pas soixante-quatre de plus; 3 à peu près contre 1, qu'il vivra trois ans, et qu'il n'en vivra pas cinquante-neuf de plus; 2 à peu près contre 1, qu'il vivra neuf ans, et qu'il n'en vivra pas cinquante de plus; et enfin 1 contre 1, qu'il vivra trente-trois ans, et qu'il n'en vivra pas trente-quatre de plus.

La vie moyenne des enfans d'un an, est de trente-trois ans; celle d'un homme de vingt-un ans, est aussi à très-peu près de trente-trois ans; un père qui n'auroit pas l'âge de vingt-un ans, peut espérer de vivre plus long-temps que son enfant d'un an; mais si le père a quarante ans, il y a déjà 3 contre 2 que son fils d'un an lui survivra; s'il a quarante-huit ans, il y a 2 contre 1; et 3 contre 1, s'il en a soixante.

Une rente viagère sur la tête d'un enfant d'un an, vaut le double d'une rente viagère sur une personne de quarante-huit ans, et le triple de celle que l'on placeroit sur la tête d'une personne de soixante ans. Tout père de famille, qui veut placer de l'argent à fonds perdu, doit préférer de le mettre sur la tête de son enfant d'un an, plutôt que sur la sienne, s'il est âgé de plus de vingt-un ans.

En estimant sur les tables dont je viens de parler, les degrés de mortalité, j'ai calculé les probabilités de la durée de la vie, depuis un an jusqu'à quatre-vingt cinq ans comme il suit :

AGE.	DURÉE DE LA VIE.		AGE.	DURÉE DE LA VIE.	
ans.	années.	mois.	ans.	années.	mois.
"	8.	"	22.	32.	4.
1.	33.	"	23.	31.	10.
2.	38.	"	24.	31.	3.
3.	40.	"	25.	30.	9.
4.	41.	"	26.	30.	2.
5.	41.	6.	27.	29.	7.
6.	42.	"	28.	29.	"
7.	42.	3.	29.	28.	6.
8.	41.	6.	30.	28.	"
9.	40.	10.	31.	27.	6.
10.	40.	2.	32.	26.	11.
11.	39.	6.	33.	26.	3.
12.	38.	9.	34.	25.	7.
13.	38.	1.	35.	25.	"
14.	37.	5.	36.	24.	5.
15.	36.	9.	37.	23.	10.
16.	36.	"	38.	23.	3.
17.	35.	4.	39.	22.	8.
18.	34.	8.	40.	22.	1.
19.	34.	"	41.	21.	6.
20.	33.	5.	42.	20.	11.
21.	32.	11.	43.	20.	4.

AGE.	DURÉE DE LA VIE.		AGE.	DUREE DE LA VIE.	
ans.	années.	mois.	ans.	années.	mois.
44.	19.	9.	65.	8.	6.
45.	19.	3.	66.	8.	"
46.	18.	9.	67.	7.	6.
47.	18.	2.	68.	7.	"
48.	17.	8.	69.	6.	7.
49.	17.	2.	70.	6.	2.
50.	16.	7.	71.	5.	8.
51.	16.	"	72.	5.	4.
52.	15.	6.	73.	5.	"
53.	15.	"	74.	4.	9.
54.	14.	6.	75.	4.	6.
55.	14.	"	76.	4.	3.
56.	13.	5.	77.	4.	1.
57.	12.	10.	78.	3.	11.
58.	12.	3.	79.	3.	9.
59.	11.	8.	80.	3.	7.
60.	11.	1.	81.	3.	5.
61.	10.	6.	82.	3.	3.
62.	10.	"	83.	3.	2.
63.	9.	6.	84.	3.	1.
64.	9.	"	85.	3.	"

On observera, 1°. que l'âge auquel on peut espérer une plus longue durée de vie, est l'âge de sept ans, puisqu'on peut parier un contre un qu'un enfant de cet âge vivra encore 42 ans 3 mois; 2°. qu'à l'âge de 12 ou 13 ans on a vécu le quart de sa vie, puisqu'on ne peut légitimement espérer que 38 ou 39 ans de plus; et de même qu'à l'âge de 28 ou 29 ans on a vécu la moitié de sa vie, puisqu'on n'a plus que 28 ans à vivre; et enfin qu'avant 50 ans on a vécu les trois quarts de sa vie, puisqu'on n'a plus que 16 ou 17 ans à espérer. Mais ces vérités physiques si mortifiantes en elles-mêmes peuvent se compenser par des considérations morales; un homme doit regarder comme nulles les 15 premières années de sa vie; tout ce qui lui est arrivé, tout ce qui s'est passé dans ce long intervalle de temps est effacé de sa mémoire, ou du moins a si peu de rapport avec les objets et les choses qui l'ont occupé depuis, qu'il ne s'y intéresse en aucune façon; ce n'est pas la même succession d'idées, ni, pour ainsi dire la même vie; nous ne commençons à vivre moralement que quand nous commençons à ordonner nos pensées, à les tourner vers un certain avenir, et à prendre une espèce de consistance, un état relatif à ce que nous devons être dans la suite. En considérant la durée de la vie sous ce point de vue qui est le plus réel, nous trouverons dans la table qu'à l'âge de 25 ans on n'a vécu que le quart de sa vie, qu'à l'âge de 38 ans on n'en a vécu que la moitié, et que ce n'est qu'à l'âge de 56 ans qu'on a vécu les trois quarts de sa vie.

De même il nous est démontré par l'échelle des probabilités de la durée de la vie, qu'une raison pour vivre est d'avoir vécu; cette probabilité est à la vérité d'autant plus petite que l'âge est plus grand; mais lorsqu'il est complet, c'est-à-dire, à quatre-vingts ans, cette même probabilité, qui décroît de moins en moins, devient, pour ainsi dire, stationnaire et fixe. Si l'on peut parier un contre un, qu'un homme de quatre-vingts ans vivra trois ans de plus, on peut le parier de même pour un homme de quatre-vingt-trois, de quatre-vingt-six, et peut-être encore de même pour un homme de quatre-vingt-dix ans. Nous avons donc toujours dans l'âge même le plus avancé, l'espérance légitime de trois années de vie. Et trois années ne sont-elles pas une vie complette; ne suffisent-elles pas à tous les projets d'un homme sage? nous ne sommes donc jamais vieux si notre morale n'est pas trop jeune; le Philosophe doit dès-lors regarder la Vieillesse comme un préjugé, comme une idée contraire au bonheur de l'Homme, et qui ne trouble pas celui des animaux. Les chevaux de dix ans, qui voyent travailler le cheval de vingt ans, ne le jugent pas plus près qu'eux de la mort, ce n'est que par notre arithmétique que nous en jugeons autrement; mais cette même arithmétique bien entendue, nous démontre que, dans notre grand âge, nous sommes toujours à trois ans de distance de la Mort, tant que nous nous portons bien; que vous autres jeunes gens, vous en êtes souvent bien plus près, pour peu que vous abusiez des forces de votre âge; que d'ailleurs, et tout abus égal, c'est-à-dire, proportionnel, nous sommes aussi sûrs à quatre vingts ans de vivre encore trois ans, que vous l'êtes à trente ans d'en vivre vingt-six. Chaque jour que je me lève en bonne santé, n'ai-je pas la jouissance de ce jour aussi présente, aussi plénière que la vôtre? si je conforme mes mouvemens, mes appétits, mes desirs aux seuls impulsions de la sage Nature, ne suis-je pas aussi sage et plus heureux que vous? ne suis-je pas même plus sûr de mes projets, puisqu'elle me défend de les étendre au-delà de trois ans? et la vue du passé, qui cause les regrets des vieux fous, ne m'offre-t-elle pas au contraire des jouissances de mémoire, des tableaux agréables, des images précieuses qui valent bien vos objets de plaisir? car elles sont douces, ces images, elles sont pures, elles ne portent dans l'ame qu'un souvenir aimable; les inquiétudes, les chagrins, toute la triste cohorte qui accompagne vos jouissances de jeunesse, disparoissent dans le tableau qui me les représente; les regrets doivent disparoître de même, ils ne sont que les derniers élans de cette folle vanité qui ne vieillit jamais.

N'oublions pas un autre avantage ou du moins une forte compensation pour le bonheur dans l'âge avancé; c'est qu'il y a plus de gain au moral, que de perte au physique; tout au moral est acquis, et si quelque chose au physique est perdu, on en est pleinement dédommagé. Quelqu'un demandoit au philosophe Fontenelle, âgé de quatre-vingt-quinze ans, quelles étoient les vingt années de sa vie qu'il regrettoit le plus; il répondit qu'il regrettoit peu de chose, que néanmoins l'âge où il avoit été le plus heureux étoit de cinquante-cinq à soixante-quinze ans; il fit cet aveu de bonne foi, et il prouva son dire par des vérités sensibles et consolantes. A cinquante-cinq ans la fortune est établie, la réputation faite, la considération obtenue, l'état de la vie fixe, les prétentions évanouies ou remplies, les projets avortés ou mûris, la plupart des passions calmées ou du moins refroidies, la carrière à-peu près remplie pour les travaux que chaque homme doit à la société, moins d'ennemis ou plutôt moins d'envieux nuisibles, parce que le contre-poids du mérite est connu par la voix du public; tout concourt dans le moral à l'avantage de l'âge, jusqu'au temps où les infirmités et les autres maux physiques viennent à troubler la jouissance tranquille et douce de ces biens acquis par la sagesse, qui seuls peuvent faire notre bonheur.

L'idée la plus triste, c'est-à-dire la plus contraire au bonheur de l'Homme, est la vue fixe de sa prochaine fin; cette idée fait le malheur de la plupart des Vieillards, même de ceux qui se portent le mieux, et qui ne sont pas encore dans un âge fort avancé; je les prie de s'en rapporter à moi; ils ont encore à soixante-dix ans l'espérance légitime de six ans deux mois; à soixante-quinze ans l'espérance toute aussi légitime de quatre ans six mois de vie; enfin à quatre-vingts et même à quatre-vingt-six ans, celle de trois années de plus; il n'y a donc de fin prochaine que pour ces ames foibles qui se plaisent à la rapprocher; néanmoins le meilleur usage que l'Homme puisse faire de la vigueur de son esprit, c'est d'agrandir les images de tout ce qui peut lui plaire en les rapprochant, et de diminuer au contraire en les éloignant, tous les objets désagréables, et sur-tout les idées qui peuvent faire son malheur; et souvent il suffit pour cela de voir les choses telles qu'elles sont en effet. La vie, ou si l'on veut la continuité de notre existence, ne nous appartient qu'autant que nous la sentons : or ce sentiment de l'existence n'est-il pas détruit par le sommeil? Chaque nuit nous cessons d'être, et dès-lors nous ne pouvons regarder la vie comme une suite non interrompue d'existences senties; ce n'est point une trame continue; c'est un fil divisé par des nœuds, ou plutôt par des coupures qui toutes appartiennent à la Mort; chacune nous rappelle l'idée du dernier coup de ciseau; chacune nous représente ce que c'est que de cesser d'être; pourquoi donc s'occuper de la longueur plus ou moins grande de cette chaîne qui se rompt chaque jour? pourquoi ne pas regarder et la vie et la Mort pour ce qu'elles sont en effet? Mais comme il y a plus de cœurs pusillanimes que d'ames fortes, l'idée de la Mort se trouve toujours exagérée, sa marche toujours précipitée, ses approches trop redoutées, et son aspect insoutenable : on ne pense pas que l'on anticipe malheureusement sur son existence toutes les fois que l'on s'affecte de la destruction de son corps; car cesser d'être n'est rien, mais la crainte est la mort de l'ame. Je ne dirai pas avec le Stoïcien : *Mors homini summum bonum Diis denegatum*; je ne la vois ni comme un grand bien ni comme un grand mal, et j'ai tâché de la représenter telle qu'elle est.

DES SENS.

DES SENS EN GÉNÉRAL, ET DU SENS DE LA VÛE EN PARTICULIER.

Le corps animal est composé de plusieurs matières différentes, dont les unes, comme les os, la graisse, le sang, la lymphe, sont insensibles; et dont les autres, comme les membranes et les nerfs, paroissent être des matières actives, desquelles dépendent le jeu de toutes les parties et l'action de tous les membres. Les nerfs surtout sont l'organe immédiat du sentiment qui se diversifie et change, pour ainsi dire de nature, suivant leur différente disposition; en sorte que selon leur position, leur arrangement, leur qualité, ils transmettent à l'ame des espèces différentes de sentiment, qu'on a distinguées par le nom de sensation, qui semblent en effet n'avoir rien de semblable entr'elles. Cependant, si l'on fait attention que tous ces Sens externes ont un sujet commun, et qu'ils ne sont tous que des membranes nerveuses différemment disposées et placées; que les nerfs sont l'organe général du sentiment; que dans le corps animal nulle autre matière que les nerfs n'a cette propriété de produire le sentiment, on sera porté à croire que les Sens ayant tous un principe commun, et n'étant que des formes variées de la même substance, n'étant en un mot que des nerfs différemment ordonnés et disposés, les sensations qui en résultent ne sont pas aussi essentiellement différentes entr'elles qu'elles le paroissent.

L'œil doit être regardé comme une expansion du nerf optique, ou plutôt l'œil lui-même n'est que l'épanouissement d'un faisceau de nerfs, qui étant exposé à l'extérieur plus qu'aucun autre nerf, est aussi celui qui a le sentiment le plus vif et le plus délicat; il sera donc ébranlé par les plus petites parties de la matière, telles que sont celles de la lumière, et il nous donnera par conséquent une sensation de toutes les substances les plus éloignées, pourvu qu'elles soient capables de produire ou réfléchir ces petites particules de matière. L'oreille qui n'est pas un organe aussi extérieur que l'œil, et dans lequel il n'y a pas un aussi grand épanouissement de nerfs, n'aura pas le même degré de sensibilité, et ne pourra pas être affectée par des parties de matière aussi petites que celles de la lumière; mais elle le sera par des parties plus grosses, qui sont celles qui forment le son, et nous donnera encore une sensation des choses éloignées qui pourront mettre en mouvement ces parties de matière; comme elles sont beaucoup plus grosses que celles de la lumière, et qu'elles ont moins de vîtesse, elles ne pourront s'étendre qu'à de petites distances; et par conséquent l'oreille ne nous donnera la sensation que de choses beaucoup moins éloignées que celles dont l'œil nous donne la sensation. La membrane qui est le siége de l'odorat, étant encore moins fournie de nerfs que celle qui fait le siége de l'ouïe, elle ne nous donnera la sensation que des parties de matière qui sont plus grosses et moins éloignées, telles que sont les particules odorantes des corps, qui sont probablement celles de l'huile essentielle qui s'en exhale et surnage pour ainsi dire dans l'air, comme les corps légers nagent dans l'eau; et comme les nerfs sont encore en moindre quantité, et qu'ils sont plus divisés sur le palais et sur la langue, les particules odorantes ne sont pas assez fortes pour ébranler cet organe; il faut que ces parties huileuses ou salines se détachent des autres corps et s'arrêtent sur la langue pour produire une sensation qu'on appelle le goût, et qui diffère principalement de l'odorat, parce que ce dernier sens nous donne la sensation des choses à une certaine distance, et que le goût ne peut nous la donner que par une espèce de contact qui s'opère au moyen de la fonte de certaines parties de matière, telles que les sels et les huiles. Enfin comme les nerfs sont le plus divisés qu'il est possible, et qu'ils sont très-légèrement parsemés dans la peau, aucune partie aussi petite que celles qui forment la lumière ou les sons, les odeurs ou les saveurs, ne pourra les ébranler ni les affecter d'une manière sensible, et il faudra de très-grosses parties de matière, c'est-à-dire des corps solides pour qu'ils puissent en être affectés: aussi le sens du toucher ne nous donne aucune sensation des choses éloignées; mais seulement de celles dont le contact est immédiat.

Il paroît donc que la différence qui est entre nos Sens ne vient que de la position plus ou moins extérieure des nerfs, et de leur quantité plus ou moins grande dans les différentes parties qui constituent les organes. C'est par cette raison qu'un nerf ébranlé par un coup ou découvert par une blessure, nous donne souvent la sensation de la lumière sans que l'œil y ait part, comme on a souvent aussi par la même cause des tintemens et des sensations de sons, quoique l'oreille ne soit affectée par rien d'extérieur. Il paroît aussi que les organes auxquels il aboutit une plus grande quantité de nerfs, comme les oreilles, ou ceux qui sont eux-mêmes de gros nerfs épanouis, comme les yeux, sont ceux qui se développent le plus promptement et les premiers.

Si l'on examine les yeux d'un enfant quelques heures ou quelques jours après sa naissance, on reconnoît aisément qu'il n'en fait encore aucun usage; cet organe n'ayant pas encore assez de consistance, les rayons de la lumière ne peuvent arriver que confusément sur la rétine; ce n'est qu'au bout d'un mois ou environ, qu'il paroît que l'œil a pris de la solidité et le degré de tension nécessaire pour transmettre ces rayons dans l'ordre que suppose la vision; cependant alors même, c'est-à-dire au bout d'un mois, les yeux des enfans ne s'arrêtent encore sur rien; ils les remuent et les tournent indifféremment, sans qu'on puisse remarquer si quelques objets les affectent réellement; mais bientôt, c'est-à-dire à six ou sept semaines, ils commencent à arrêter leurs regards sur les choses les plus brillantes, à tourner souvent les yeux et à les fixer du côté du jour, des lumières ou des fenêtres; cependant l'exercice qu'ils donnent à cet organe, ne fait que le fortifier sans leur donner encore aucune notion exacte des objets; car le défaut du sens de la vue est de représenter tous les objets renversés et doubles : les enfans prennent donc par les yeux une fausse idée de la position des objets, et ce ne peut être que par l'expérience du toucher qu'ils acquièrent la connoissance nécessaire pour rectifier cette erreur.

On aura une idée claire de la manière dont se fait dans l'œil le renversement des images, si l'on fait un petit trou dans un lieu obscur; on verra que les objets du dehors se peindront sur la muraille de cette chambre obscure dans une situation renversée, parce que tous les rayons qui partent des différens points de l'objet ne peuvent pas passer par le petit trou dans la position et dans l'étendue qu'ils ont en partant de l'objet, puisqu'il faudroit alors que le trou fût aussi grand que l'objet même; mais comme chaque point de l'objet renvoie des images de tous côtés, et que les rayons qui forment ces images partent de tous les points de l'objet comme d'autant de centres, il ne peut passer par le petit trou que ceux qui arrivent dans des directions différentes; le petit trou devient un centre pour l'objet entier, auquel les rayons de la partie d'en haut arrivent aussi bien que ceux de la partie d'en bas, sous des directions convergentes; par conséquent ils se croisent dans ce centre, et peignent ensuite les objets dans une situation renversée.

Il est aussi fort aisé de se convaincre que nous voyons réellement tous les objets doubles, quoique nous les jugions simples; il ne faut pour cela que regarder le même objet, d'abord avec l'œil droit; on le verra correspondre à quelque point d'une muraille ou d'un plan que nous supposerons au-delà de l'objet; ensuite en le regardant avec l'œil gauche, on verra qu'il correspond à un autre point de la muraille; et enfin en le regardant des deux yeux, on le verra dans le milieu entre les deux points auxquels il correspondoit auparavant; ainsi il se forme une image dans chacun de nos yeux; nous voyons l'objet double, c'est-à-dire, nous voyons une image de cet objet à droite et une image à gauche, et nous le jugeons simple et dans le milieu, parce que nous avons rectifié par le sens du toucher cette erreur de la vue.

L'on demande pourquoi il faut si peu de temps aux enfans pour apprendre à juger les objets simples, et qu'il en faut tant à des personnes avancées en âge, lorsqu'il leur arrive par accident de les voir doubles, comme Cheselden rapporte dans son anatomie d'un homme qui étant devenu louche par l'effet d'un coup à la tête, vit les objets doubles pendant fort longtemps; on peut répondre que les enfans n'ayant aucune habitude contraire à celles qu'ils acquierent, il leur faut moins de temps pour rectifier leurs sensations; mais que les personnes qui ont pendant 20, 30 ou 40 ans vu les objets simples, parce qu'ils tomboient sur deux parties correspondantes de la rétine, et qui les voient doubles, parce qu'ils ne tombent plus sur ces mêmes parties, ont le désavantage d'une habitude contraire à celle qu'ils veulent acquérir, et qu'il faut peut-être un exercice de 20, 30, ou 40 ans pour effacer les traces de cette ancienne habitude de juger; et l'on peut croire que s'il arrivoit à des gens âgés un changement dans la direction des axes optiques de l'œil, et qu'ils vissent les objets doubles, leur vie ne seroit plus assez longue pour qu'ils pussent rectifier leur jugement en effaçant les traces de la première habitude, et que par conséquent ils verroient tout le reste de leur vie les objets doubles.

Nous ne pouvons avoir par le Sens de la vue aucune idée des distances; sans le toucher, tous les objets nous paroîtroient être dans nos yeux, parce que les images de ces objets y sont en effet; et un enfant qui n'a encore rien touché, doit être affecté comme si tous ces objets étoient en lui-même; il les voit seulement plus gros ou plus petits, selon qu'ils s'approchent ou qu'ils s'éloignent de ses yeux; une mouche qui s'approche de son œil doit lui paroître un animal d'une grandeur énorme; un cheval ou un bœuf qui en est éloigné, lui paroît plus petit que la mouche; ainsi il ne peut avoir par ce Sens aucune connoissance de la grandeur relative des objets, parce qu'il n'a aucune idée de la distance à laquelle il les voit; ce n'est qu'après avoir mesuré la distance en étendant la main ou en transportant son corps d'un lieu à un autre, qu'il peut acquérir cette idée de la distance et de la grandeur des objets; auparavant il ne connoît point du tout cette distance, et il ne peut juger de la grandeur d'un objet, que par celle de l'image qu'il forme dans son œil. Dans ce cas, ce même enfant doit juger grand tout ce qui est près, et petit tout ce qui est loin de lui; mais après avoir acquis par le toucher ces idées de distance, le jugement de la grandeur des objets commence à se rectifier; on ne se fie plus à la première appréhension qui nous vient par les yeux, pour juger de cette grandeur; on tâche de connoître la distance; on cherche en même temps à reconnoître l'objet par sa forme, et ensuite on juge de sa grandeur.

Il n'est pas douteux que dans une file de vingt soldats, le premier dont je suppose qu'on soit fort près ne nous parût beaucoup plus grand que le dernier, si nous en jugions seulement par les yeux, et si par le toucher nous n'avions pas pris l'habitude de juger également grand le même objet, ou des objets semblables, à différentes distances. Nous savons que le dernier soldat est un soldat comme le premier; dès-lors nous le jugerons de la même grandeur, comme nous jugerions que le premier seroit toujours de la même grandeur, quand il passeroit de la tête à la queue de la file, et comme nous avons l'habitude de juger le même objet toujours également grand à toutes les distances ordinaires auxquelles nous pouvons en reconnoître aisément la forme, nous ne nous trompons jamais sur cette grandeur que quand la distance devient trop grande, ou bien lorsque l'intervalle de cette distance n'est pas dans la direction ordinaire; car une distance cesse d'être ordinaire pour nous toutes les fois qu'elle devient trop grande, ou bien qu'au lieu de la mesurer horizontalement, nous la mesurons du haut en bas ou du bas en haut. Les premières idées de la comparaison de grandeur entre les objets, nous sont venues en mesurant, soit avec la main, soit avec le corps en marchant, la distance de ces objets relativement à nous et entr'eux; toutes ces expériences par lesquelles nous avons rectifié les idées de grandeur que nous en donnoit le Sens de la vue ayant été faites horizontalement, nous n'avons pu acquérir la même habitude de juger de la grandeur des objets élevés ou abaissés au-dessous de nous, parce que ce n'est pas dans cette direction que nous les avons mesurés par le toucher;

et c'est par cette raison et faute d'habitude à juger des distances dans cette direction, que lorsque nous nous trouvons au-dessus d'une tour élevée, nous jugeons les hommes et les animaux qui sont au-dessous beaucoup plus petits que nous ne les jugerions en effet à une distance égale qui seroit horizontale, c'est-à-dire, dans la direction ordinaire. Il en est de même d'un coq ou d'une boule qu'on voit au-dessus d'un clocher; ces objets nous paroissent être beaucoup plus petits que nous ne les jugerions être en effet si nous les voyions dans la direction ordinaire et à la même distance horizontalement à laquelle nous les voyons verticalement.

Quoiqu'avec un peu de réflexion il soit aisé de se convaincre de la vérité de tout ce que nous venons de dire au sujet du Sens de la vue, il ne sera cependant pas inutile de rapporter ici les faits qui peuvent la confirmer. Cheselden ayant fait l'opération de la cataracte à un jeune homme de treize ans, aveugle de naissance, et ayant réussi à lui donner le Sens de la vue, observa la manière dont ce jeune homme commençoit à voir, et publia ensuite dans les Transactions philosophiques les remarques qu'il avoit faites à ce sujet. Ce jeune homme, quoiqu'aveugle, ne l'étoit pas absolument et entièrement; comme la cécité provenoit d'une cataracte, il étoit dans le cas de tous les aveugles de cette espèce qui peuvent toujours distinguer le jour de la nuit; il distinguoit même à une forte lumière le noir, le blanc et le rouge vif qu'on appelle écarlate; mais il ne voyoit ni n'entrevoyoit en aucune façon la forme des choses; on ne lui fit l'opération d'abord que sur l'un des yeux. Lorsqu'il vit pour la première fois, il étoit si éloigné de pouvoir juger en aucune façon des distances, qu'il croyoit que tous les objets indifféremment touchoient ses yeux (ce fut l'expression dont il se servit), comme les choses qu'il palpoit, touchoient sa peau. Les objets qui lui étoient le plus agréables étoient ceux dont la forme étoit unie et la figure régulière, quoiqu'il ne pût encore former aucun jugement sur leur forme, ni dire pourquoi ils lui paroissoient plus agréables que les autres : il n'avoit eu pendant le temps de son aveuglement que des idées si foibles des couleurs qu'il pouvoit alors distinguer à une forte lumière, qu'elles n'avoient pas laissé des traces suffisantes pour qu'il pût les reconnoître lorsqu'il les vit en effet; il disoit que ces couleurs qu'il voyoit n'étoient pas les mêmes que celles qu'il avoit vues autrefois; il ne connoissoit la forme d'aucun objet, et il ne distinguoit aucune chose d'une autre, quelque différentes qu'elles pussent être de figure et de grandeur : lorsqu'on lui montroit les choses qu'il connoissoit auparavant par le toucher, il les regardoit avec attention, et les observoit avec soin pour les reconnoître une autre fois; mais comme il avoit trop d'objets à retenir à la fois, il en oublioit la plus grande partie, et dans le commencement qu'il apprenoit (comme il disoit) à voir et à connoître les objets, il oublioit mille choses pour une qu'il retenoit. Il étoit fort surpris de ce que les choses qu'il avoit le mieux aimées, n'étoient pas celles qui étoient le plus agréables à ses yeux, et il s'attendoit à trouver les plus belles les personnes qu'il aimoit le mieux. Il se passa plus de deux

deux mois avant qu'il pût reconnoître que les tableaux représentoient des corps solides; jusqu'alors il ne les avoit considérés que comme des plans différemment colorés, et des surfaces diversifiées par la variété des couleurs; mais lorsqu'il commença à reconnoître que ces tableaux représentoient des corps solides, il s'attendoit à trouver en effet des corps solides en touchant la toile, et il fut extrêmement étonné, lorsqu'en touchant les parties qui par la lumière et les ombres lui paroissoient rondes et inégales, il les trouva plates et unies comme le reste; il demandoit quel étoit donc le Sens qui le trompoit, si c'étoit la vue ou si c'étoit le toucher. On lui montra alors un petit portrait de son père, qui étoit dans la boîte de la montre de sa mère; il dit qu'il connoissoit bien que c'étoit la ressemblance de son père; mais il demandoit avec un grand étonnement comment il étoit possible qu'un visage aussi large pût tenir dans un si petit lieu, que cela lui paroissoit aussi impossible que de faire tenir un boisseau dans une pinte. Dans les commencemens il ne pouvoit supporter qu'une très-petite lumière, et il voyoit tous les objets extrêmement gros; mais à mesure qu'il voyoit des choses plus grosses en effet, il jugeoit les premières plus petites; il croyoit qu'il n'y avoit rien au-delà des limites de ce qu'il voyoit; il savoit bien que la chambre dans laquelle il étoit, ne faisoit qu'une partie de la maison; cependant il ne pouvoit concevoir comment la maison pouvoit paroître plus grande que sa chambre. Avant qu'on lui eût fait l'opération, il n'espéroit pas un grand plaisir du nouveau Sens qu'on lui promettoit, et il n'étoit touché que de l'avantage qu'il auroit de pouvoir apprendre à lire et à écrire ; il disoit, par exemple, qu'il ne pouvoit pas avoir plus de plaisir à se promener dans le jardin, lorsqu'il auroit ce Sens, qu'il en avoit, parce qu'il s'y promenoit librement et aisément, et qu'il en connoissoit tous les différens endroits ; il avoit même très-bien remarqué que son état de cécité lui avoit donné un avantage sur les autres hommes, avantage qu'il conserva longtemps après avoir obtenu le Sens de la vue, qui étoit d'aller la nuit plus aisément et plus sûrement que ceux qui voient. Mais lorsqu'il eut commencé à se servir de ce nouveau Sens, il étoit transporté de joie ; il disoit que chaque nouvel objet étoit un délice nouveau, et que son plaisir étoit si grand qu'il ne pouvoit l'exprimer. Un an après on le mena à Epsom où la vue est très-belle et très-étendue ; il parut enchanté de ce spectacle, et il appeloit ce paysage une nouvelle façon de voir. On lui fit la même opération sur l'autre œil plus d'un an après la première, et elle réussit également ; il vit d'abord de ce second œil les objets beaucoup plus grands qu'il ne les voyoit de l'autre, mais cependant pas aussi grands qu'il les avoit vus du premier œil, et lorsqu'il regardoit le même objet des deux yeux à la fois, il disoit que cet objet lui paroissoit une fois plus grand qu'avec son premier œil tout seul ; mais il ne le voyoit pas double, ou du moins on ne put pas s'assurer qu'il eût vu d'abord les objets doubles lorsqu'on lui eut procuré l'usage de son second œil.

Lorsque par des circonstances particulières, nous ne pouvons avoir une idée juste de la distance, et que nous ne pouvons juger des objets que par la grandeur de l'angle ou plutôt de l'image qu'ils forment dans nos yeux, nous nous trompons alors nécessairement sur la grandeur de ces objets; tout le monde a éprouvé qu'en voyageant la nuit, on prend un buisson dont on est près pour un grand arbre dont on est loin, ou bien on prend un grand arbre éloigné pour un buisson qui est voisin : de même si on ne connoît pas les objets par leur forme, et qu'on ne puisse avoir par ce moyen aucune idée de distance, on se trompera encore nécessairement; une mouche qui passera avec rapidité à quelques pouces de distance de nos yeux, nous paroîtra dans ce cas être un oiseau qui en seroit à une très-grande distance; un cheval qui seroit sans mouvement dans le milieu d'une campagne, et qui seroit dans une attitude semblable, par exemple, à celle d'un mouton, ne nous paroîtra pas plus gros qu'un mouton, tant que nous ne reconnoîtrons pas que c'est un cheval; mais dès que nous l'aurons reconnu, il nous paroîtra dans l'instant gros comme un cheval, et nous rectifierons sur le champ notre premier jugement.

Toutes les fois qu'on se trouvera donc la nuit dans des lieux inconnus où l'on ne pourra juger de la distance, et où l'on ne pourra reconnoître la forme des choses à cause de l'obscurité, on sera en danger de tomber à tout instant dans l'erreur au sujet des jugemens que l'on fera sur les objets qui se présenteront; c'est de-là que vient la frayeur et l'espèce de crainte intérieure que l'obscurité de la nuit fait sentir à presque tous les hommes; c'est sur cela qu'est fondée l'apparence des spectres et des figures gigantesques et épouvantables que tant de gens disent avoir vues ; on leur répond communément que ces figures étoient dans leur imagination ; cependant elles pouvoient être réellement dans leurs yeux, et il est très-possible qu'ils aient en effet vu ce qu'ils disent avoir vu ; car il doit arriver nécessairement, toutes les fois qu'on ne pourra juger d'un objet que par l'angle qu'il forme dans l'œil, que cet objet inconnu grossira et grandira à mesure qu'il en sera plus voisin, et que s'il a paru d'abord au spectateur qui ne peut reconnoître ce qu'il voit ni juger à quelle distance il le voit, que s'il a paru, dis-je, d'abord de la hauteur de quelques pieds lorsqu'il étoit à la distance de vingt ou trente pas, il doit paroître haut de plusieurs toises lorsqu'il n'en sera plus éloigné que de quelques pieds ; ce qui doit en effet l'étonner et l'effrayer, jusqu'à ce qu'enfin il vienne à toucher l'objet, ou à le reconnoître ; car dans l'instant même qu'il reconnoîtra ce que c'est, cet objet qui lui paroissoit gigantesque, diminuera tout-à-coup, et ne lui paroîtra plus avoir que sa grandeur réelle ; mais si l'on fuit, ou qu'on n'ose approcher, il est certain qu'on n'aura d'autre idée de cet objet que celle de l'image qu'il formoit dans l'œil, et qu'on aura réellement vu une figure gigantesque ou épouvantable par la grandeur et par la forme. Le préjugé des spectres est donc fondé dans la Nature, et ces apparences ne dépendent pas, comme le croient les philosophes, uniquement de l'imagination.

Examinons à présent la nature, les propriétés et l'étendue de cet organe admirable par lequel nous communiquons avec les objets les plus éloignés. La vue n'est qu'une espèce de toucher, mais bien différente du toucher ordinaire : pour toucher quelque chose avec le corps ou avec la main, il faut ou que nous nous approchions de cette chose ou qu'elle s'approche de nous, afin d'être à portée de pouvoir la palper; mais nous la pouvons toucher des yeux à quelque distance qu'elle soit, pourvu qu'elle puisse renvoyer une assez grande quantité de lumière pour faire impression sur cet organe, ou bien qu'elle puisse s'y peindre sous un angle sensible. Le plus petit angle sous lequel les hommes puissent voir les objets, est d'environ une minute ; il est rare de trouver des yeux qui puissent apercevoir un objet sous un angle plus petit : cet angle donne pour la plus grande distance à laquelle les meilleurs yeux peuvent apercevoir un objet, environ 3436 fois le diamètre de cet objet : par exemple, on cessera de voir à 3436 pieds de distance un objet haut et large d'un pied; on cessera de voir un homme haut de cinq pieds à la distance de 17180 pieds ou d'une lieue et d'un tiers de lieue, en supposant même que ces objets soient éclairés du soleil. Je crois que cette estimation que l'on a faite de la portée des yeux est plutôt trop forte que trop foible, et qu'il y a en effet peu d'hommes qui puissent apercevoir les objets à d'aussi grandes distances.

Mais il s'en faut bien qu'on ait par cette estimation une idée juste de la force et de l'étendue de la portée de nos yeux; car il faut faire attention à une circonstance essentielle dont la considération prise généralement, a ce me semble échappé aux auteurs qui ont écrit sur l'optique ; c'est que la portée de nos yeux diminue ou augmente à proportion de la quantité de lumière qui nous environne, quoiqu'on suppose que celle de l'objet reste toujours la même, en sorte que si le même objet que nous voyons pendant le jour à la distance de 3436 fois son diamètre, restoit éclairé pendant la nuit de la même quantité de lumière dont il l'étoit pendant le jour, nous pourrions l'apercevoir à une distance cent fois plus grande, de la même façon que nous apercevons la lumière d'une chandelle pendant la nuit à plus de deux lieues, c'est-à-dire en supposant le diamètre de cette lumière égal à un pouce, à plus de 316800 fois la longueur de son diamètre ; au lieu que pendant le jour et sur-tout à midi, on n'apercevra point cette lumière à plus de dix ou douze mille fois la longueur de son diamètre, c'est-à-dire à plus de deux cents toises, si nous la supposons éclairée aussi bien que nos yeux par la lumière du soleil. Il en est de même d'un objet brillant sur lequel la lumière du soleil se réfléchit avec vivacité ; on peut l'apercevoir pendant le jour à une distance trois ou quatre fois plus grande que les autres objets ; mais si cet objet étoit éclairé pendant la nuit de la même lumière dont il l'étoit pendant le jour, nous l'apercevrions à une distance infiniment plus grande que nous n'apercevons les autres objets ; on doit donc conclure que la portée de nos yeux est beaucoup plus grande que nous ne l'avons supposée d'abord, et que ce qui empêche que nous ne distinguions les objets éloignés est moins le défaut de lumière ou la petitesse de l'angle sous lequel ils se peignent dans notre œil, que l'abondance de cette lumière dans les objets intermédiaires et dans ceux qui sont les plus voisins de notre œil, qui causent une sensation plus vive et empêchent que nous nous apercevions de la sensation plus foible que causent en même temps les objets éloignés. Le fond de l'œil est comme une toile sur laquelle se peignent les objets : ce tableau a des parties plus brillantes, plus lumineuses, plus colorées que les autres parties; quand les objets sont fort éloignés, ils ne peuvent se représenter que par des nuances très-foibles qui disparoissent lorsqu'elles sont environnées de la vive lumière avec laquelle se peignent les objets voisins; cette foible nuance est donc insensible et disparoît dans le tableau; mais si les objets voisins et intermédiaires n'envoient qu'une lumière plus foible que celle de l'objet éloigné, comme cela arrive dans l'obscurité lorsqu'on regarde une lumière, alors la nuance de l'objet éloigné étant plus vive que celle des objets voisins, elle est sensible et paroît dans le tableau, quand même elle seroit réellement beaucoup plus foible qu'auparavant. De-là il suit qu'en se mettant dans l'obscurité, on peut avec un long tuyau noirci faire une lunette d'approche sans verre, dont l'effet ne laisseroit pas que d'être fort considérable pendant le jour. C'est aussi par cette raison que du fond d'un puits ou d'une cave profonde on peut voir les étoiles en plein midi, ce qui étoit connu des anciens, comme il paroît par un passage d'Aristote.

Les enfans ayant les yeux plus petits que les personnes adultes, doivent aussi voir les objets plus petits, parce que le plus grand angle que puisse faire un objet dans l'œil, est proportionné à la grandeur du fond de l'œil; aussi on voit par expérience qu'ils ne lisent pas de si loin, et ne peuvent pas apercevoir les objets éloignés d'aussi loin que les personnes adultes.

Il n'est donc pas douteux que si toutes les parties de l'œil souffroient en même temps une diminution proportionnelle, par exemple de moitié, on ne vît les objets une fois plus petits. Les vieillards dont les yeux, dit-on, se dessèchent, devroient avoir la vue plus courte. Cependant c'est tout le contraire, ils voient de plus loin et cessent de voir distinctement de près : je crois qu'on peut en donner la raison. Les vieillards ont la vue claire et non distincte ; ils aperçoivent de loin les objets assez éclairés ou assez gros pour tracer dans l'œil une image d'une certaine étendue; ils ne peuvent au contraire distinguer les petits objets, comme les caractères d'un livre, à moins que l'image n'en soit augmentée par le moyen d'un verre qui grossit. Les personnes qui ont la vue courte, voient au contraire très-distinctement les petits objets et ne voient pas clairement les grands, pour peu qu'ils soient éloignés, à moins qu'ils n'en diminuent l'image par le moyen d'un verre qui rapetisse. Une grande quantité de lumière est nécessaire pour la vue claire, une petite quantité de lumière suffit pour la vue distincte; aussi les personnes qui ont la vue courte voient-elles à proportion beaucoup mieux la nuit que les autres.

Lorsqu'on jette les yeux sur un objet trop éclatant, ou qu'on les fixe et les arrête trop longtemps sur le même objet, l'organe en est blessé et fatigué, la vision devient indistincte, et l'image de l'objet ayant frappé trop vivement, ou occupé trop longtemps la partie de la rétine sur laquelle elle se peint, elle y forme une impression durable que l'œil semble porter ensuite sur tous les autres objets. J'ai parlé ailleurs des effets de cet accident de la vue (1). La trop grande quantité de lumière est peut-être tout ce qu'il y a de plus nuisible à l'œil, et c'est une des principales causes qui peuvent occasionner la cécité. On en a des exemples fréquens dans les pays du nord, où la neige éclairée par le soleil éblouit les yeux des voyageurs, au point qu'ils sont obligés de se couvrir d'un crêpe pour n'être pas aveuglés. Il en est de même des plaines sablonneuses de l'Afrique : la réflexion de la lumière y est si vive qu'il n'est pas possible d'en soutenir l'effet sans courir le risque de perdre la vue ; les personnes qui écrivent ou qui lisent trop longtemps de suite, doivent donc, pour ménager leurs yeux, éviter de travailler à une lumière trop forte : il vaut beaucoup mieux faire usage d'une lumière trop foible ; l'œil s'y accoutume bientôt ; on ne peut tout au plus que le fatiguer en diminuant la quantité de lumière, et on ne peut manquer de le blesser en la multipliant.

Pour avoir la vue parfaitement bonne, il faut qu'on puisse voir aussi bien de fort près que de fort loin, ce qui dépend de la facilité avec laquelle les yeux se contractent ou se dilatent, et changent de figure selon le besoin. Il faut sur-tout avoir les yeux absolument égaux en force. L'inégalité de force dans les yeux est,

(1) Voyez à la fin de ce volume, l'extrait d'un mémoire sur les couleurs accidentelles et sur les ombres colorées.

comme nous avons déjà eu occasion de le remarquer, la cause la plus générale et la plus ordinaire du strabisme, qui n'est pas seulement un défaut, mais une difformité qui détruit la physionomie et rend désagréables les plus beaux visages. Cette difformité consiste dans la fausse direction de l'un des yeux, en sorte que quand un œil pointe à l'objet, l'autre s'en écarte et se dirige vers un autre point.

Lorsque les yeux sont dirigés vers le même objet, et qu'on regarde des deux yeux cet objet, si tous deux sont d'égale force, il paroît plus distinct et plus éclairé que quand on le regarde avec un seul œil. Cette différence de vivacité de l'objet, vu de deux yeux égaux en force, ou d'un seul œil, est d'environ une treizième partie, c'est-à-dire, qu'un objet vu des deux yeux, paroît comme s'il étoit éclairé de treize lumières égales, et que l'objet vu d'un seul œil, paroît comme s'il étoit éclairé de douze lumières seulement, les deux yeux étant supposés parfaitement égaux en force; mais lorsque les yeux sont de force inégale, j'ai trouvé qu'il en étoit tout autrement; un petit degré d'inégalité fera que l'objet vu de l'œil le plus fort, sera aussi distinctement aperçu que s'il étoit vu des deux yeux; un peu plus d'inégalité rendra l'objet, quand il sera vu des deux yeux, moins distinct que s'il est vu du seul œil le plus fort; et enfin une plus grande inégalité rendra l'objet vu de deux yeux si confus, que pour l'apercevoir distinctement, on sera obligé de tourner l'œil foible, et de le mettre dans une situation où il ne puisse pas nuire.

Pour être convaincu de ce que je viens d'avancer,

il faut observer que les limites de la vue distincte sont assez étendues dans la vision de deux yeux égaux; j'entends par limites de la vue distincte, les bornes de l'intervalle de distance dans lequel un objet est vu distinctement; par exemple, si une personne, qui a les yeux également forts, peut lire un petit caractère d'impression à huit pouces de distance, à vingt pouces et à toutes les distances intermédiaires; et si en approchant plus près de huit, ou en éloignant au-delà de vingt pouces, elle ne peut lire avec facilité ce même caractère; dans ce cas, les limites de la vue distincte de cette personne, seront huit et vingt pouces, et l'intervalle de douze pouces, sera l'étendue de la vue distincte. Quand on passe ces limites, soit au-dessus, soit au-dessous, il se forme une pénombre qui rend les caractères confus et quelquefois vacillans; mais avec des yeux de force inégale, ces limites de la vue distincte sont fort resserrées; car supposons que l'un des yeux soit de moitié plus foible que l'autre, c'est-à-dire, que quand avec un œil on voit distinctement depuis huit jusqu'à vingt pouces, on ne puisse voir avec l'autre œil que depuis quatre pouces jusqu'à dix, alors la vision opérée par les deux yeux sera distincte et confuse depuis dix jusqu'à vingt, et depuis huit jusqu'à quatre; en sorte qu'il ne restera qu'un intervalle de deux pouces, savoir depuis huit jusqu'à dix, où la vision pourra se faire distinctement, parce que dans tous les autres intervalles la netteté de l'image de l'objet vu par le bon œil, est ternie par la confusion de l'image du même objet vu par le mauvais œil : or cet intervalle de deux pouces de vue distincte en se servant des deux yeux, n'est que la sixième partie de l'intervalle de douze pouces qui est l'intervalle de la vue distincte, en ne se servant que du bon œil; donc il y a un avantage de cinq contre un à se servir du bon œil seul, et par conséquent à écarter l'autre.

Je sais qu'il y a des gens qui prétendent que quand même on a les yeux parfaitement égaux en force, on ne voit ordinairement que d'un œil; mais c'est une idée sans fondement, qui est contraire à l'expérience. On vient d'observer qu'on voit mieux des deux yeux que d'un seul lorsqu'on les a égaux; il n'est donc pas naturel de penser qu'on cherche à mal voir en ne se servant que d'un œil, lorsqu'on peut voir mieux en se servant des deux. Il y a plus; c'est qu'on a un autre avantage très-considérable à se servir des deux yeux, lorsqu'ils sont de force égale ou peu inégale; cet avantage consiste à voir une plus grande étendue, une plus grande partie de l'objet qu'on regarde. Si on voit un globe d'un seul œil, on n'en apercevra que la moitié; si on le regarde avec les deux yeux, on en verra plus de la moitié, et il est aisé de donner pour les distances ou les grosseurs différentes, la quantité qu'on voit avec les deux yeux de plus qu'avec un seul œil; ainsi on doit se servir, et on se sert en effet dans tous les cas des deux yeux, lorsqu'ils sont égaux ou peu inégaux.

Au reste, je ne prétends pas que l'inégalité de force dans les yeux, soit la seule cause du regard louche, il peut y avoir d'autres causes de ce défaut; mais je les regarde comme des causes accidentelles, et je dis seulement, que l'inégalité de force dans les yeux est une espèce de strabisme inné, la plus ordinaire de toutes, et si commune, que tous les louches que j'ai examinés sont dans le cas de cette inégalité; je dis de plus que c'est une cause dont l'effet est nécessaire, de sorte qu'il n'est peut-être pas possible de guérir de ce défaut une personne dont les yeux sont de force trop inégale.

Mais quand les yeux, quoique de force inégale, n'ont pas cependant un trop grand degré d'inégalité, on peut trouver un remède au strabisme : il me paroît que le plus naturel, et peut-être le plus efficace de tous les moyens, est de couvrir le bon œil pendant un temps : l'œil difforme seroit obligé d'agir et de se tourner directement vers les objets, et prendroit en peu de temps ce mouvement habituel. J'ai ouï dire que quelques oculistes s'étoient servi assez heureusement de cette pratique; mais avant que d'en faire usage sur une personne, il faut s'assurer du degré d'inégalité des yeux, parce qu'elle ne réussira jamais que sur des yeux peu inégaux.

Il suit de ce qui a été dit, qu'un borgne à qui il reste un bon œil, voit mieux et plus distinctement que ceux qui ont les yeux un peu inégaux, et défaut pour défaut, il vaudroit mieux être borgne que louche, si ce premier défaut n'étoit pas accompagné et d'une plus grande difformité et d'autres incommodités. Il suit encore évidemment de ce que nous avons dit, que les louches ne voient jamais que d'un œil. Il est aisé de s'en convaincre entièrement par une épreuve facile : faites placer la personne louche à un beau jour, vis-à-vis une fenêtre, présentez à ses yeux un petit objet, comme une plume à écrire, et dites-lui de la regarder ; examinez ses yeux, vous reconnoîtrez aisément l'œil qui est dirigé vers l'objet ; couvrez cet œil avec la main, et sur le champ la personne qui croyoit voir de ses deux yeux sera fort étonnée de ne plus voir la plume, et elle sera obligée de redresser son autre œil et de le diriger vers cet objet pour l'apercevoir. Cette observation est générale pour tous les louches ; ainsi il est sûr qu'ils ne voyent que d'un œil.

DU SENS DE L'OUIE.

COMME le Sens de l'ouie a de commun avec celui de la vue, de nous donner la sensation des choses éloignées, il est sujet à des erreurs semblables, et il doit nous tromper toutes les fois que nous ne pouvons pas rectifier par le toucher les idées qu'il produit : de la même façon que le Sens de la vue ne nous donne aucune idée de la distance des objets, le Sens de l'ouie ne nous donne aucune idée de la distance des corps qui produisent le son : un grand bruit fort éloigné et un petit bruit fort voisin produisent la même sensation, et à moins qu'on n'ait déterminé la distance par les autres Sens, on ne sait point si ce qu'on a entendu est en effet un grand ou un petit bruit.

Toutes les fois qu'on entend un son inconnu, on ne peut donc pas juger par ce son de la distance non plus que de la quantité d'action du corps qui le produit ; mais dès que nous pouvons rapporter ce son à une unité connue, c'est-à-dire dès que nous pouvons savoir que ce bruit est de telle ou telle espèce, nous pouvons juger alors à peu près non-seulement de la distance, mais encore de la quantité d'action; par exemple, si l'on entend un coup de canon ou le son d'une cloche, comme ces effets sont des bruits qu'on peut comparer avec des bruits de même espèce qu'on a autrefois entendus, on pourra juger grossièrement de la distance à laquelle on se trouve du canon ou de la cloche, et aussi de leur grosseur, c'est-à-dire de la quantité d'action.

Tout corps qui en choque un autre produit un son; mais ce son est simple dans les corps qui ne sont pas élastiques, au lieu qu'il se multiplie dans ceux qui ont du ressort; lorsqu'on frappe une cloche ou un timbre de pendule, un seul coup produit d'abord un son qui se répète ensuite par les ondulations du corps sonore et se multiplie réellement autant de fois qu'il y a d'oscillations ou de vibrations dans le corps sonore. Nous devrions donc juger ces sons, non pas comme simples, mais comme composés, si par l'habitude nous n'avions pas appris à juger qu'un coup ne produit qu'un son. Je dois rapporter ici une chose qui m'arriva il y a trois ans : j'étois dans mon lit à demi endormi; ma pendule sonna et je comptai cinq heures, c'est-à-dire, j'entendis distinctement cinq coups de marteau sur le timbre; je me levai sur le champ, et ayant approché la lumière, je vis qu'il n'étoit qu'une heure, et la pendule n'avoit en effet sonné qu'une heure, car la sonnerie n'étoit point dérangée : je conclus après un moment de réflexion, que si l'on ne savoit pas par expérience qu'un coup ne doit produire qu'un son, chaque vibration du timbre seroit entendue comme un différent son, et comme si plusieurs coups se succédoient réellement sur le corps sonore. Dans le moment que j'entendis sonner ma pendule, j'étois dans le cas où seroit quelqu'un qui entendroit pour la première fois, et qui n'ayant aucune idée de la manière dont se produit le son, jugeroit de la succession des différens sons sans préjugé, aussi bien que sans règle, et par la seule impression qu'ils font sur l'organe, et dans ce cas il entendroit en effet autant de sons distincts qu'il y a de vibrations successives dans le corps sonore.

C'est la succession de tous ces petits coups répétés, ou, ce qui revient au même, c'est le nombre des vibrations du corps élastique qui fait le ton du son; il n'y a point de ton dans un son simple; un coup de fusil, un coup de fouet, un coup de canon produisent des sons différens qui cependant n'ont aucun ton; il en est de même de tous les autres sons qui ne durent qu'un instant. Le ton consiste donc dans la continuité du même son pendant un certain temps.

De toutes les comparaisons possibles de nombre à nombre, celles que nous faisons le plus facilement, sont celles d'un à deux, d'un à trois, d'un à quatre, et de tous les rapports compris entre le simple et le double, ceux que nous apercevons le plus aisément, sont ceux de deux contre un, de trois contre deux, de quatre contre trois; ainsi nous ne pouvons pas manquer en jugeant les sons, de trouver que l'octave est le son qui convient ou qui s'accorde le mieux avec le premier, et qu'ensuite ce qui s'accorde le mieux est la quinte et la quarte, parce que ces tons sont en effet dans cette proportion. En considérant donc le son comme sensation, on peut donner la raison du plaisir que font les sons harmoniques; il consiste dans la proportion du son fondamental aux autres sons (1); si ces autres sons mesurent exactement et par grandes parties le son fondamental, ils seront toujours harmoniques et agréables; si au contraire ils sont incommensurables ou seulement commensurables par petites parties, ils seront discordans et désagréables.

On pourroit me dire qu'on ne conçoit pas trop comment une proportion peut causer du plaisir, et qu'on ne voit pas pourquoi tel rapport, parce qu'il est exact, est plus agréable que tel autre qui ne peut pas se mesurer exactement. Je répondrai que c'est cependant dans cette justesse de proportion que con-

(1) Je ne crois pas que la Nature ait déterminé cette proportion dans le rapport que Rameau établit pour principe. « Toute cause, dit ce grand musicien dans son Traité de l'harmonie, qui produit sur mon oreille un son unique et simple, me fait entendre du bruit; toute cause qui produit sur mon oreille une impression composée de plusieurs autres, me fait entendre du son ». Or selon son hypothèse, l'impression qui résulte dans notre oreille d'un son quelconque, est une impression composée qui nous fait entendre plusieurs sons. Ainsi l'impression du son *ut*, est composée, 1°. de ce même *ut* que l'auteur appelle son fondamental; 2°. de deux autres sons très-aigus, dont l'un est la douzième au-dessus du son fondamental, c'est-à-dire l'octave de sa quinte en montant, et l'autre la dix-septième majeure au-dessus de ce même son fondamental, c'est-à-dire la double octave de sa

siste la cause du plaisir ; puisque toutes les fois que nos Sens sont ébranlés de cette façon, il en résulte un sentiment agréable, et qu'au contraire ils sont toujours affectés désagréablement par la disproportion : on peut se souvenir de ce que nous avons dit au sujet de l'aveugle-né auquel Cheselden donna la vue en lui abattant la cataracte : les objets qui lui étoient les plus agréables lorsqu'il commençoit à voir, étoient les formes régulières et unies ; les corps pointus et irréguliers étoient pour lui des objets désagréables ; il n'est donc pas douteux que l'idée de la beauté et le sentiment du plaisir qui nous arrive par les yeux, ne naissent de la proportion et de la régularité ; il en est de même du toucher ; les formes égales, rondes et uniformes, nous font plus de plaisir à toucher que les angles, les pointes et les inégalités des corps raboteux ; le plaisir du toucher a donc pour cause, aussi bien que celui de la vue, la proportion des corps

---

tierce majeure en montant. Ce principe que Rameau a tiré des combinaisons de la pratique de son art, existe-t-il dans la Nature ? Toutes les fois qu'on entend un son, est-il bien vrai qu'on entend trois sons différens ? Personne avant lui ne s'en étoit douté, et lui-même convient que c'est un phénomène qui n'existe dans la Nature que pour des oreilles musiciennes. Il dit qu'il est le premier qui s'en soit aperçu ; que les musiciens même ne l'avoient pas soupçonné. Mais la condition essentielle d'un phénomène physique et réellement existant dans la Nature, est d'être général et généralement aperçu de tous les hommes. Ce phénomène, puisqu'il n'existe que pour quelques oreilles musiciennes, n'est donc pas général ni réel.

et des objets ; pourquoi le plaisir de l'oreille ne viendroit-il pas de la proportion des sons ?

Le son a, comme la lumière, non-seulement la propriété de se propager au loin, mais encore celle de se réfléchir ; les lois de cette réflexion du son ne sont pas à la vérité aussi-bien connues que celles de la réflexion de la lumière ; on est seulement assuré qu'il se réfléchit à la rencontre des corps durs ; une montagne, un bâtiment, une muraille réfléchissent le son, quelquefois si parfaitement qu'on croit qu'il vient réellement de ce côté opposé, et lorsqu'il se trouve des concavités dans ces surfaces planes, ou lorsquelles sont elles-mêmes régulièrement concaves, elles forment un écho qui est une réflexion du son plus parfaite et plus distincte ; les voûtes dans un bâtiment, les rochers dans une montagne, les arbres dans une forêt forment presque toujours des échos ; les voûtes parce qu'elles ont une figure concave régulière, les rochers parce qu'ils forment des voûtes et des cavernes, ou qu'ils sont disposés en forme concave et régulière, et les arbres parce que dans le grand nombre de pieds d'arbres qui forment la forêt, il y en a presque toujours un certain nombre qui sont disposés et plantés les uns à l'égard des autres de manière qu'ils forment une espèce de figure concave.

La cavité intérieure de l'oreille paroît être un écho où le son se réfléchit avec la plus grande précision. Cette cavité est creusée dans la partie pierreuse de l'os temporal, comme une concavité dans un rocher ; le son se répète et s'articule dans cette cavité ; et comme les parties osseuses sont solides et insensibles, elles ne peuvent servir qu'à recevoir et réfléchir le son; les nerfs seuls sont capables d'en produire la sensation.

Une incommodité des plus communes dans la vieillesse est la surdité; cela se peut expliquer fort naturellement par le plus de densité que doit prendre la partie membraneuse de la lame du limaçon; elle augmente en solidité à mesure qu'on avance en âge; dès qu'elle devient trop solide on a l'oreille dure, et lorsqu'elle s'ossifie, on est entièrement sourd, parce qu'alors il n'y a plus aucune partie sensible dans l'organe qui puisse transmettre la sensation du son. La surdité qui provient de cette cause est incurable; mais elle peut aussi quelquefois venir d'une cause plus extérieure; le canal auditif peut se trouver rempli et bouché par des matières épaisses; dans ce cas, il me semble qu'on pourroit guérir la surdité, soit en seringuant des liqueurs, ou en introduisant même des instrumens dans ce canal; et il y a un moyen fort simple pour reconnoître si la surdité est intérieure ou si elle n'est qu'extérieure; c'est-à-dire pour reconnoître si la lame spirale est en effet insensible, ou bien si c'est la partie extérieure du canal auditif qui est bouchée; il ne faut pour cela que prendre une petite montre à répétition, la mettre dans la bouche du sourd et la faire sonner; s'il entend ce son, sa surdité sera certainement causée par un embarras extérieur auquel il est toujours possible de remédier en partie.

J'ai aussi remarqué sur plusieurs personnes qui avoient l'oreille et la voix fausses, qu'elles entendoient mieux d'une oreille que d'une autre. On se souvient que la cause du strabisme est l'inégalité de force ou de portée dans les yeux; une personne louche ne voit pas d'aussi loin avec l'œil qui se détourne qu'avec l'autre : l'analogie m'a conduit à faire quelques épreuves sur des personnes qui ont la voix fausse, et jusqu'à présent j'ai trouvé qu'elles avoient en effet une oreille meilleure que l'autre; elles reçoivent donc à la fois par les deux oreilles deux sensations inégales, ce qui doit produire une discordance dans le résultat total de la sensation, et c'est par cette raison qu'entendant toujours faux, elles chantent faux nécessairement, et sans pouvoir même s'en apercevoir. Ces personnes dont les oreilles sont inégales en sensibilité, se trompent souvent sur le côté d'où vient le son; si leur bonne oreille est à droite, le son leur paroîtra venir beaucoup plus souvent du côté droit que du côté gauche. Au reste, je ne parle ici que des personnes nées avec ce défaut; ce n'est que dans ce cas que l'inégalité de sensibilité des deux oreilles leur rend l'oreille et la voix fausses; car ceux auxquels cette différence n'arrive que par accident, et qui viennent avec l'âge à avoir une des oreilles plus dure que l'autre, n'auront pas pour cela l'oreille et la voix fausses, parce qu'ils avoient auparavant les oreilles également sensibles, qu'ils ont commencé par entendre et chanter juste, et que si dans la suite leurs oreilles deviennent inégalement sensibles et produisent une sensation de faux, ils la rectifient sur le champ par l'habitude où ils ont toujours été d'entendre juste et de juger en conséquence.

Les cornets ou entonnoirs servent à ceux qui ont

l'oreille dure, comme les verres convexes servent à ceux dont les yeux commencent à baisser lorsqu'ils approchent de la vieillesse; il leur faut des instrumens qui augmentent la quantité des parties lumineuses ou sonores qui doivent frapper ces organes; les verres convexes et les cornets produisent cet effet. Tout le monde connoît ces longs cornets avec lesquels on porte la voix à des distances assez grandes; on pourroit aisément perfectionner cette machine, et la rendre à l'égard de l'oreille, ce qu'est la lunette d'approche à l'égard des yeux; mais il est vrai qu'on ne pourroit se servir de ce cornet d'approche que dans des lieux solitaires où toute la Nature seroit dans le silence; car les bruits voisins se confondent avec les sons éloignés, beaucoup plus que la lumière des objets qui sont dans le même cas. Cela vient de ce que la propagation de la lumière se fait toujours en ligne droite, et que quand il se trouve un obstacle intermédiaire, elle est presque totalement interceptée; au lieu que le son se propage à la vérité en ligne droite; mais quand il rencontre un obstacle intermédiaire, il circule autour de cet obstacle et ne laisse pas d'arriver ainsi obliquement à l'oreille presque en aussi grande quantité que s'il n'eût pas changé de direction.

L'ouïe est bien plus nécessaire à l'Homme qu'aux animaux; ce Sens n'est dans ceux-ci qu'une propriété passive, capable seulement de leur transmettre les impressions étrangères. Dans l'Homme, c'est non-seulement une propriété passive, mais une faculté qui devient active par l'organe de la parole : c'est en effet par ce Sens que nous vivons en société, que nous recevons la pensée des autres, et que nous pouvons leur communiquer la nôtre; les organes de la voix seroient des instrumens inutiles, s'ils n'étoient mis en mouvement par ce Sens : un sourd de naissance est nécessairement muet; il ne doit avoir aucune connoissance des choses abstraites et générales. Je dois rapporter ici l'histoire abrégée d'un sourd de cette espèce, qui entendit tout-à-coup pour la première fois à l'âge de vingt-quatre ans, telle qu'on la trouve dans les Mémoires de l'académie (1).

« Un jeune homme de vingt-trois à vingt-quatre ans, fils d'un artisan de Chartres, sourd et muet de naissance, commença tout d'un coup à parler au grand étonnement de toute la ville; on sut de lui que quelques trois ou quatre mois auparavant il avoit entendu le son des cloches, et avoit été extrêmement surpris de cette sensation nouvelle et inconnue; ensuite il lui étoit sorti une espèce d'eau de l'oreille gauche, et il avoit entendu parfaitement des deux oreilles : il fut ces trois ou quatre mois à écouter sans rien dire, s'accoutumant à répéter tout bas les paroles qu'il entendoit, et s'affermissant dans la prononciation et dans les idées attachées aux mots; enfin il se crut en état de rompre le silence, et il déclara qu'il parloit, quoique ce ne fût encore qu'imparfaitement. Aussitôt des théologiens habiles l'interrogèrent sur son état passé, et leurs principales questions roulèrent sur Dieu, sur l'ame, sur la bonté ou la malice morale des actions; il ne parut pas avoir poussé ses pensées jusque-là. Quoiqu'il fût né de

(1) Année 1703, p. 18.

parens catholiques, qu'il assistât à la messe, qu'il fût instruit à faire le signe de la croix et à se mettre à genoux dans la contenance d'un homme qui prie, il n'avoit jamais joint à tout cela aucune intention, ni compris celle que les autres y joignoient; il ne savoit pas bien distinctement ce que c'étoit que la mort, et il n'y pensoit jamais; il menoit une vie purement animale; tout occupé des objets sensibles et présens, et du peu d'idées qu'il recevoit par les yeux, il ne tiroit pas même de la comparaison de ces idées tout ce qu'il semble qu'il en auroit pu tirer. Ce n'est pas qu'il n'eût naturellement de l'esprit; mais l'esprit d'un homme privé du commerce des autres est si peu exercé et si peu cultivé, qu'il ne pense qu'autant qu'il y est indispensablement forcé par les objets extérieurs; le plus grand fonds des idées des hommes est dans leur commerce réciproque. »

Il seroit cependant très-possible de communiquer aux sourds ces idées qui leur manquent, et même de leur donner des notions exactes et précises des choses abstraites et générales par des signes et par l'écriture; un sourd de naissance pourroit avec le temps et des secours assidus lire et comprendre tout ce qui seroit écrit, et par conséquent écrire lui-même et se faire entendre sur les choses même les plus compliquées; et je suis persuadé que si l'on commençoit à instruire un jeune sourd dès l'âge de sept ou huit ans, il seroit bientôt au même point où sont les sourds qui ont autrefois parlé, et qu'il auroit un aussi grand nombre d'idées que les autres en ont communément.

DU SENS DU TOUCHER.

Lorsque les petites particules de la matière lumineuse ou sonore se trouvent réunies en très-grande quantité, elles forment une espèce de corps solide qui produit différentes espèces de sensations, lesquelles ne paroissent avoir aucun rapport avec les premières; car toutes les fois que les parties qui composent la lumière, sont en très-grande quantité, alors elles affectent non-seulement les yeux, mais aussi toutes les parties nerveuses de la peau, et elles produisent dans l'œil la sensation de la lumière, et dans le reste du corps la sensation de la chaleur, qui est une autre espèce de sentiment différent du premier, quoiqu'il soit produit par la même cause. La chaleur n'est donc que le toucher de la lumière qui agit comme corps solide ou comme une masse de matière en mouvement; on reconnoît évidemment l'action de cette masse en mouvement, lorsqu'on expose des matières légères au foyer d'un bon miroir ardent; l'action de la lumière réunie leur communique, avant même que de les échauffer, un mouvement qui les pousse et les déplace; la chaleur agit donc comme agissent les corps solides sur les autres corps, puisqu'elle est capable de les déplacer en leur communiquant un mouvement d'impulsion.

De même lorsque les parties sonores se trouvent réunies en très-grande quantité, elles produisent une secousse et un ébranlement très-sensibles, et cet ébranlement est fort différent de l'action du son sur l'oreille;

une violente explosion, un grand coup de tonnerre, ébranle les maisons, nous frappe et communique une espèce de tremblement à tous les corps voisins; le son agit donc aussi comme corps solide sur les autres corps; car ce n'est pas l'agitation de l'air qui cause cet ébranlement, puisque dans le temps qu'il se fait on ne remarque pas qu'il soit accompagné de vent, et que d'ailleurs quelque violent que fût le vent, il ne produiroit pas d'aussi fortes secousses. C'est par cette action des parties sonores qu'une corde en vibration en fait remuer une autre, et c'est par ce toucher du son que nous sentons nous-mêmes, lorsque le bruit est violent, une espèce de trémoussement fort différent de la sensation du son par l'oreille, quoiqu'il dépende de la même cause.

Toute la différence qui se trouve dans nos sensations, ne vient donc que du nombre plus ou moins grand, et de la position plus ou moins extérieure des nerfs; ce qui fait que les uns de ces Sens peuvent être affectés par de petites particules de matière qui émanent des corps, comme l'œil, l'oreille et l'odorat; les autres par des parties plus grosses, qui se détachent des corps au moyen du contact, comme le goût; et les autres par les corps ou même par les émanations des corps, lorsqu'elles sont assez réunies et assez abondantes pour former une espèce de masse solide, comme le toucher qui nous donne des sensations de la solidité, de la fluidité et de la chaleur des corps.

Un fluide diffère d'un solide parce qu'il n'a aucune partie assez grosse pour que nous puissions la saisir et la toucher par différens côtés à la fois; c'est ce qui fait aussi que les fluides sont liquides : les particules qui les composent, ne peuvent être touchées par les particules voisines que dans un point ou un si petit nombre de points, qu'aucune partie ne peut avoir d'adhérence avec une autre partie. Les corps solides réduits en poudre, même impalpable, ne perdent pas absolument leur solidité, parce que les parties se touchant par plusieurs côtés, conservent de l'adhérence entr'elles, et c'est ce qui fait qu'on en peut faire des masses et les serrer pour en palper une grande quantité à la fois.

Le Sens du toucher est répandu dans le corps entier; mais il s'exerce différemment dans les différentes parties. Le sentiment qui résulte du toucher ne peut être excité que par le contact et l'application immédiate de la superficie de quelque corps étranger sur celle de notre propre corps; qu'on applique contre la poitrine ou sur les épaules d'un homme un corps étranger, il le sentira, c'est-à-dire, il saura qu'il y a un corps étranger qui le touche; mais il n'aura aucune idée de la forme de ce corps, parce que la poitrine ou les épaules ne touchant le corps que dans un seul plan, il ne pourra en résulter aucune connoissance de la figure de ce corps; il en est de même de toutes les autres parties du corps qui ne peuvent pas s'ajuster sur la surface des corps étrangers, et se plier pour embrasser à la fois plusieurs parties de leur superficie; ces parties de notre corps ne peuvent donc nous donner aucune idée juste de leur forme ; mais celles qui, comme la main, sont divisées en plusieurs petites parties flexibles et mobiles, et qui peuvent par conséquent s'appliquer en même temps sur les différens plans de superficie des corps, sont celles qui nous donnent en effet les idées de leur forme et de leur grandeur.

Ce n'est donc pas uniquement parce qu'il y a une plus grande quantité de houpes nerveuses à l'extrémité des doigts que dans les autres parties du corps; ce n'est pas, comme on le prétend vulgairement, parce que la main a le sentiment plus délicat, qu'elle est en effet le principal organe du toucher; on pourroit dire au contraire qu'il y a des parties plus sensibles et dont le toucher est plus délicat, comme les yeux et la langue; mais c'est uniquement parce que la main est divisée en plusieurs parties toutes mobiles, toutes flexibles, toutes agissantes en même temps et obéissantes à la volonté, qu'elle est le seul organe qui nous donne des idées distinctes de la forme des corps: le toucher n'est qu'un contact de superficie; qu'on suppute la superficie de la main et des cinq doigts, on la trouvera plus grande à proportion que celle de toute autre partie du corps, parce qu'il n'y en a aucune qui soit autant divisée; ainsi elle a d'abord l'avantage de pouvoir présenter aux corps étrangers plus de superficie; ensuite les doigts peuvent s'étendre, se raccourcir, se plier, se séparer, se joindre et s'ajuster à toutes sortes de surfaces; autre avantage qui suffiroit pour rendre cette partie l'organe de ce sentiment exact et précis qui est nécessaire pour donner l'idée de la forme des corps. Si la main avoit encore un plus grand nombre de parties, qu'elle fût, par exemple, divisée en vingt doigts, que ces doigts eussent un plus grand nombre d'articulations et de mouvemens, il n'est pas douteux que le sentiment du toucher ne fût infiniment plus parfait dans cette conformation, qu'il ne l'est, parce que cette main pourroit alors s'appliquer beaucoup plus immédiatement et plus précisément sur les différentes surfaces des corps ; et si nous supposions qu'elle fût divisée en une infinité de parties toutes mobiles et flexibles, et qui pussent toutes s'appliquer en même temps sur tous les points de la surface des corps, un pareil organe seroit une espèce de géométrie universelle (si je puis m'exprimer ainsi), par le secours de laquelle nous aurions dans le moment même de l'attouchement, des idées exactes et précises de la figure de tous les corps, et de la différence, même infiniment petite, de ces figures : si au contraire la main étoit sans doigts, elle ne pourroit nous donner que des notions très-imparfaites de la forme des choses les plus palpables, et nous n'aurions qu'une connoissance très-confuse des objets qui nous environnent, ou du moins il nous faudroit beaucoup plus d'expérience et de temps pour les acquérir.

Les animaux qui ont des mains paroissent être les plus spirituels : les singes font des choses si semblables aux actions mécaniques de l'Homme, qu'il semble qu'elles aient pour cause la même suite de sensations corporelles : tous les autres animaux qui sont privés de cet organe, ne peuvent avoir aucune connoissance assez distincte de la forme des choses ; comme ils ne peuvent rien saisir, et qu'ils n'ont aucune partie assez divisée et assez flexible pour pouvoir s'ajuster sur la superficie des corps, ils n'ont certainement aucune notion précise de la forme non plus que de la grandeur de ces corps ; c'est pour cela que nous les voyons souvent incertains ou effrayés à l'aspect des choses qu'ils devroient le mieux connoître, et qui leur sont les plus familières. Le principal organe de leur toucher est dans leur museau, parce que cette partie est divisée en deux par la bouche, et que la langue est une autre partie qui leur sert en même-temps pour toucher les corps qu'on leur voit tourner et retourner avant que de les saisir avec les dents : on peut aussi conjecturer que les animaux qui, comme les sèches, les polypes et d'autres insectes, ont un grand nombre de bras ou de pattes qu'ils peuvent réunir et joindre, et avec lesquels ils peuvent saisir par différens endroits les corps étrangers ; que ces animaux, dis-je, ont de l'avantage sur les autres, et qu'ils connoissent et choisissent beaucoup mieux les choses qui leur conviennent. Les poissons dont le corps est couvert d'écailles et qui ne peuvent se plier, doivent être les plus stupides de tous les animaux ; car ils ne peuvent avoir aucune connoissance de la forme des corps, puisqu'ils n'ont aucun moyen de les embrasser, et d'ailleurs l'impression du sentiment doit être très-foible et le sentiment fort obtus, puisqu'ils ne peuvent sentir qu'à travers les écailles ; ainsi tous les animaux dont le corps n'a point d'extrémités qu'on puisse regarder comme des parties divisées, telles que les bras, les jambes, les pattes, auront beaucoup moins de sentiment par le toucher que les autres : les serpens sont cependant moins stupides que les poissons, parce que, quoiqu'ils n'aient point d'extrémités, et qu'ils soient recouverts d'une peau dure et écailleuse, ils ont la faculté de plier leur corps en plusieurs sens sur les corps étrangers, et par conséquent de les saisir en quelque façon et de les toucher beaucoup mieux que ne peuvent faire les poissons dont le corps ne peut se plier.

Les deux grands obstacles à l'exercice du Sens du toucher, sont donc premièrement l'uniformité de la forme du corps de l'animal, ou ce qui est la même chose, le défaut de parties différentes, divisées et flexibles; et secondement le revêtement de la peau, soit par du poil, de la plume, des écailles, des taies, des coquilles; plus ce revêtement sera dur et solide, et moins le sentiment du toucher pourra s'exercer; plus au contraire la peau sera fine et déliée, et plus le sentiment sera vif et exquis. Les femmes ont entr'autres avantages sur les hommes, celui d'avoir la peau plus belle et le toucher plus délicat.

Le fœtus dans le sein de la mère a la peau très-déliée; il doit donc sentir vivement toutes les impressions extérieures; mais comme il nage dans une liqueur, et que les liquides reçoivent et rompent l'action de toutes les causes qui peuvent occasionner des chocs, il ne peut être blessé que rarement et seulement par des coups ou des efforts très-violens; il a donc fort peu d'exercice de cette partie même du toucher, qui ne dépend que de la finesse de la peau et qui est commune à tout le corps; comme il ne fait aucun usage de ses mains, il ne peut avoir de sensations ni acquérir aucune connoissance dans le sein de sa mère, à moins qu'on ne veuille supposer qu'il peut toucher avec ses mains différentes parties de son corps, comme son visage, sa poitrine, ses genoux; car on trouve souvent les mains du fœtus ouvertes ou fermées, appliquées contre son visage.

Dans l'enfant nouveau-né, les mains restent aussi inutiles que dans le fœtus, parce qu'on ne lui donne la liberté de s'en servir qu'au bout de six ou sept semaines; les bras sont emmaillottés avec tout le reste du corps jusqu'à ce terme, et je ne sais pourquoi cette manière est en usage. Il est certain qu'on retarde par-là le développement de ce Sens important, duquel toutes nos connoissances dépendent, et qu'on feroit bien de laisser à l'enfant le libre usage de ses mains dès le moment de sa naissance; il acquerroit plutôt les premières notions de la forme des choses, et qui sait jusqu'à quel point ces premières idées influent sur les autres? un homme n'a peut-être beaucoup plus d'esprit qu'un autre que pour avoir fait dans sa première enfance un plus grand et un plus prompt usage de ce Sens; dès que les enfans ont la liberté de se servir de leurs mains, ils ne tardent pas à en faire un grand usage; ils cherchent à toucher tout ce qu'on leur présente; on les voit s'amuser et prendre plaisir à manier les choses que leur petite main peut saisir; il semble qu'ils cherchent à connoître la forme des corps en les touchant de tous côtés et pendant un temps considérable; ils s'amusent ainsi, ou plutôt ils s'instruisent de choses nouvelles. Nous-mêmes, dans le reste de la vie, si nous y faisons réflexion, nous amusons-nous autrement qu'en faisant ou en cherchant à faire quelque chose de nouveau?

C'est par le toucher seul que nous pouvons acquérir des connoissances complètes et réelles; c'est ce Sens qui rectifie tous les autres Sens dont les effets ne seroient que des illusions et ne produiroient que des

erreurs

erreurs dans notre esprit, si le toucher ne nous apprenoit à juger. Mais comment se fait le développement de ce Sens important? comment nos premières connoissances arrivent-elles à notre ame? n'avons-nous pas oublié tout ce qui s'est passé dans les ténèbres de notre enfance? comment retrouverons-nous la première trace de nos pensées? n'y a-t-il pas même de la témérité à vouloir remonter jusque-là? si la chose étoit moins importante, on auroit raison de nous blâmer; mais elle est peut-être plus que toute autre digne de nous occuper, et ne sait-on pas qu'on doit faire des efforts toutes les fois qu'on veut atteindre à quelque grand objet?

J'imagine donc un homme tel qu'on peut croire qu'étoit le premier homme au moment de la création, c'est-à-dire un homme dont le corps et les organes seroient parfaitement formés, mais qui s'éveilleroit tout neuf pour lui-même et pour tout ce qui l'environne. Quels seroient ses premiers mouvemens, ses premières sensations, ses premiers jugemens? Si cet homme vouloit nous faire l'histoire de ses premières pensées, qu'auroit-il à nous dire? quelle seroit cette histoire? Je ne puis me dispenser de le faire parler lui-même, afin d'en rendre les faits plus sensibles: ce récit philosophique qui sera court, ne sera pas une digression inutile.

« Je me souviens de cet instant plein de joie et de trouble, où je sentis pour la première fois ma singulière existence; je ne savois ce que j'étois, où j'étois, d'où je venois. J'ouvris les yeux, quel surcroît de sensation! la lumière, la voûte céleste, la verdure de la terre, le cristal des eaux, tout m'occupoit, m'animoit et me donnoit un sentiment inexprimable de plaisir : je crus d'abord que tous ces objets étoient en moi et faisoient partie de moi-même. »

« Je m'affermissois dans cette pensée naissante, lorsque je tournai les yeux vers l'astre de la lumière ; son éclat me blessa ; je fermai involontairement la paupière, et je sentis une légère douleur. Dans ce moment d'obscurité je crus avoir perdu presque tout mon être. »

« Affligé, saisi d'étonnement, je pensois à ce grand changement, quand tout-à-coup j'entends des sons ; le chant des oiseaux, le murmure des airs formoient un concert dont la douce impression me remuoit jusqu'au fond de l'ame ; j'écoutai longtemps, et je me persuadai bientôt que cette harmonie étoit *moi.* »

« Attentif, occupé tout entier de ce nouveau genre d'existence, j'oubliois déjà la lumière, cette autre partie de mon être que j'avois connue la première, lorsque je rouvris les yeux. Quelle joie de me retrouver en possession de tant d'objets brillans ! mon plaisir surpassa tout ce que j'avois senti la premiere fois, et suspendit pour un temps le charmant effet des sons. »

« Je fixai mes regards sur mille objets divers ; je m'aperçus bientôt que je pouvois perdre et retrouver ces objets, et que j'avois la puissance de détruire et de reproduire à mon gré cette belle partie de moi-même, et quoiqu'elle me parût immense en grandeur par la quantité des accidens de lumière et par la variété des couleurs, je crus reconnoître que tout étoit contenu dans une portion de mon être. »

« Je commençois à voir sans émotion, et à entendre sans trouble, lorsqu'un air léger dont je sentis la fraîcheur, m'apporta des parfums qui me causèrent un épanouissement intime et me donnèrent un sentiment d'amour pour moi-même. ».

« Agité par toutes ces sensations, pressé par les plaisirs d'une si belle et si grande existence, je me levai tout d'un coup, et je me sentis transporté par une force inconnue. »

« Je ne fis qu'un pas, la nouveauté de ma situation me rendit immobile; ma suprise fut extrême; je crus que mon existence fuyoit, le mouvement que j'avois fait, avoit confondu les objets; je m'imaginois que tout étoit en désordre. »

« Je portai la main sur ma tête, je touchai mon front et mes yeux, je parcourus mon corps; ma main me parut être alors le principal organe de mon existence; ce que je sentois dans cette partie étoit si distinct et si complet, la jouissance m'en paroissoit si parfaite en comparaison du plaisir que m'avoient causé la lumière et les sons, que je m'attachai tout entier à cette partie solide de mon être, et je sentis que mes idées prenoient de la profondeur et de la réalité. »

« Tout ce que je touchois sur moi sembloit rendre à ma main sentiment pour sentiment, et chaque attouchement produisoit dans mon ame une double idée. »

« Je ne fus pas longtemps sans m'apercevoir que cette faculté de sentir étoit répandue dans toutes les parties de mon être; je reconnus bientôt les limites de mon existence, qui m'avoit paru d'abord immense en étendue. »

« J'avois jeté les yeux sur mon corps ; je le jugeois d'un volume énorme, et si grand que tous les objets qui avoient frappé mes yeux, ne me paroissoient être en comparaison que des points lumineux. »

« Je m'examinai longtemps, je me regardois avec plaisir, je suivois ma main de l'œil et j'observois ses mouvemens ; j'eus sur tout cela des idées les plus étranges ; je croyois que le mouvement de ma main n'étoit qu'une espèce d'existence fugitive, une succession de choses semblables ; je l'approchai de mes yeux ; elle me parut alors plus grande que tout mon corps, et elle fit disparoître à ma vue un nombre infini d'objets. »

« Je commençai à soupçonner qu'il y avoit de l'illusion dans cette sensation qui me venoit par les yeux ; j'avois vu distinctement que ma main n'étoit qu'une petite partie de mon corps, et je ne pouvois comprendre qu'elle fût augmentée au point de me paroître d'une grandeur démesurée ; je résolus donc de ne me fier qu'au toucher qui ne m'avoit pas encore trompé, et d'être en garde sur toutes les autres façons de sentir et d'être. »

« Cette précaution me fut utile ; je m'étois remis en mouvement et je marchois la tête haute et levée vers le ciel ; je me heurtai légèrement contre un palmier ; saisi d'effroi, je portai ma main sur ce corps étranger ; je le jugeai tel, parce qu'il ne me rendit pas sentiment pour sentiment ; je me détournai avec une espèce d'horreur, et je connus pour la première fois qu'il y avoit quelque chose hors de moi. »

« Plus agité par cette nouvelle découverte que je ne

l'avois été par toutes les autres, j'eus peine à me rassurer, et après avoir médité sur cet événement, je conclus que je devois juger des objets extérieurs comme j'avois jugé des parties de mon corps, et qu'il n'y avoit que le toucher qui pût m'assurer de leur existence. »

« Je cherchai donc à toucher tout ce que je voyois; je voulois toucher le soleil, jétendois les bras pour embrasser l'horizon, et je ne trouvois que le vide des airs. »

« A chaque expérience que je tentois, je tombois de surprise en surprise; car tous les objets me paroissoient être également près de moi, et ce ne fut qu'après une infinité d'épreuves que j'appris à me servir de mes yeux pour guider ma main; et comme elle me donnoit des idées toutes différentes des impressions que je recevois par le Sens de la vue, mes sensations n'étant pas d'accord entr'elles, mes jugemens n'en étoient que plus imparfaits, et le total de mon être n'étoit encore pour moi-même qu'une existence en confusion. »

« Profondément occupé de moi, de ce que j'étois, de ce que je pouvois être, les contrariétés que je venois d'éprouver m'humilièrent; plus je réfléchissois, plus il se présentoit de doutes : lassé de tant d'incertitudes, fatigué des mouvemens de mon ame, mes genoux fléchirent, et je me trouvai dans une situation de repos. Cet état de tranquillité donna de nouvelles forces à mes Sens; j'étois assis à l'ombre d'un bel arbre, des fruits d'une couleur vermeille descendoient en forme de grape à la portée de ma main; je les touchai légèrement; aussitôt ils se séparèrent de la branche, comme la figue s'en sépare dans le temps de sa maturité. »

« J'avois saisi un de ces fruits ; je m'imaginois avoir fait une conquête, et je me glorifiois de la faculté que je sentois, de pouvoir contenir dans ma main un autre être tout entier ; sa pesanteur, quoique peu sensible, me parut une résistance animée que je me faisois un plaisir de vaincre. »

« J'avois approché ce fruit de mes yeux ; j'en considérois la forme et les couleurs, une odeur délicieuse me le fit approcher davantage ; il se trouva près de mes lèvres, je tirois à longues inspirations le parfum, et goûtois à longs traits les plaisirs de l'odorat ; j'étois intérieurement rempli de cet air embaumé, ma bouche s'ouvrit pour l'exhaler, elle se rouvrit pour en reprendre ; je sentis que je possédois un odorat intérieur plus fin, plus délicat encore que le premier ; enfin je goûtai. »

« Quelle saveur ! quelle nouveauté de sensation ! jusque-là je n'avois eu que des plaisirs ; le goût me donna le sentiment de la volupté ; l'intimité de la jouissance fit naître l'idée de la possession ; je crus que la substance de ce fruit étoit devenue la mienne, et que j'étois le maître de transformer les êtres. »

« Flatté de cette idée de puissance, incité par le plaisir que j'avois senti, je cueillis un second et un troisième fruit, et je ne me lassois pas d'exercer ma main pour satisfaire mon goût ; mais une langueur agréable s'emparant peu à peu de tous mes Sens, appesantit mes membres et suspendit l'activité de mon ame ; je jugeai de son inaction par la mollesse de mes pensées ; mes sensations émoussées arrondissoient tous les objets et ne me présentoient que des images foibles et mal terminées ; dans cet instant, mes yeux devenus inutiles se fermèrent, et ma tête n'étant plus soutenue par la force des muscles pencha, pour trouver un appui sur le gazon. »

« Tout fut effacé, tout disparut ; la trace de mes pensées fut interrompue, je perdis le sentiment de mon existence : ce sommeil fut profond, mais je ne sais s'il fut de longue durée, n'ayant point encore l'idée du temps et ne pouvant le mesurer ; mon réveil ne fut qu'une seconde naissance, et je sentis seulement que j'avois cessé d'être. »

« Cet anéantissement que je venois d'éprouver, me donna quelqu'idée de crainte et me fit sentir que je ne devois pas exister toujours. »

« J'eus une autre inquiétude ; je ne savois si je n'avois pas laissé dans le sommeil quelque partie de mon être, j'essayai mes sens, je cherchai à me reconnoître. »

« Mais tandis que je parcourois des yeux les bornes de mon corps pour m'assurer que mon existence m'étoit demeurée toute entière, quelle fut ma surprise de voir à mes côtés une forme semblable à la mienne ! je la pris pour un autre moi-même ; loin d'avoir rien perdu pendant que j'avois cessé d'être, je crus m'être doublé. »

« Je portai ma main sur ce nouvel être ; quel saisissement ! ce n'étoit pas moi, mais c'étoit plus que moi, mieux que moi ; je crus que mon existence alloit changer de lieu et passer toute entière à cette seconde moitié de moi-même. »

« Je la sentis s'animer sous ma main ; je la vis prendre de la pensée dans mes yeux, les siens firent couler dans mes veines une nouvelle source de vie ; j'aurois voulu lui donner tout mon être ; cette volonté vive acheva mon existence, je sentis naître un sixième sens. »

« Dans cet instant, l'astre du jour sur la fin de sa course éteignit son flambeau ; je m'aperçus à peine que je perdois le Sens de la vue ; j'existois trop pour craindre de cesser d'être, et ce fut vainement que l'obscurité où je me trouvai, me rappela l'idée de mon premier sommeil. »

VARIÉTÉS

DANS

L'ESPÈCE HUMAINE.

TOUT ce que nous avons dit jusqu'ici de l'Homme et de son état dans les différens âges de sa vie, de ses sens et de la structure de son corps, ne fait encore que l'histoire de l'individu; celle de l'espèce demande un détail particulier dont les faits principaux ne peuvent se tirer que des variétés qui se trouvent entre les hommes des différens climats. La première et la plus remarquable de ces variétés est celle de la couleur; la seconde est celle de la forme et de la grandeur, et la troisième est celle du naturel des différens peuples : chacun de ces objets considéré dans toute son étendue pourroit fournir un ample traité; mais nous nous bornerons à ce qu'il y a de plus général et de plus avéré.

En parcourant dans cette vue la surface de la terre, et en commençant par le nord, on trouve en Laponie et sur les côtes septentrionales de la Tartarie, une race d'hommes de petite stature, d'une figure bizarre, dont la physionomie est aussi sauvage que les mœurs. Ces hommes qui paroissent avoir dégénéré de l'espèce humaine, ne laissent pas que d'être assez nombreux et d'occuper de très-vastes contrées; les Lapons, les Samoïèdes, les Groenlandois, et au nord du Kamtschatka les Koriaques ont entr'eux tant de rapports de ressemblance, qu'on peut les considérer comme étant d'une même nature ou d'une même race, qui s'est étendue et multipliée le long des côtes des mers septentrionales, dans des déserts et sous un climat inhabitable pour toutes les autres nations. Tous ces peuples ont le visage large et plat, le nez camus et écrasé, les joues extrêmement élevées, la bouche très-grande, les lèvres grosses et relevées, la voix grêle, la tête grosse, les cheveux noirs et lisses, la peau basanée; ils sont très-petits, trapus quoique maigres: la plupart n'ont que quatre pieds de hauteur, et les plus grands n'en ont que quatre et demi. Cette race est comme l'on voit bien différente des autres; il semble que ce soit une espèce particulière dont tous les individus ne sont que des avortons; car s'il y a des différences parmi ces peuples, elles ne tombent que sur le plus ou le moins de difformité.

Chez tous ces peuples les femmes sont aussi laides que les hommes, et leur ressemblent si fort qu'on ne les distingue pas d'abord; celles de Groenland sont de fort petite taille; mais elles ont le corps bien proportionné; elles ont aussi les cheveux plus noirs et la peau moins douce que les femmes samoïèdes. Les mères et les nourrices ont une sorte d'habillement assez ample par derrière pour y porter leurs enfans. Ce vêtement fait de pelleteries est chaud et tient lieu de linge et de berceau. Leurs mamelles sont molles et si longues qu'elles donnent à teter à leurs enfans par-dessus l'épaule; le bout de ces mamelles est noir comme du charbon, et la peau de leur corps est couleur olivâtre très-foncé; quelques voyageurs disent qu'elles n'ont de poil que sur la tête, et qu'elles ne sont pas sujettes à l'évacuation périodique qui est ordinaire à leur sexe.

Non-seulement ces peuples se ressemblent par la laideur, la petitesse de la taille, la couleur des cheveux et les yeux, mais ils ont aussi tous à peu près les mêmes inclinations et les mêmes mœurs ; ils sont tous également grossiers, superstitieux, stupides ; les Lapons danois ont un gros chat noir, auquel ils disent tous leurs secrets et qu'ils consultent dans toutes leurs affaires, qui se réduisent à savoir s'il faut aller ce jour-là à la chasse ou à la pêche. Chez les Lapons suédois il y a dans chaque famille un tambour pour consulter le diable ; et quoiqu'ils soient robustes et grands coureurs, ils sont si peureux qu'on n'a jamais pu les faire aller à la guerre. Gustave Adolphe avoit entrepris d'en faire un régiment, mais il ne put jamais en venir à bout ; il semble qu'ils ne peuvent vivre que dans leur pays et à leur façon. Ils se servent pour courir sur la neige, de patins fort épais de bois de sapin, longs d'environ deux aunes et larges d'un demi-pied ; ces patins sont relevés en pointe sur le devant, et percés dans le milieu pour y passer un cuir qui tient le pied ferme et immobile ; ils courent sur la neige avec tant de vîtesse qu'ils attrapent aisément les animaux les plus légers à la course ; ils portent un bâton ferré, pointu d'un bout et arrondi de l'autre : ce bâton leur sert à se mettre en mouvement, à se diriger, se soutenir, s'arrêter, et aussi à percer les animaux qu'ils poursuivent à la course ; ils descendent avec ces patins les fonds les plus précipités, et montent les montagnes les plus escarpées. Les femmes s'en servent comme les hommes. Ils ont aussi tous l'usage de l'arc, de l'arbalète; et on prétend que les Lapons moscovites lancent un javelot avec tant de force et de dextérité, qu'ils sont sûrs de mettre à trente pas dans un blanc de la largeur d'un écu, et qu'à cet éloignement ils perceroient un homme d'outre en outre; ils vont tous à la chasse de l'hermine, du loup-cervier, du renard, de la martre, pour en avoir les peaux, et ils changent ces pelleteries contre de l'eau-de-vie et du tabac qu'ils aiment beaucoup. Leur nourriture est du poisson sec, de la chair de renne ou d'ours; leur pain n'est que de la farine d'os de poissons broyée et mêlée avec de l'écorce tendre de pin ou de bouleau; la plupart ne font aucun usage de sel; leur boisson est de l'huile de baleine et de l'eau, dans laquelle ils laissent infuser des grains de genièvre. Ils n'ont, pour ainsi dire, aucune idée de religion ni d'un Être suprême. Ils se baignent nus et tous ensemble, filles et garçons, mères et fils, frères et sœurs, et ne craignent point qu'on les voie dans cet état; en sortant de ces bains extrêmement chauds, ils vont se jeter dans une rivière très-froide. Ils offrent aux étrangers leurs femmes et leurs filles, et tiennent à grand honneur qu'on veuille bien coucher avec elles (1). Les Laponnes sont habillées l'hiver de peaux de ren-

(1) Ce fait, que je n'ai rapporté que sur le témoignage d'un grand nombre de voyageurs, a été nié dans un mémoire qui a paru en 1762, au sujet de ces peuples septentrionaux. Il peut se faire que chez les Samoïèdes il existe quelque peu-

nes, et l'été de peaux d'oiseaux qu'elles ont écorchés; l'usage du linge leur est inconnu.

Les Groenlandoises s'habillent de peau de chien de mer; elles se peignent le visage de bleu et de jaune, et portent des pendans d'oreilles. Les Groenlandois sont en général si malpropres qu'on ne peut les approcher sans dégoût; ils sentent le poisson pourri, les femmes, pour corrompre cette mauvaise odeur, se lavent avec de l'urine, et les hommes ne se lavent jamais.

Il paroît que la vie errante des Koriaques et des Lapons tient au pâturage des rennes. Comme ces animaux font non-seulement tout leur bien, mais qu'ils leur sont utiles et très-nécessaires, ils s'attachent à les entretenir et à les multiplier; ils sont donc forcés à changer de lieu dès que leurs troupeaux en ont consommé les mousses. Ces peuples vivent sous terre ou dans des cabanes presqu'entièrement enterrées et couvertes d'écorces d'arbres ou d'os de poissons : quelques-uns font des tranchées souterraines pour communiquer de cabane en cabane chez leurs voisins pendant l'hiver. Une nuit de plusieurs mois les oblige à con-

---

plade où cette coutume ne soit point établie. Les Koriaques errans tuent leurs femmes et leurs amans, lorsqu'ils les surprennent en adultère; au contraire, les Koriaques fixés, offrent, par politesse, leurs femmes aux étrangers, et ce seroit une injure de leur refuser de prendre leur place dans le lit conjugal. Il en est peut-être ainsi chez les Samoïèdes, dont au reste les mœurs et les usages sont les mêmes que ceux des Koriaques.

server de la lumière dans ce séjour par des espèces de lampes qu'ils entretiennent avec la même huile de baleine qui leur sert de boisson. L'été ils ne sont guère plus à leur aise que l'hiver, car ils sont obligés de vivre continuellement dans une épaisse fumée; c'est le seul moyen qu'ils aient imaginé pour se garantir de la piqûre des moucherons plus abondans peut-être dans ce climat glacé qu'ils ne le sont dans les pays les plus chauds. Avec cette manière de vivre si dure et si triste, ils ne sont presque jamais malades, et ils parviennent tous à une vieillesse extrême: les vieillards sont même si vigoureux, qu'on a peine à les distinguer d'avec les jeunes; la seule incommodité à laquelle ils soient sujets et qui est fort commune parmi eux, est la cécité; comme ils sont continuellement éblouis par l'éclat de la neige pendant l'hiver, l'automne et le printemps, et toujours aveuglés par la fumée pendant l'été, la plupart perdent les yeux en avançant en âge.

Les Samoïèdes, les Lapons, les Groenlandois et les Koriaques doivent être regardés comme une même espèce d'homme, une même race dans l'espèce humaine prise en général, quoiqu'il soit bien certain qu'ils ne sont pas de la même nation. Les Kamtschatkales sont même si prodigieusement éloignés des Lapons ou des Samoïèdes, qu'on ne peut pas soupçonner qu'ils viennent les uns des autres, et leur ressemblance ne peut provenir que de l'influence du climat qui est le même, et qui par conséquent a formé des hommes de même espèce à mille lieues de distance les uns des autres. Car de quelque part que les hommes d'un pays quelconque tirent leur première origine, le climat où ils s'habitueront influera si fort à la longue, sur leur premier état de nature, qu'après un certain nombre de générations, tous ces hommes se ressembleront, quand même ils seroient arrivés des différentes contrées fort éloignées les unes des autres, et que primitivement ils eussent été très-dissemblables entr'eux. Au reste ces diverses nations se ressemblent par la forme, par la taille, par la couleur, par les mœurs, et même par la bizarrerie des coutumes; celle d'offrir aux étrangers leurs femmes, et d'être fort flattés qu'on veuille bien en faire usage, peut venir de ce qu'ils connoissent leur propre difformité et la laideur de leurs femmes; ils trouvent apparemment moins laides celles que les étrangers n'ont pas dédaignées: ce qu'il y a de certain, c'est que cet usage est général chez tous ces peuples, qui sont cependant fort éloignés les uns des autres, et même séparés par une grande mer, et qu'on le retrouve chez les Tartares de Crimée, chez les Calmuques et plusieurs autres peuples de Sibérie et de Tartarie qui sont presque aussi laids que ces peuples du nord; au lieu que dans toutes les nations voisines, comme à la Chine, en Perse, où les femmes sont belles, les hommes sont jaloux à l'excès.

La nation tartare prise en général, occupe des pays immenses en Asie; elle est répandue dans toute l'étendue de la terre qui est depuis la Russie jusqu'à Kamtschatka, c'est-à-dire, dans un espace de onze ou douze cents lieues en longueur sur plus de sept cent cinquante lieues de largeur, ce qui fait un terrein plus de vingt fois plus grand que celui de la France.

Tous ces peuples ont le teint basané et olivâtre, le nez court et gros, les yeux petits et enfoncés, les sourcils gros qui leur couvrent les yeux, les paupières épaisses, les cheveux noirs; ils sont de stature médiocre, mais très-forts et très-robustes; ils n'ont que peu de barbe, et elle est par petits épis comme celle des Chinois; ils ont les cuisses grosses et les jambes courtes. Les plus laids de tous sont les Calmuques, dont l'aspect a quelque chose d'effroyable; ils sont tous errans et vagabonds, habitans sous des tentes de toile, de feutre, de peaux; ils mangent de la chair de cheval et de chameau un peu mortifiée sous la selle de leurs chevaux; ils mangent aussi du poisson desséché au soleil. Leur boisson la plus ordinaire est du lait de jument fermenté avec de la farine de millet; ils ont presque tous la tête rasée, à l'exception du toupet qu'ils laissent croître assez pour en faire une tresse de chaque côté du visage. Les femmes qui sont aussi laides que les hommes, portent leurs cheveux; elles les tressent et y attachent de petites plaques de cuivre et d'autres ornemens de cette espèce; la plupart de ces peuples n'ont aucune religion, aucune retenue dans leurs mœurs, aucune décence; ils sont tous voleurs, et ceux du Daghestan qui sont voisins des pays policés, font un grand commerce d'esclaves et d'hommes, qu'ils enlèvent par force pour les vendre ensuite aux Turcs et aux Persans. Leurs principales richesses consistent en chevaux; il y en a peut-être plus en Tartarie qu'en aucun autre pays du monde. Ces peuples se font une habitude de vivre avec leurs chevaux; ils s'en occupent continuellement; ils les

dressent

dressent avec tant d'adresse et les exercent si souvent qu'il semble que ces animaux n'aient qu'un même esprit avec ceux qui les manient; car non-seulement ils obéissent parfaitement au moindre mouvement de la bride, mais ils sentent, pour ainsi dire, l'intention et la pensée de celui qui les monte.

Pour connoître les différences particulières qui se trouvent dans cette race tartare, il ne faut que comparer les descriptions que les voyageurs ont faites de chacun des différens peuples qui la composent. Les Calmuques qui habitent dans le voisinage de la mer Caspienne, entre les Moscovites et les grands Tartares, sont, selon Tavernier, des hommes robustes, mais les plus laids et les plus difformes qui soient sous le ciel; ils ont le visage si plat et si large, que d'un œil à l'autre il y a l'espace de cinq ou six doigts; leurs yeux sont extraordinairement petits, et le peu qu'ils ont de nez est si plat qu'on n'y voit que deux trous au lieu de narines; ils ont les genoux tournés en dehors et les pieds en dedans. Les Tartares du Daghestan sont, après les Calmuques, les plus laids de tous les Tartares : les petits Tartares ou Tartares Nogais, qui habitent près de la mer Noire, sont beaucoup moins laids que les Calmuques. A mesure qu'on avance vers l'orient de la Tartarie indépendante, les traits des Tartares se radoucissent un peu; mais les caractères essentiels à leur race restent toujours; et enfin les Tartares Montgoux, qui ont conquis la Chine, et qui de tous ces peuples étoient les plus policés, sont encore aujourd'hui ceux qui sont les moins laids et les moins mal faits; ils ont cependant, comme tous les autres, les yeux petits, le visage large et plat, peu de barbe, mais toujours noire ou rousse, le nez écrasé et court, le teint basané, mais moins olivâtre.

Le sang tartare s'est mêlé d'un côté avec les Chinois, et de l'autre avec les Russes orientaux; mais les Chinois ne sont pas à beaucoup près aussi différens des Tartares que le sont les Moscovites; il n'est pas même sûr qu'ils soient d'une autre race; la seule chose qui pourroit le faire croire, c'est la différence totale du naturel, des mœurs et des coutumes de ces deux peuples. Les Tartares en général sont naturellement fiers, belliqueux, chasseurs; ils aiment la fatigue, l'indépendance; ils sont durs et grossiers jusqu'à la brutalité. Les Chinois ont des mœurs tout opposées; ce sont des peuples mous, pacifiques, indolens, superstitieux, soumis, dépendans jusqu'à l'esclavage, cérémonieux, complimenteurs jusqu'à la fadeur et à l'excès.

Les Chinois ont les membres bien proportionnés, et sont gros et gras; ils ont le visage large et rond, les yeux petits, les sourcils grands, les paupières élevées, le nez petit et écrasé; ils n'ont que sept ou huit épis de barbe noire à chaque lèvre, et fort peu au menton: ceux qui habitent les provinces méridionales sont plus bruns et ont le teint plus basané que les autres; ils ressemblent par la couleur aux peuples de la Mauritanie et aux Espagnols les plus basanés; au lieu que ceux qui habitent les provinces du milieu de l'Empire, sont blancs comme les Allemands.

Selon le Gentil, les femmes font tout ce qu'elles peuvent pour faire paroitre leurs yeux petits, et les jeunes filles instruites par leurs mères se tirent continuellement les paupières, afin d'avoir les yeux petits et longs, ce qui, joint à un nez écrasé et à des oreilles longues, larges, ouvertes et pendantes, les rend beautés parfaites. Il prétend qu'elles ont le teint beau, les lèvres fort vermeilles, la bouche bien faite, les cheveux fort noirs, mais que l'usage du bétel leur noircit les dents, et que celui du fard dont elles se servent leur gâte si fort la peau, qu'elles paroissent vieilles avant l'âge de trente ans.

Les Japonois sont assez semblables aux Chinois pour qu'on puisse les regarder comme ne faisant qu'une seule et même race d'hommes; ils sont seulement plus jaunes ou plus bruns, parce qu'ils habitent un climat plus méridional; en général ils sont de forte complexion; ils ont la taille ramassée, le visage large et plat, le nez de même, les yeux petits, peu de barbe, les cheveux noirs; ils sont d'un naturel fort altier, aguerris, adroits, vigoureux, civils et obligeans, parlant bien, féconds en complimens, mais inconstans et fort vains; ils supportent avec une constance admirable la faim, la soif, le froid, le chaud, les veilles, la fatigue et toutes les incommodités de la vie, de laquelle ils ne font pas grand cas; ils se servent comme les Chinois de petits bâtons pour manger, et font aussi plusieurs cérémonies ou plutôt plusieurs grimaces et plusieurs mines fort étranges pendant le repas; ils sont laborieux et très-habiles dans les arts et dans tous les métiers; ils ont, en un mot, à très-peu près le même naturel, les mêmes mœurs et les mêmes coutumes que les Chinois.

L'une des plus bizarres et qui est commune à ces

deux nations, est de rendre les pieds des femmes si petits, qu'elles ne peuvent presque se soutenir. Quelques voyageurs disent qu'à la Chine, quand une fille a passé l'âge de trois ans on lui casse le pied, en sorte que les doigts sont rabattus sous la plante; qu'on y applique une eau forte qui brûle les chairs, et qu'on l'enveloppe de plusieurs bandages, jusqu'à ce qu'il ait pris son pli; ils ajoutent que les femmes ressentent cette douleur pendant toute leur vie, qu'elles peuvent à peine marcher, et que rien n'est plus désagréable que leur démarche; que cependant elles souffrent cette incommodité avec joie, et que comme c'est un moyen de plaire, elles tâchent de se rendre le pied aussi petit qu'il leur est possible. D'autres voyageurs ne disent pas qu'on leur casse le pied dans leur enfance, mais seulement qu'on le serre avec tant de violence qu'on l'empêche de croître, et ils conviennent assez unanimement qu'une femme de condition, ou seulement une jolie femme à la Chine doit avoir le pied assez petit pour trouver trop aisée la pantoufle d'un enfant de six ans.

Les Japonois et les Chinois sont donc une seule et même race d'hommes qui se sont très-anciennement civilisés, et qui diffèrent des Tartares plus par les mœurs que par la figure. La bonté du terrein, la douceur du climat, le voisinage de la mer ont pu contribuer à rendre ces peuples policés, tandis que les Tartares éloignés de la mer et du commerce des autres nations, et séparés des autres peuples du côté du midi par de hautes montagnes, sont demeurés errans dans leurs vastes déserts sous un ciel dont la rigueur, sur-tout du côté du nord, ne peut être supportée que par des hommes durs et grossiers. Le pays d'Yeço qui est au nord du Japon, quoique situé sous un climat qui devroit être tempéré, est cependant très-froid, très-stérile et très-montueux ; aussi les habitans de cette contrée sont-ils tout différens des Japonois et des Chinois; ils sont grossiers, brutaux, sans mœurs, sans arts; ils ont le corps court et gros, les cheveux longs et hérissés, les yeux noirs, le front plat, le teint jaune, mais un peu moins que celui des Japonois; ils sont fort velus sur le corps et même sur le visage; ils vivent comme des sauvages et se nourrissent de lard de baleine et d'huile de poisson ; ils sont très-paresseux et très-malpropres dans leurs vètemens; les enfans vont presque nuds ; les femmes n'ont trouvé pour se parer, d'autre moyen que de se peindre de bleu les sourcils et les lèvres; les hommes n'ont d'autre plaisir que d'aller à la chasse des loups marins, des élans, des rennes, et à la pêche de la baleine.

Si l'on examine les peuples voisins de la Chine au midi et à l'occident, on trouvera les Cochinchinois qui habitent un pays montueux et plus méridional que la Chine, plus basanés et plus laids que les Chinois, tandis que les Tunquinois dont le pays est meilleur, et qui vivent sous un climat moins chaud que les Cochinchinois, sont mieux faits et moins laids.

Les Siamois, les habitans de Pégu et d'Aracan ont les traits assez ressemblans à ceux des Chinois ; ils sont seulement plus noirs. Ceux d'Aracan estiment un front large et plat, et pour le rendre tel, ils appliquent une plaque de plomb sur le front des enfans qui viennent de naître ; ils mangent sans dégoût des souris, des rats, des serpens et du poisson corrompu; ces peuples ont les oreilles très-grandes, et plus elles sont grandes, et plus ils les estiment. Ce goût pour les longues oreilles est commun à tous les peuples de l'orient; mais les uns tirent leurs oreilles par le bas pour les alonger, sans les percer qu'autant qu'il le faut pour y attacher des boucles; d'autres, comme au pays de Laos, en agrandissent le trou si prodigieusement qu'on pourroit presque y passer le poing, en sorte que leurs oreilles viennent jusques sur les épaules.

En descendant vers le midi, les traits commencent à changer d'une manière plus sensible, ou du moins à se diversifier. Les habitans de la presqu'île de Malaca et de l'île de Sumatra sont noirs, petits, vifs et bien proportionnés dans leur petite taille; ils ont même l'air fier, quoiqu'ils soient nus de la ceinture en haut, à l'exception d'une petite écharpe qu'ils portent tantôt sur l'une et tantôt sur l'autre épaule. Ils sont naturellement braves et même redoutables lorsqu'ils ont pris de l'opium, dont ils font souvent usage, et qui leur cause une espèce d'ivresse furieuse.

Les habitans de Java, qui sont voisins de Sumatra et de Malaca, sont robustes, bien faits, nerveux et bien musclés; ils ont le teint basané et n'ont que peu de barbe; les femmes de Java, qui ne sont pas exposées comme les hommes aux grandes ardeurs du soleil, sont moins basanées qu'eux; elles ont le visage beau, le sein élevé et bien fait, la main belle, l'air doux, les yeux vifs, le rire agréable, et il y en a qui dansent fort joliment.

Si l'on remonte vers le nord, on trouve Manille et les autres îles Philippines dont le peuple est peut-être le plus mêlé de l'univers, par les alliances qu'ont faites ensemble les Espagnols, les Indiens, les Chinois, les Malabares et les noirs. Ces noirs qui vivent dans les rochers et dans les bois de cette île, diffèrent entièrement des autres habitans. Gemelli Careri assure qu'on en a vu plusieurs parmi ces insulaires qui avoient des queues; et ce voyageur ajoute que des jésuites très-dignes de foi lui ont assuré que dans l'île de Mindoro, voisine de Manille, il y a une race d'hommes appelés Manghiens, qui tous ont des queues de quatre ou cinq pouces de longueur, et même que quelques-uns de ces hommes à queue avoient embrassé la foi catholique.

Au nord de Manille, on trouve l'île Formose. Selon Struys, les hommes y sont de petite taille, particulièrement ceux qui habitent les montagnes; la plupart ont le visage large; les femmes ont les mamelles grosses et pleines, et de la barbe comme les hommes; elles ont les oreilles fort longues, et elles en augmentent encore la longueur par certaines grosses coquilles qui leur servent de pendans; elles ont les cheveux fort noirs et fort longs, le teint jaune-noir; il y en a aussi de jaunes-blanches et de tout-à-fait jaunes. Ces peuples sont fort fainéans. La plupart des écrivains qui ont parlé de l'île Formose semblent s'accorder sur un fait fort extraordinaire, c'est que dans cette île il n'est pas permis aux femmes d'accoucher avant trente-cinq ans, quoiqu'il leur soit libre de se marier longtemps avant cet âge. « Quand elles sont grosses, dit Rechteren, leurs prêtresses vont leur fouler le ventre avec les pieds s'il le faut, et les font avorter avec autant ou plus de douleur qu'elles n'en souffriroient en accouchant; ce seroit non-seulement une honte, mais même un gros péché de laisser venir un enfant avant l'âge prescrit. J'en ai vu qui avoient déjà fait quinze ou seize fois périr leur fruit, et qui étoient grosses pour la dix-septième fois, lorsqu'il leur étoit permis de mettre un enfant au monde. »

Les îles Marianes ou des Larrons qui sont, comme l'on sait, les îles les plus éloignées du côté de l'orient, et, pour ainsi dire, les dernières terres de notre hémisphère, sont peuplées d'hommes très-grossiers. Le Père Gobien dit qu'avant l'arrivée des Européens ils n'avoient jamais vu de feu, que cet élément si nécessaire leur étoit entièrement inconnu, qu'ils ne furent jamais si surpris que quand ils en virent pour la première fois, lorsque Magellan descendit dans l'une de leurs îles; ils ont le teint basané; leur taille est haute, et leur corps est bien proportionné, quoiqu'ils ne se nourrissent que de racines, de fruits et de poissons; ils ont tant d'embonpoint qu'ils en paroissent enflés; mais cet embonpoint ne les empêche pas d'être souples et agiles. Ils vivent longtemps, ce n'est pas même une chose extraordinaire que de voir chez eux des personnes âgées de cent ans, et cela sans avoir jamais été malades. Gemelli Careri dit que les habitans de ces îles sont tous d'une figure gigantesque, d'une grosse corpulence et d'une grande force; qu'ils peuvent aisément lever sur leurs épaules un poids de cinq cents livres.

Au midi des îles Marianes on trouve la terre des Papous et la Nouvelle Guinée. Selon Lemaire, ces peuples sont fort noirs, sauvages et brutaux; ils portent des anneaux aux deux oreilles, aux deux narines, et quelquefois aussi à la cloison du nez; ils sont puissans et bien proportionnés dans leur taille; ils ont les dents noires, assez de barbe et les cheveux noirs, courts et crépus, qui n'approchent cependant pas autant de la laine que ceux des nègres; ils sont agiles à la course, se servent de massues, de lances et d'autres armes faites de bois durs, l'usage du fer leur étant inconnu. Ils se servent aussi de leurs dents comme d'armes offensives, et mordent comme les chiens. Ils mangent du bétel et du piment mêlé avec de la chaux, qui leur sert aussi à poudrer leur barbe et leurs cheveux. Les femmes sont affreuses; elles ont de longues mamelles qui leur tombent sur le nombril, le ventre extrêmement gros, les jambes fort menues, les bras de même, des physionomies de singes, de vilains traits.

A l'égard des peuplades qui se sont trouvées dans les îles nouvellement découvertes dans la mer du Sud et sur les terres du continent austral, nous rapporterons simplement ce qu'en ont dit les voyageurs : les Insulaires d'Otahiti, dit Samuel Wallis, sont grands, bien faits, agiles et d'une figure agréable; toutes les femmes sont jolies et quelques-unes d'une très-grande beauté. Ces insulaires ne paroissent pas regarder la continence comme une vertu, puisque leurs femmes vendent leurs faveurs librement en public; leurs pères, leurs frères les amenoient souvent eux-mêmes.

Ils connoissent le prix de la beauté; car la grandeur des cloux qu'on demandoit pour la jouissance d'une femme, étoit toujours proportionnée à ses charmes. L'habillement des hommes et des femmes est fait d'une espèce d'étoffe blanche (1) fabriquée avec l'écorce intérieure des arbres qu'on a mise en macération; les plumes, les fleurs, les coquillages et les perles font partie de leurs ornemens.

Il paroît, par ce que rapporte Bougainville de ces insulaires, qu'ils parviennent à une grande vieillesse sans aucune incommodité et sans perdre la finesse de leurs sens: « le poisson et les végétaux, dit-il, sont leurs principales nourritures; ils mangent rarement de la viande; les enfans et les jeunes filles n'en mangent jamais. Ils ne boivent que de l'eau; l'odeur du vin et de l'eau-de-vie leur donne de la répugnance; ils en témoignent aussi pour le tabac, pour les épiceries et pour toutes les choses fortes. »

« Au reste, tandis qu'en Europe les femmes se peignent en rouge les joues, celles de Taïti se peignent d'un bleu foncé les reins et les fesses; c'est une parure et en même temps une marque de distinction. Les hommes et les femmes sont de la plus grande propreté et se baignent sans cesse; leur unique passion est l'amour; le grand nombre de femmes est le seul luxe des riches. »

A ces faits j'en joindrai quelques-uns tirés de la description que le capitaine Cook a donnée de cette même

---

(1) On peut voir au cabinet d'Histoire Naturelle une toilette entière d'une femme d'Otahiti.

île d'Otahiti ou Taïti et des ses habitans. Il semble par tout ce qu'en dit ce célèbre navigateur, qu'ils sont d'un caractère brave, sincère, sans soupçon ni perfidie, et sans penchant à la vengeance et à la cruauté; mais ils sont adonnés au vol.

Les flûtes et les tambours sont leurs seuls instrumens; ils font peu de cas de la chasteté. Le mariage chez eux n'est qu'une convention entre l'homme et la femme dont les prêtres ne se mêlent point. Ils ont adopté la circoncision sans autre motif que celui de la propreté; cette opération, à proprement parler, ne doit pas être appelée circoncision, parce qu'ils ne font pas au prépuce une amputation circulaire; ils le fendent seulement à travers la partie supérieure pour empêcher qu'il ne se recouvre sur le gland, et les prêtres seuls peuvent faire cette opération.

Les détails donnés par ce grand voyageur sur les habitans de la nouvelle Zélande ne sont pas moins intéressans. « Leur taille, dit-il, est en général égale à celle des Européens les plus grands. Ils ont les membres charnus, forts et bien proportionnés; mais ils ne sont pas aussi gras que les oisifs insulaires de la mer du Sud. Ils sont alertes, vigoureux et adroits des mains. Leur teint est en général brun; les femmes n'ont pas beaucoup de délicatesse dans les traits; néanmoins leur voix est d'une grande douceur; c'est par là qu'on les distingue des hommes, leurs habillemens étant les mêmes. Comme les femmes des autres pays, elles ont plus de gaieté, d'enjouement et de vivacité que les hommes. Les Zélandois vivent de poisson, d'ignames et de patates. Ils sont aussi décens et modestes que les insulaires de la mer du Sud sont voluptueux et indécens; mais ils ne sont pas aussi propres, parce que ne vivant pas dans un climat aussi chaud, ils ne se baignent pas si souvent. »

« Leur habillement est au premier coup d'œil tout-à-fait bizarre. Il est composé de feuilles d'une espèce de glayeul, qui étant coupées en trois bandes, sont entrelacées les unes dans les autres, et forment une sorte d'étoffe qui tient le milieu entre le réseau et le drap; les bouts des feuilles s'élèvent en saillie comme de la peluche ou les nattes que l'on étend sur nos escaliers. Deux pièces de cette étoffe font un habillement complet; l'une est attachée sur les épaules avec un cordon, et pend jusqu'aux genoux : au bout de ce cordon est une aiguille d'os, qui joint ensemble les deux parties de ce vêtement : l'autre pièce est enveloppée autour de la ceinture, et pend presqu'à terre. Les hommes ne portent que dans certaines occasions cet habit de dessous; ils ont une ceinture à laquelle pend une petite corde destinée à un usage très-singulier. Les insulaires de la mer du Sud se fendent le prépuce pour l'empêcher de couvrir le gland; les Zélandois ramènent au contraire le prépuce sur le gland, et afin de l'empêcher de se retirer, ils en nouent l'extrémité avec le cordon attaché à leur ceinture, et le gland est la seule partie de leur corps qu'ils montrent avec une honte extrême. »

« Cet usage plus que singulier semble être fort contraire à la propreté; mais il a un avantage, c'est de maintenir cette partie sensible et fraîche plus longtemps : car l'on a observé que tous les circoncis et même ceux qui, sans être circoncis, ont le prépuce court, perdent dans la partie qu'il couvre, la sensibilité plutôt que les autres hommes. »

« Ils paroissent faire moins de cas des femmes que les insulaires de la mer du Sud; cependant ils mangent avec elles, et les Otahitiens mangent toujours seuls. Mais les ressemblances qu'on trouve entre ce pays et les îles de la mer du Sud relativement aux autres usages, sont une forte preuve que tous ces insulaires ont la même origine; la conformité du langage paroît établir ce fait d'une manière incontestable. Tupia, jeune Otahitien que nous avions avec nous, se faisoit entendre parfaitement des Zélandois. »

« Aucun des habitans de la nouvelle Hollande, qui est la terre la plus voisine de la Zélande à l'ouest, ne porte de vêtement, ajoute Cook; ils parloient dans un langage si rude, que notre jeune Otahitien n'y entendoit pas un seul mot. Ces hommes de la nouvelle Hollande paroissent d'un naturel fort sauvage; ils sont armés de lances et semblent s'occuper de la pêche. Ceux qui se laissèrent approcher avoient les membres d'une petitesse remarquable; ils étoient cependant d'une taille ordinaire pour la hauteur. Les traits de leur visage n'étoient pas désagréables; leurs cheveux étoient noirs et coupés courts : les uns les avoient lisses, et les autres bouclés. Ils avoient les yeux très-vifs, les dents blanches et unies, la voix douce et harmonieuse, et répétoient quelques mots qu'on leur faisoit prononcer, avec beaucoup de facilité. Tous ont un trou fait à travers le cartilage qui sépare les deux narines, dans lequel ils mettent un os d'oiseau de près de la grosseur d'un doigt et de cinq ou six pouces de long. Ils paroissent être d'une activité et d'une agilité extrêmes ; les hommes et les femmes sont entièrement nus. »

« Au reste la nouvelle Hollande est beaucoup plus grande qu'aucune autre contrée du monde connu qui ne porte pas le nom de continent. La longueur de la côte sur laquelle on a navigué, réduite en ligne droite, ne comprend pas moins de vingt-sept degrés ; de sorte que sa surface en carré doit être beaucoup plus grande que celle de toute l'Europe. »

« Les habitans de cette vaste terre ne paroissent pas nombreux. On n'a rien vu dans tout le pays qui ressemblât à un village. Leurs maisons, si toutefois on peut leur donner ce nom, sont faites avec moins d'industrie que celles de tous les autres peuples que l'on avoit vus auparavant, excepté celles des habitans de la Terre-de-Feu. Ces habitations n'ont que la hauteur qu'il faut pour qu'un homme puisse se tenir debout ; mais elles ne sont pas assez larges pour qu'il puisse s'y étendre de sa longueur dans aucun sens. Elles sont construites en forme de four, avec des baguettes flexibles à peu près aussi grosses que le pouce ; ils enfoncent les deux extrémités de ces baguettes dans la terre, et ils les recouvrent ensuite avec des feuilles de palmier et de grands morceaux d'écorce. La porte n'est qu'une ouverture opposée à l'endroit où l'on fait le feu. Ils se couchent sous ces hangards en se repliant le corps en rond, de manière que les talons de l'un touchent la tête de l'autre ; dans cette position forcée une des huttes contient trois ou quatre personnes. En avançant au nord, le climat devient plus chaud et les cabanes encore plus minces. Une horde errante construit ces cabanes dans les endroits qui lui fournissent de la subsistance pour un temps, et elle les abandonne lorsqu'on ne peut plus y vivre. Dans les endroits où ils ne sont que pour une nuit ou deux, ils couchent sous les buissons ou dans l'herbe qui a près de deux pieds de hauteur. »

« Ils se nourrissent principalement de poisson ; ils tuent quelquefois des Kanguros (grosses gerboises) et même des oiseaux. Ils font griller la chair sur des charbons, ou ils la font cuire dans un trou avec des pierres chaudes, comme les insulaires de la mer du Sud. »

J'ai cru devoir rapporter par extrait cet article de la relation du capitaine Cook, parce qu'il est le premier qui ait donné une description détaillée de cette partie du monde.

La nouvelle Hollande est donc une terre peut-être plus étendue que toute notre Europe, et située sous un ciel encore plus heureux ; elle ne paroît stérile que par le défaut de population ; elle sera toujours nulle sur le globe tant qu'on se bornera à la visite des côtes et qu'on ne cherchera pas à pénétrer dans l'intérieur des terres qui, par leur position, semblent promettre toutes les richesses que la Nature a plus accumulées dans les pays chauds que dans les contrées froides ou tempérées.

Par la description de tous ces peuples nouvellement découverts, il paroît que les grandes différences, c'est-à-dire, les principales variétés dépendent entièrement de l'influence du climat ; on doit entendre par climat, non-seulement la latitude plus ou moins élevée, mais aussi la hauteur ou la dépression des terres, leur voisinage ou leur éloignement des mers, leur situation par rapport aux vents, et sur-tout au vent d'est, toutes les circonstances en un mot qui concourent à former la température de chaque contrée; car c'est de cette température plus ou moins chaude ou froide, humide ou sèche que dépend non-seulement la couleur des hommes, mais l'existence même des espèces d'animaux et de plantes qui tous affectent de certaines contrées et ne se trouvent pas dans d'autres; c'est de cette même température que dépend par conséquent la différence de la nourriture des hommes, seconde cause qui influe beaucoup sur leur tempérament, leur naturel, leur grandeur et leur force.

Avant de raisonner sur les rapports et sur les différences qui existent entre les habitans des diverses contrées dont nous avons parlé, il est nécessaire de continuer notre examen des peuples de l'Asie et de l'Afrique.

Les Mogols sont olivâtres, quoiqu'en langue indienne, mogol veuille dire blanc; les femmes y sont extrêmement propres, et elles se baignent très-souvent; elles sont de couleur olivâtre comme les hommes; elles ont les jambes et les cuisses fort longues et le corps assez court, ce qui est le contraire des femmes européennes. Tavernier dit que lorsqu'on a passé Lahor et le royaume de Cachemire, toutes les femmes du Mogol naturellement n'ont point de poil en aucune partie du corps, et que les hommes n'ont que très-peu de barbe. Selon Thevenot, les femmes Mogoles

goles sont assez fécondes, quoique très-chastes; elles accouchent aussi fort aisément, et on en voit quelquefois marcher par la ville dès le lendemain qu'elles sont accouchées; il ajoute qu'au royaume de Décan on marie les enfans extrêmement jeunes; dès que le mari a dix ans et la femme huit, les parens les laissent coucher ensemble; il y en a qui ont des enfans à cet âge; mais les femmes qui ont des enfans de si bonne heure, cessent ordinairement d'en avoir après l'âge de trente ans, et elles deviennent extrêmement ridées. Parmi ces femmes il y en a qui se font découper la chair en fleurs, comme quand on applique des ventouses; elles peignent ces fleurs de diverses couleurs avec du jus de racines; de manière que leur peau paroît comme une étoffe à fleurs.

Les Bengalois sont plus jaunes que les Mogols; ils ont aussi des mœurs toutes différentes; les femmes sont beaucoup moins chastes; on prétend même que de toutes les femmes de l'Inde ce sont les plus lascives. On fait à Bengale un grand commerce d'esclaves mâles et femelles; on y fait aussi beaucoup d'eunuques. Ces peuples sont beaux et bien faits; ils aiment le commerce et ont de la douceur dans les mœurs. Les habitans de la côte de Coromandel sont plus noirs que les Bengalois; les femmes de la côte de Malabar portent des anneaux d'or au nez; les hommes, les femmes et les filles se baignent ensemble et publiquement dans des bassins au milieu des villes; les femmes sont propres et bien faites, quoique noires, ou du moins très-brunes; on les marie dès l'âge de huit ans. Les coutumes de ces différens peuples de l'Inde sont toutes fort singulières, et même bizarres. Les Banianes ne mangent de rien de ce qui a eu vie; ils craignent même de tuer le moindre insecte, pas même les poux qui les rongent; ils jettent du ris et des féves dans la rivière pour nourrir les poissons, et des graines sur la terre pour nourrir les oiseaux et les insectes : quand ils rencontrent ou un chasseur ou un pêcheur, ils le prient instamment de se désister de son entreprise; si l'on est sourd à leurs prières, ils offrent de l'argent pour le fusil et pour les filets; et quand on refuse leurs offres, ils troublent l'eau pour épouvanter les poissons, et crient de toute leur force pour faire fuir le gibier et les oiseaux. Les Naires de Calicut sont des militaires qui sont tous nobles, et qui n'ont d'autre profession que celle des armes. Ces Naires ne peuvent avoir qu'une femme; mais les femmes peuvent prendre autant de maris qu'il leur plaît. Cette liberté d'avoir plusieurs maris est un privilège de noblesse que les femmes de condition font valoir autant qu'elles peuvent; mais les bourgeoises ne peuvent avoir qu'un mari; il est vrai qu'elles adoucissent la dureté de leur condition par le commerce qu'elles ont avec les étrangers, auxquels elles s'abandonnent sans aucune crainte de leurs maris et sans qu'ils osent leur rien dire. Les mères prostituent leurs filles le plus jeunes qu'elles peuvent.

Les habitans de Ceylan sont fort basanés; ils ont l'air doux et sont naturellement fort agiles, adroits et spirituels; ils ont tous les cheveux très-noirs; les hommes les portent fort courts; les gens du peuple sont presque nus; les femmes ont le sein découvert.

On croit que les Maldivois viennent des habitans de Ceylan ; ils sont superstitieux et fort adonnés aux femmes. Les Maldivoises cachent soigneusement leur sein, quoiqu'elles soient extraordinairement débauchées , et qu'elles s'abandonnent fort aisément ; elles sont fort oisives et se font bercer continuellement ; elles mangent à tout moment du bétel, qui est une herbe fort chaude, et beaucoup d'épices à leurs repas ; pour les hommes, ils sont beaucoup moins vigoureux qu'il ne conviendroit à leurs femmes.

La ville de Goa est, comme l'on sait, le principal établissement des Portugais dans les Indes, et quoiqu'elle soit beaucoup déchue de son ancienne splendeur, elle ne laisse pas d'être encore une ville riche et commerçante ; c'est le pays du monde où il se vendoit autrefois le plus d'esclaves ; on y trouvoit à acheter des filles et des femmes fort belles de tous les pays des Indes ; ces esclaves savent pour la plupart jouer des instrumens, coudre et broder en perfection ; il y en a de blanches, d'olivâtres, de basanées et de toutes couleurs ; celles dont les Indiens sont le plus amoureux, sont les filles caffres de Mosambique, qui sont toutes noires. « C'est, dit Pirard, une chose remarquable entre tous ces peuples indiens, tant mâles que femelles, et que j'ai remarquée, que leur sueur ne put point ; où les Nègres d'Afrique, tant en deçà que delà le cap de Bonne-Espérance, sentent de telle sorte quand ils sont échauffés, qu'il est impossible d'approcher d'eux, tant ils puent et sentent mauvais comme des poireaux verds ». Il ajoute que les femmes indiennes aiment beaucoup les hommes blancs d'Europe, et qu'elles les préfèrent aux blancs des Indes et à tous les autres Indiens.

Les Persans sont voisins des Mogols et ils leur ressemblent assez; ceux sur-tout qui habitent les parties méridionales de la Perse ne diffèrent presque pas des Indiens. Les femmes des îles du golfe Persique sont, au rapport des voyageurs Hollandois, brunes ou jaunes, et fort peu agréables; elles ont le visage large et de vilains yeux; elles ont aussi des modes et des coutumes semblables à celles des femmes indiennes, comme celle de se passer dans le cartilage du nez des anneaux et une épingle d'or au travers de la peau du nez près des yeux; mais il est vrai que cet usage de se percer le nez pour porter des bagues et d'autres joyaux s'est étendu beaucoup plus loin; car il y a beaucoup de femmes chez les Arabes qui ont une narine percée pour y passer un grand anneau, et c'est une galanterie chez ces peuples de baiser la bouche de leurs femmes à travers ces anneaux, qui sont quelquefois assez grands pour enfermer toute la bouche dans leur rondeur.

Le sang de Perse, dit Chardin, est naturellement grossier; cela se voit aux Guèbres qui sont le reste des anciens Persans; cela se voit aussi dans les provinces les plus proches de l'Inde où les habitans ne s'allient qu'entre eux; mais dans le reste du royaume le sang persan est devenu fort beau, par le mélange du sang géorgien et circassien. On voit en Perse une grande quantité de belles femmes de toutes couleurs; car les marchands qui les amènent de tous les côtés, choisissent les plus belles. Les blanches viennent de Pologne, de Moscovie, de Circassie, de Georgie et des frontières de la grande Tartarie; les basanées des terres du grand Mogol et de celles du roi de Golconde et du roi de Visapour, et pour les noires elles viennent de la côte de Melinde et de celles de la mer Rouge. Il se vend tous les ans à Moka plus de trois mille jeunes Abyssines, et plus de mille dans les autres ports de l'Arabie, toutes destinées pour les Turcs. Les femmes du peuple ont une singulière superstition; celles qui sont stériles s'imaginent que pour devenir fécondes, il faut passer sous les corps morts des criminels qui sont suspendus aux fourches patibulaires; elles croient que le cadavre d'un mâle peut influer, même de loin, et rendre une femme capable de faire des enfans. Lorsque ce remède singulier ne leur réussit pas, elles vont chercher les canaux des eaux qui s'écoulent des bains; elles attendent le temps où il y a dans ces bains un grand nombre d'hommes; alors elles traversent plusieurs fois l'eau qui en sort; et lorsque cela ne leur réussit pas mieux que la première recette, elles se déterminent enfin à avaler la partie du prépuce qu'on retranche dans la circoncision; c'est le souverain remède contre la stérilité.

Tous les monumens historiques attestent que l'Arabie étoit peuplée dès la plus haute antiquité. Les Arabes, avec une assez petite taille, un corps maigre, une voix grêle, ont un tempérament robuste, le poil brun, le visage basané, les yeux noirs et vifs, une physionomie ingénieuse, mais rarement agréable. Ils attachent de la dignité à leur barbe, parlent peu, sans gestes, sans s'interrompre, sans se choquer dans leurs expressions ; ils sont flegmatiques, mais redoutables dans la colère; ils ont de l'intelligence, et même de l'ouverture pour les sciences qu'ils cultivent peu ; ceux de nos jours n'ont aucun monument de génie. Le nombre des Arabes établi dans le désert, peut monter à deux millions ; leurs habits , leurs tentes, leurs cordages , leurs tapis, tout se fait avec la laine de leurs brebis , le poil de leurs chameaux et de leurs chèvres.

Ces peuples sont fort endurcis au travail; ils accoutument aussi leurs chevaux à la plus grande fatigue; ils ne leur donnent à boire et à manger qu'une seule fois en vingt-quatre heures ; aussi ces chevaux sont-ils très-maigres ; mais en même-temps ils sont très-prompts à la course , et pour ainsi dire infatigables. Les Arabes pour la plupart vivent misérablement ; ils n'ont ni pain ni vin ; ils ne prennent pas la peine de cultiver la terre ; ils se nourrissent d'une espèce de farine cuite à l'eau. Ils ont des troupeaux de chameaux, de moutons et de chèvres qu'ils mènent paître çà et là dans les lieux où ils trouvent de l'herbe ; ils y plantent leurs tentes qui sont faites de poil de chèvre, et ils y demeurent avec leurs femmes et leurs enfans, jusqu'à ce que l'herbe soit mangée ; après quoi ils décampent pour aller en chercher ailleurs. Avec une manière de vivre aussi dure et une nourriture aussi simple, les Arabes ne laissent pas d'être très-robustes et très-forts ; ils sont même d'une assez grande taille et assez bien faits ; mais ils ont le visage et le corps brûlés de l'ardeur du soleil ; car il n'y a que les riches qui soient vêtus ; les pauvres vont tout nus ou ne portent qu'une mauvaise chemise. Les Arabes sont dans l'usage de se faire des empreintes avec de la poudre à tirer et de la mine de plomb, sur les parties les plus apparentes du corps; ils mettent cette couleur par petits points et la font pénétrer dans la chair avec une aiguille faite exprès; la marque en est ineffaçable.

La coiffure des femmes arabes, quoique simple, est galante; elles sont toutes à demi ou au quart voilées. Le vêtement du corps est encore plus piquant; ce n'est qu'une chemise sur un léger caleçon, le tout brodé ou garni d'agrémens de différentes couleurs.

Chez les Arabes qui demeurent dans les déserts sur les frontières de Tremecen et de Tunis, les filles pour paroître plus belles, se font des chiffres de couleur bleue sur tout le corps avec la pointe d'une lancette et du vitriol, et les Africaines en font autant à leur exemple; mais non pas celles qui demeurent dans les villes; car elles conservent la même blancheur de visage avec laquelle elles sont venues au monde; ces femmes aiment la musique et la danse, au point d'en être transportées; il leur arrive même de tomber en convulsion et en syncope, lorsqu'elles s'y livrent avec excès.

« Les habitans des villes arabes, dit Nierburh, sur-tout de celles qui sont situées sur les côtes de la mer ou sur la frontière, ont à cause de leur commerce, tellement été mêlés avec les étrangers, qu'ils ont perdu beaucoup de leurs mœurs et coutumes anciennes; mais les Bédouins, les vrais Arabes, qui ont toujours fait plus de cas de leur liberté que de l'aisance et des richesses, vivent en tribus séparées, sous des tentes, et gardent encore la même forme de gouvernement, les mêmes mœurs et les mêmes usages qu'avoient leurs ancêtres dès les temps les plus reculés. Ils appellent en général tous leurs nobles, *Schechs* ou *Schœch*; quand ces Schechs sont trop foibles pour se défendre contre leurs voisins, ils s'unissent avec d'autres, et choisissent un d'entr'eux pour leur grand chef. Plusieurs des grands élisent enfin, de l'aveu des petits Schechs, un plus puissant encore, et alors la famille de ce dernier donne son nom à toute la tribu. L'on peut dire qu'ils naissent tous soldats, et qu'ils sont tous pâtres. Les chefs des grandes tribus ont beaucoup de chameaux qu'ils emploient à la guerre, au commerce; les petites tribus élèvent des troupeaux de moutons. Les Schechs vivent sous des tentes, et laissent le soin de l'agriculture et des autres travaux pénibles, à leurs sujets qui logent dans de misérables huttes. Ces Bédouins, accoutumés à vivre en plein air, ont l'odorat très-fin: les villes leur plaisent si peu qu'ils ne comprennent pas comment des gens qui se piquent d'aimer la propreté peuvent vivre au milieu d'un air si impur. Parmi ces peuples, l'autorité reste dans la famille du grand ou petit Schech qui règne, sans qu'ils soient assujétis à en choisir l'aîné; ils élisent le plus capable des fils ou des parens, pour succéder au gouvernement; ils paient très-peu ou rien à leurs supérieurs. Chacun des petits Schechs porte la parole pour sa famille, et il en est le chef et le conducteur: le grand Schech est obligé par-là de les regarder plus comme ses alliés, que comme ses sujets; car si son gouvernement leur déplaît, et qu'ils ne puissent pas le déposer, ils conduisent leurs bestiaux dans la possession d'une autre tribu, qui d'ordinaire est charmée d'en fortifier son parti. Chaque petit Schech est intéressé à bien diriger sa famille, s'il ne veut pas être déposé ou abandonné. Jamais ces Bédouins n'ont pu être entièrement subjugués par des étrangers. »

Les Egyptiens qui sont voisins des Arabes, qui ont la même religion, et qui sont comme eux soumis à la domination des Turcs, ont des coutumes fort différentes de celles des Arabes; il n'y a pas encore longtemps que dans toutes les villes et villages le long du Nil, on trouvoit des filles destinées aux plaisirs des voyageurs, sans qu'ils fussent obligés de les payer; c'étoit l'usage d'avoir des maisons d'hospitalité toujours remplies de ces filles, et les gens riches se faisoient en mourant un devoir de piété de fonder ces maisons et de les peupler de filles qu'ils faisoient acheter dans cette vue charitable; ce n'est que depuis très-peu d'années que ces maisons de piété ou plutôt de libertinage, établies pour le service des voyageurs, ont été supprimées.

Les Egyptiens sont, généralement parlant, de couleur olivâtre, et plus on s'éloigne du Caire en remontant, plus les habitans sont basanés. Les défauts les plus naturels aux Egyptiens, sont l'oisiveté et la poltronnerie; ils ne font presqu'autre chose tout le jour, que boire du café, fumer, dormir ou demeurer oisifs en une place, ou causer dans les rues; ils sont fort ignorans, et cependant pleins d'une vanité ridicule. Les Cophtes eux-mêmes ne sont pas exempts de ces vices, et quoiqu'ils ne puissent pas nier qu'ils n'aient perdu leur noblesse, les sciences, l'exercice des armes, leur propre histoire et leur langue même, et que d'une nation illustre et vaillante, ils ne soient devenus un peuple vil et esclave, leur orgueil va néanmoins jusqu'à mépriser les autres nations, et à s'offenser lorsqu'on leur propose de faire voyager leurs enfans en Europe, pour être élevés dans les sciences et dans les arts.

Les Egyptiennes sont fort brunes; elles ont les yeux vifs; leur taille est au-dessous de la médiocre; la manière dont elles sont vêtues n'est point du tout agréable, et leur conversation est fort ennuyeuse; au reste elles font beaucoup d'enfans, et quelques voyageurs prétendent que la fécondité occasionnée par l'inondation du Nil ne se borne pas à la terre seule, mais qu'elle s'étend aux hommes et aux animaux; quoique les femmes soient communément assez petites, les hommes sont ordinairement de haute taille. Bruce observe que la différence de la taille des hommes et des femmes, surtout dans les campagnes, ne vient pas de la Nature, mais de ce que les garçons ne portent jamais de fardeaux sur la tête; au lieu que les jeunes filles de la campagne vont tous les jours, plusieurs fois, chercher de l'eau du Nil, qu'elles portent toujours une jarre sur leurs têtes, ce qui leur affaisse le cou et la taille, les rend trapues et plus carrées aux épaules; elles ont néanmoins les bras et les jambes bien faits quoique fort gros; elles vont presque nues, ne portant qu'un petit jupon très-court.

Tous les peuples qui habitent entre le 20 e. et le

30me. ou le 35me. degré de latitude nord dans l'ancien continent, depuis l'empire du Mogol jusqu'en Barbarie, et même depuis le Gange jusqu'aux côtes occidentales du royaume de Maroc, ne sont donc pas fort différens les uns des autres, si l'on excepte les variétés particulières occasionnées par le mélange d'autres peuples plus septentrionaux, qui ont conquis ou peuplé quelques-unes de ces vastes contrées. Cette étendue de terre sous les mêmes parallèles, est d'environ deux mille lieues; les hommes en général y sont bruns et basanés, mais ils sont en même temps assez beaux et assez bien faits.

Si nous examinons maintenant ceux qui habitent sous un climat plus tempéré, nous trouverons que les habitans du nord du Mogol et de la Perse, les Arméniens, les Turcs, les Géorgiens, les Mingreliens, les Circassiens, les Grecs et tous les peuples de l'Europe, sont les hommes les plus beaux, les plus blancs et les mieux faits de toute la terre, et que quoiqu'il y ait fort loin de Cachemire en Espagne, ou de la Circassie à la France, il ne laisse pas d'y avoir une singulière ressemblance entre ces peuples si éloignés les uns des autres, mais situés à peu près à une égale distance de l'équateur. Le sang de Géorgie est encore plus beau que celui de Cachemire; on ne trouve pas un laid visage dans ce pays, et la nature a répandu sur la plupart des femmes, des grâces qu'on ne voit pas ailleurs; elles sont grandes, bien faites, extrêmement déliées à la ceinture; elles ont le visage charmant. Les hommes sont aussi fort beaux; ils ont naturellement de l'esprit, et ils seroient capables des sciences et des arts; mais leur mauvaise éducation les rend très-ignorans et très-vicieux, et il n'y a peut-être aucun pays dans le monde où le libertinage et l'ivrognerie soient à un si haut point qu'en Géorgie. Chardin dit que les gens d'église, comme les autres, s'enivrent très-souvent et tiennent chez eux de belles esclaves dont ils font des concubines; que personne n'en est scandalisé, parce que la coutume en est générale et même autorisée, et il ajoute que le préfet des Capucins lui a assuré avoir ouï dire au catholicos (on appelle ainsi le patriarche de Géorgie) que celui qui aux grandes fêtes, comme pâques et noël, ne s'enivre pas entièrement, ne passe pas pour chrétien et doit être excommunié. Avec tous ces vices les Géorgiens ne laissent pas d'être civils, humains, graves et modérés; ils ne se mettent que très-rarement en colère, quoiqu'ils soient ennemis irréconciliables lorsqu'ils ont conçu de la haine contre quelqu'un.

Les femmes, dit Struys, sont aussi fort belles et fort blanches en Circassie; elles ont le plus beau teint et les plus belles couleurs du monde; leur front est grand et uni, et sans le secours de l'art elles ont si peu de sourcils qu'on diroit que ce n'est qu'un filet de soie recourbé; elles ont les yeux grands, doux et pleins de feu, le nez bien fait, les lèvres vermeilles, la bouche riante et petite, et le menton comme il doit être pour achever un parfait ovale; elles ont le cou et la gorge parfaitement bien faits, la peau blanche comme neige, la taille grande et aisée, les cheveux du plus beau noir. Elles portent un petit bonnet d'étoffe noire, sur lequel est attaché un bourlet de même couleur; mais ce qu'il y a de ridicule, c'est que les veuves portent à la place de ce bourlet une vessie de bœuf ou de vache des plus enflées, ce qui les défigure merveilleusement. L'été les femmes du peuple ne portent qu'une simple chemise qui est ordinairement bleue, jaune ou rouge, et cette chemise est ouverte jusqu'à mi-corps; elles sont assez libres avec les étrangers, mais cependant fidelles à leurs maris qui n'en sont point jaloux. Ces peuples ont conservé la plus grande liberté dans le mariage; car s'il arrive que le mari ne soit pas content de sa femme et qu'il s'en plaigne le premier, le seigneur du lieu envoie prendre la femme et la fait vendre, et en donne une autre à l'homme qui s'en plaint; et de même si la femme se plaint la première, on la laisse libre et on lui ôte son mari.

Les Mingreliens sont, au rapport des voyageurs, tout aussi beaux et aussi bien faits que les Georgiens ou les Circassiens, et il semble que ces trois peuples ne fassent qu'une seule et même race d'hommes. « Il y a en Mingrelie, dit Chardin, des femmes merveilleusement bien faites, d'un air majestueux, de visage et de taille admirables; elles ont outre cela un regard engageant qui caresse tous ceux qui les regardent: les moins belles et celles qui sont âgées se fardent grossièrement, et se peignent tout le visage, sourcils, joues, front, nez, menton; les autres se contentent de se peindre les sourcils, elles se parent le plus qu'elles peuvent. Leur habit est semblable à celui des Persannes; elles portent un voile qui ne couvre que le dessus et le derrière de la tête; elles ont de l'esprit; elles sont civiles et affectueuses, mais en même temps très perfides, et il n'y a point de méchanceté qu'elles ne mettent en usage pour se faire des amans, pour les conserver ou pour les perdre. Les hommes ont aussi bien de mauvaises qualités ; ils sont tous élevés au larcin ; ils l'étudient, ils en font leur emploi, leur plaisir et leur honneur ; ils content avec une satisfaction extrême les vols qu'ils ont faits ; ils en sont loués, ils en tirent leur plus grande gloire ; l'assassinat, le vol, le mensonge, c'est ce qu'ils appellent de belles actions ; le concubinage, la bigamie, l'inceste sont des habitudes vertueuses en Mingrelie ; l'on s'y enlève les femmes les uns aux autres ; on y prend sans scrupule sa tante, sa nièce, la tante de sa femme ; on épouse deux ou trois femmes à la fois, et chacun entretient autant de concubines qu'il veut. Les maris sont très-peu jaloux ; quand un homme prend sa femme sur le fait avec son galant, il a le droit de le contraindre à payer un cochon, et d'ordinaire il ne prend pas d'autre vengeance ; le cochon se mange entr'eux trois. Ils prétendent que c'est une très-bonne et très-louable coutume d'avoir plusieurs femmes et plusieurs concubines, parce qu'on engendre beaucoup d'enfans qu'on vend argent comptant, ou qu'on échange pour des hardes ou pour des vivres.

Au reste, ces esclaves ne sont pas fort chers ; car les hommes âgés depuis vingt-cinq ans jusqu'à quarante ne coûtent que quinze écus ; ceux qui sont plus âgés huit ou dix ; les belles filles d'entre treize et dix-huit ans, vingt écus ; les autres moins, les femmes douze écus, et les enfans trois ou quatre.

Les Turcs qui achètent un très-grand nombre de

ces esclaves, sont un peuple composé de plusieurs autres peuples; les Arméniens, les Géorgiens, les Turcomans se sont mêlés avec les Arabes, les Égyptiens, et même avec les Européens dans le temps des croisades; il n'est donc guère possible de reconnoître les habitans naturels de l'Asie mineure, de la Syrie et du reste de la Turquie : tout ce qu'on peut dire, c'est qu'en général les Turcs sont des hommes robustes et assez bien faits; il est même assez rare de trouver parmi eux des bossus et des boiteux. Les femmes sont aussi ordinairement belles, bien faites et sans défauts; elles sont fort blanches parce qu'elles sortent peu; quand elles sortent, elles sont toujours voilées.

« Il n'y a femme de laboureur ou de paysan, en Asie, dit Belon, qui n'ait le teint frais comme une rose, la peau délicate et blanche, si polie et si bien tendue, qu'il semble toucher du velours. Elles se servent de terre de Chio, qu'elles détrempent pour en faire une espèce d'onguent, dont elles se frottent tout le corps en entrant au bain, aussi bien que le visage et les cheveux. Elles se peignent aussi les sourcils en noir; d'autres se les font abattre avec du rusma, et se font de faux sourcils avec de la teinture noire. » Il ajoute que les Turcs, hommes et femmes, ne portent de poil en aucune partie du corps, excepté les cheveux et la barbe; qu'ils se servent de rusma pour l'ôter; qu'ils mêlent moitié autant de chaux vive qu'il y a de rusma, et qu'ils détrempent le tout dans l'eau; qu'en entrant dans le bain on applique cette pommade, qu'on la laisse sur la peau à peu près autant de temps qu'il en faut pour cuire un œuf; dès que l'on commence à suer dans ce bain chaud, le poil tombe de lui-même en le lavant seulement d'eau chaude avec la main, et la peau demeure lisse et polie sans aucun vestige de poil.

Les femmes turques se mettent de la tutie brûlée et préparée dans les yeux pour les rendre plus noirs; elles se servent pour cela d'un petit poinçon d'or ou d'argent, qu'elles mouillent de leur salive pour prendre cette poudre noire et la faire passer doucement entre leurs paupières et leurs prunelles. Elles se baignent aussi très-souvent, elles se parfument tous les jours, et il n'y a rien qu'elles ne mettent en usage pour conserver ou pour augmenter leur beauté. On prétend cependant que les Persannes se recherchent encore plus sur la propreté que les Turques; les hommes sont aussi de différens goûts sur la beauté: les Persans veulent des brunes, et les Turcs des rousses.

Les habitans de la Judée ressemblent aux autres Turcs; seulement ils sont plus bruns que ceux de Constantinople ou des côtes de la mer Noire; comme les Arabes sont aussi plus bruns que les Syriens, parce qu'ils sont plus méridionaux.

Dans la Grèce, ceux de la partie septentrionale sont fort blancs; ceux des îles ou des provinces méridionales sont bruns: généralement parlant, les femmes grecques sont encore plus belles et plus vives que les turques, et elles ont de plus l'avantage d'une beaucoup plus grande liberté. Gemelli Careri dit que les femmes de l'île de Chio sont blanches, belles,

vives

vives et fort familières avec les hommes; que les filles voient les étrangers fort librement, et que toutes ont la gorge entièrement découverte.

Les Grecs regardent comme une très-grande beauté dans les femmes d'avoir de grands et de gros yeux et les sourcils fort élevés, et ils veulent que les hommes les aient encore plus gros et plus grands. On peut remarquer dans tous les bustes antiques et dans les médailles des anciens Grecs, que les yeux sont d'une grandeur excessive en comparaison de celle des yeux dans les bustes et les médailles romaines.

Les habitans des îles de l'Archipel sont presque tous grands nageurs et très-bons plongeurs. Thévenot dit qu'ils s'exercent à tirer les éponges du fond de la mer, et même les hardes et les marchandises des vaisseaux qui se perdent, et que dans l'île de Samos on ne marie pas les garçons qu'ils ne puissent plonger sous l'eau à huit brasses au moins; Daper dit vingt brasses, et il ajoute que dans quelques îles, comme dans celle de Nicarie, ils ont une coutume assez bizarre, qui est de se parler de loin, sur-tout à la campagne, et que ces insulaires ont la voix si forte qu'ils se parlent ordinairement d'un quart de lieue, souvent d'une lieue; en sorte que la conversation est coupée par de grands intervalles, la réponse n'arrivant que plusieurs secondes après la question.

Les Grecs, les Napolitains, les Siciliens, les habitans de Corse, de Sardaigne et les Espagnols étant situés à peu près sous le même parallèle, sont assez semblables pour le teint; tous ces peuples sont plus basanés que les François, les Anglois, les Allemands;

les Polonois, les Moldaves, les Circassiens, et tous les autres habitans du nord de l'Europe jusqu'en Laponie, où, comme nous l'avons dit au commencement, on trouve une autre espèce d'hommes. Lorsqu'on fait le voyage d'Espagne, on commence à s'apercevoir dès Bayonne, de la différence de couleur : les femmes ont le teint un peu plus brun; elles ont aussi les yeux plus brillans.

Les Espagnols sont maigres et assez petits; ils ont la taille fine, la tête belle, les traits réguliers, les yeux beaux, les dents assez bien rangées; mais ils ont le teint jaune et basané; les petits enfans naissent fort blancs, et sont fort beaux; mais en grandissant leur teint change d'une manière surprenante; l'air les jaunit, le soleil les brûle, et il est aisé de reconnoître un Espagnol de toutes les autres nations européennes. On a remarqué que dans quelques provinces d'Espagne, comme aux environs de la rivière de Bidassoa, les habitans ont les oreilles d'une grandeur démesurée.

Les hommes à cheveux noirs et bruns commencent à être rares en Angleterre, en Flandre, en Hollande et dans les provinces septentrionales de l'Allemagne; on n'en trouve presque point en Danemarck, en Suède, en Pologne.

Les femmes sont fort fécondes en Suède; Rudbeck dit qu'elles y font ordinairement huit, dix ou douze enfans, et qu'il n'est pas rare qu'elles en fassent dix-huit, vingt, vingt-quatre, vingt-huit et jusqu'à trente. Cette fécondité dans les femmes ne suppose pas qu'elles aient plus de penchant à l'amour; les hommes même sont beaucoup plus chastes dans les pays froids que dans les climats méridionaux. On est moins amoureux en Suède qu'en Espagne ou en Portugal, et cependant les femmes y font beaucoup plus d'enfans. Tout le monde sait que les nations du nord ont inondé toute l'Europe, au point que les historiens ont appelé le Nord, *Officina gentium.*

L'auteur des voyages historiques de l'Europe dit aussi comme Rudbeck, que les hommes vivent ordinairement en Suède plus longtemps que dans la plupart des autres royaumes de l'Europe, et qu'il en a vu plusieurs qu'on lui assuroit avoir plus de cent cinquante ans. Il attribue cette longue durée de la vie des Suédois à la salubrité de l'air de ce climat; il dit à peu près la même chose du Danemarck : selon lui les Danois sont grands et robustes, d'un teint vif et coloré, et ils vivent fort longtemps à cause de la pureté de l'air qu'ils respirent; les femmes sont aussi fort blanches, assez bien faites et très-fécondes.

Avant le czar Pierre I.er les Moscovites étoient, dit-on, encore presque barbares; le peuple né dans l'esclavage étoit grossier, brutal, cruel, sans courage et sans mœurs. Ils se baignoient très-souvent hommes et femmes pêle-mêle dans des étuves échauffées à un degré de chaleur insoutenable pour tout autre que pour eux; ils alloient ensuite comme les Lapons se jeter dans l'eau froide au sortir de ces bains chauds. Ils se nourissoient fort mal; leurs mets favoris n'étoient que des concombres ou des melons d'Astracan qu'ils mettoient pendant l'été confire avec de l'eau, de la farine et du sel. Ils se privoient de quelques viandes, comme de pigeons ou de veau, par des scrupules ridicules : cependant dès ce temps-là même les femmes savoient se mettre du rouge, s'arracher les sourcils, se les peindre ou s'en former d'artificiels : elles savoient aussi porter des pierreries, parer leurs coiffures de perles, se vêtir d'étoffes riches et précieuses ; ceci ne prouve-t-il pas que la barbarie commençoit à finir et que leur souverain n'a pas eu autant de peine à les policer que quelques auteurs ont voulu l'insinuer? Ce peuple est aujourd'hui civilisé, commerçant, curieux des arts et des sciences, aimant les spectacles et les nouveautés ingénieuses. Il ne suffit pas d'un grand homme pour faire ces changemens; il faut encore que ce grand homme naisse à propos.

En réfléchissant sur la description historique que nous venons de faire de tous les peuples de l'Europe et de l'Asie, il paroît que la couleur dépend beaucoup du climat, sans cependant qu'on puisse dire qu'elle en dépend entièrement : il y a en effet plusieurs causes qui doivent influer sur la couleur et même sur la forme du corps et des traits des différens peuples; l'une des principales est la nourriture, et nous examinerons dans la suite les changemens qu'elle peut occasionner. Les mœurs ou la manière de vivre en sont une autre, qui ne laisse pas de produire son effet ; un peuple policé qui vit dans une certaine aisance, qui est accoutumé à une vie réglée, douce et tranquille, qui par les soins d'un bon gouvernement est à l'abri d'une certaine misère, et ne peut manquer des choses de première nécessité, sera par cette seule raison composé d'hommes plus forts, plus beaux et mieux faits, qu'une nation sauvage et indépendante, où chaque individu ne tirant aucun secours de la société, est obligé de pourvoir à sa subsistance, de souffrir alternativement la faim ou les excès d'une nourriture souvent mauvaise, de s'épuiser de travaux ou de lassitude, d'éprouver les rigueurs du climat sans pouvoir s'en garantir, d'agir en un mot plus souvent comme animal que comme Homme. En supposant ces deux différens peuples sous un même climat, on peut croire que les hommes de la nation sauvage seroient plus basanés, plus laids, plus petits, plus ridés que ceux de la nation policée. S'ils avoient quelque avantage sur ceux-ci, ce seroit par la force ou plutôt par la dureté de leur corps; il pourroit se faire aussi qu'il y eût dans cette nation sauvage beaucoup moins de bossus, de boiteux, de sourds, de louches. Ces hommes défectueux vivent et même se multiplient dans une nation policée où l'on se supporte les uns les autres, où le fort ne peut rien contre le foible, où les qualités du corps font beaucoup moins que celles de l'esprit; mais dans un peuple sauvage, comme chaque individu ne subsiste, ne vit, ne se défend que par ses qualités corporelles, son adresse et sa force, ceux qui sont malheureusement nés foibles, défectueux ou qui deviennent incommodés, cessent bientôt de faire partie de la nation.

J'admettrois donc trois causes qui toutes trois concourent à produire les variétés que nous remarquons dans les différens peuples de la terre. La première est l'influence du climat; la seconde, qui tient beaucoup à la première, est la nourriture; et la troisième, qui tient peut-être encore plus à la première et à la seconde, ce sont les mœurs. Mais avant que d'exposer les raisons sur lesquelles nous croyons devoir fonder cette opinion, il est nécessaire de donner la description des peuples de l'Afrique et de l'Amérique, comme nous avons donné celle des autres peuples de la terre.

Tous les peuples de l'Afrique qui habitent sur les côtes depuis le dix-huitième degré de latitude nord jusqu'au dix-huitième degré de latitude sud, sont noirs, à l'exception des Éthiopiens ou Abyssins; mais dans l'intérieur où les terres sont élevées et montagneuses, tous les hommes sont blancs; ils sont même presque aussi blancs que les Européens, parce que toute cette terre de l'intérieur de l'Afrique est fort élevée sur la surface du globe, et n'est point sujette à d'excessives chaleurs; d'ailleurs il y tombe de grandes pluies continuelles dans certaines saisons, qui rafraîchissent encore la terre et l'air, au point de faire de ce climat une région tempérée.

On a été longtemps dans l'erreur au sujet de la couleur et des traits du visage des Éthiopiens, parce qu'on les a confondus avec les Nubiens leurs voisins, qui sont cependant d'une race différente. La couleur naturelle des Éthiopiens est brune ou olivâtre, comme celle des Arabes méridionaux, desquels ils ont probablement tiré leur origine. Ils ont la taille haute, les traits du visage bien marqués, les yeux beaux et bien fendus, le nez bien fait, les lèvres petites et les dents blanches; au lieu que les habitans de la Nubie ont le nez écrasé, les lèvres grosses et épaisses, et le visage fort noir.

Les Ethiopiens sont un peuple à demi-policé; leurs vêtemens sont de toile de coton, et les plus riches en ont de soie; leurs maisons sont basses et mal bâties; leurs terres sont fort mal cultivées, parce que les nobles méprisent, maltraitent et dépouillent, autant qu'ils le peuvent, les bourgeois et les gens du peuple; ils demeurent cependant séparément les uns des autres dans des bourgades ou des hameaux différens, la noblesse dans les uns, la bourgeoisie dans les autres, et les gens du peuple encore dans d'autres endroits. Ils manquent de sel, et ils l'achètent au poids de l'or; ils aiment assez la viande crue, et dans les festins le second service, qu'ils regardent comme le plus délicat, est en effet de viandes crues : ils ne boivent point de vin, quoiqu'ils aient des vignes; leur boisson ordinaire est faite avec des tamarins et a un goût aigrelet. Ils se servent de chevaux pour voyager et de mulets pour porter leurs marchandises; ils ont très-peu de connoissance des sciences et des arts, car leur langue n'a aucune règle, et leur manière d'écrire est très-peu perfectionnée; il leur faut plusieurs jours pour écrire une lettre, quoique leurs caractères soient plus beaux que ceux des Arabes. Ils ont une manière singulière de saluer; ils se prennent la main droite les uns aux autres et se la portent mutuellement à la bouche; ils prennent aussi l'écharpe de celui qu'ils saluent, et ils se l'attachent autour du corps, de sorte que ceux qu'on salue demeurent à moitié nus; car la plupart ne portent que cette écharpe avec un caleçon de coton.

On trouve dans la relation du voyage autour du monde, de l'amiral Drack, un fait qui, quoique très-extraordinaire, ne me paroît pas incroyable; il y a, dit ce voyageur, sur les frontières des déserts de l'Ethiopie un peuple qu'on a appelé Acridophages, ou mangeurs de sauterelles; ils sont noirs, maigres, très-légers à la course et plus petits que les autres. Au printemps, certains vents chauds qui viennent de l'occident leur amènent un nombre infini de sauterelles; comme ils n'ont ni bétail ni poisson, ils sont réduits à vivre de ces sauterelles qu'ils ramassent en grande quantité; ils les saupoudrent de sel et ils les gardent pour se nourrir pendant toute l'année (1); cette mauvaise nourriture produit deux effets singuliers; le premier est qu'ils vivent à peine jusqu'à l'âge de quarante ans, et le second c'est que lorsqu'ils approchent de cet âge, il s'engendre dans leur chair des insectes aîlés, qui d'abord leur causent une démangeaison vive, et se multiplient en si grand nombre, qu'en très-peu de temps toute leur chair en fourmille; ils commencent par leur manger le ventre, ensuite la poitrine et les rongent jusqu'aux os; en sorte que tous ces hommes qui ne se nourrissent que d'insectes, sont à leur tour mangés par des insectes. Si ce fait étoit bien avéré, il fourniroit matière à d'amples réflexions.

En examinant maintenant les différens peuples d'Afrique qui composent les races noires, nous y ver-

(1) Bruce observe qu'on mange des sauterelles, non-seulement dans les déserts voisins de l'Abyssinie, mais aussi dans la Lybie intérieure et dans quelques endroits du royaume de Maroc. Ces peuples font frire ou rôtir les sauterelles avec du beurre; ils les écrasent ensuite pour les mêler avec du lait et en faire des gâteaux.

rons autant de variétés que dans les races blanches, et nous y trouverons toutes les nuances du brun au noir, comme nous avons trouvé dans les races blanches, toutes les nuances du brun au blanc.

Les habitans du Cap-Blanc sont des Maures qui suivent la loi mahométane. Leur pays s'étend jusqu'à la rivière du Sénégal qui les sépare d'avec les Nègres; ils ne demeurent pas longtemps dans un même lieu; ils sont errans comme les Arabes, de place en place, selon les pâturages qu'ils y trouvent pour leur bétail dont le lait leur sert de nourriture; ils ont des chevaux, des chameaux, des bœufs, des chèvres, des moutons; ils commercent avec les Nègres qui leur donnent huit ou dix esclaves pour un cheval, et deux ou trois pour un chameau; c'est de ces Maures que nous tirons la gomme arabique; ils en font dissoudre dans le lait dont ils se nourrissent; ils ne mangent que très-rarement de la viande, et ils ne tuent guère leurs bestiaux que quand ils les voient près de mourir de vieillesse ou de maladie.

Les Maures, comme nous venons de le dire, ne sont que basanés; ils habitent au nord du Sénégal; les Nègres sont au midi et sont absolument noirs; les Maures sont errans dans la campagne, les Nègres sont sédentaires et habitent dans des villages; les premiers sont libres et indépendans, les seconds ont des rois qui les tyrannisent et dont ils sont esclaves; les Maures sont assez petits, maigres et de mauvaise mine, avec de l'esprit et de la finesse; les Nègres, au contraire, sont grands, gros, bien faits, mais niais et sans génie; enfin le pays habité par les Maures n'est que du sable si stérile, qu'on n'y trouve de la verdure qu'en très-peu d'endroits, au lieu que le pays des Nègres est gras, fécond en pâturages, en millet et en arbres toujours verts, qui à la vérité ne portent presqu'aucun fruit bon à manger.

Les premiers Nègres qu'on trouve, sont donc ceux qui habitent le bord méridional du Sénégal; ces peuples aussi bien que ceux qui occupent toutes les terres comprises entre cette rivière et celle de Gambie, s'appellent Jalofes; ils sont tous fort noirs, bien proportionnés, et d'une taille assez avantageuse; les traits de leur visage sont moins durs que ceux des autres Nègres; il y en a, sur-tout des femmes, qui ont des traits fort réguliers; ils ont aussi les mêmes idées que nous de la beauté; car ils veulent de beaux yeux, une petite bouche, des lèvres proportionnées, et un nez bien fait; il n'y a que sur le fond du tableau qu'ils pensent différemment; il faut que la couleur soit très-noire et très-luisante; ils ont aussi la peau très-fine et très-douce, et il y a parmi eux d'aussi belles femmes, à la couleur près que dans aucun autre pays du monde; elles sont ordinairement très-bien faites, très-gaies, très-vives et très-portées à l'amour; elles ont du goût pour tous les hommes, et particulièrement pour les blancs qu'elles cherchent avec empressement, tant pour se satisfaire, que pour en obtenir quelque présent; leurs maris ne s'opposent point à leur penchant pour les étrangers, et ils n'en sont jaloux que quand elles ont commerce avec des hommes de leur nation; ils se battent même souvent à ce sujet à coups de sabre ou de couteau; au lieu qu'ils offrent souvent aux étrangers leurs femmes, leurs filles ou leurs sœurs, et tiennent à honneur de n'être pas refusés. Au reste ces femmes ont toujours la pipe à la bouche, et leur peau ne laisse pas d'avoir aussi une odeur désagréable lorsqu'elles sont échauffées, quoique l'odeur de ces Nègres du Sénégal soit beaucoup moins forte que celle des autres Nègres; elles aiment beaucoup à sauter et à danser au bruit d'une callebasse, d'un tambour ou d'un chaudron; tous les mouvemens de leurs danses sont autant de postures lascives et de gestes indécens; elles se baignent souvent et elles se liment les dents pour les rendre plus égales; la plupart des filles avant que de se marier se font découper et broder la peau de différentes figures d'animaux ou de fleurs.

Les Négresses portent presque toujours leurs petits enfans sur le dos pendant qu'elles travaillent; quelques voyageurs prétendent que c'est par cette raison que les Nègres ont communément le ventre gros et le nez aplati; la mère en se haussant et baissant par secousses, fait donner du nez contre son dos à l'enfant, qui pour éviter le coup se retire en arrière autant qu'il le peut, en avançant le ventre. Ils ont tous les cheveux noirs et crépus comme de la laine frisée; c'est aussi par les cheveux et par la couleur qu'ils diffèrent principalement des autres hommes; car leurs traits ne sont peut-être pas si différens de ceux des Européens que le visage tartare l'est du visage françois. Le père du Tertre dit expressément que si presque tous les Nègres sont camus, c'est parce que les pères et mères écrasent le nez à leurs enfans, qu'ils leur pressent aussi les lèvres pour les rendre plus grosses, et que ceux auxquels on ne fait ni l'une ni l'autre de ces opérations, ont les traits du visage aussi beaux, le nez aussi élevé, et les lèvres aussi minces que les Européens ; cependant ceci ne doit s'entendre que des Nègres du Sénégal, qui sont de tous les Nègres les plus beaux et les mieux faits, et il paroît que dans presque tous les autres peuples nègres, les grosses lèvres et le nez large et épaté sont des traits donnés par la Nature, qui ont servi de modèle à l'art qui est chez eux en usage d'aplatir le nez et de grossir les lèvres à ceux qui sont nés avec cette perfection de moins.

Les Négresses sont fort fécondes et accouchent avec beaucoup de facilité et sans aucun secours ; les suites de leurs couches ne sont point fâcheuses, et il ne leur faut qu'un jour ou deux de repos pour se rétablir ; elles sont très-bonnes nourrices, et elles ont une très-grande tendresse pour leurs enfans ; elles sont aussi beaucoup plus spirituelles et plus adroites que les hommes ; elles cherchent même à se donner des vertus, comme celles de la discrétion et de la tempérance. Le père du Jaric dit que pour s'accoutumer à manger et parler peu, les Nègresses jalofes prennent de l'eau le matin et la tiennent dans leur bouche pendant tout le temps qu'elles s'occupent à leurs affaires domestiques, et qu'elles ne la rejettent que quand l'heure du premier repas est arrivée.

Les Nègres de l'île de Gorée et de la côte du Cap-Verd sont, comme ceux du bord du Sénégal, bien faits et très-noirs ; ils font un si grand cas de leur couleur, qui est en effet d'un noir d'ébène profond et éclatant, qu'ils méprisent les autres Nègres qui ne sont pas si noirs, comme les blancs méprisent les basanés; quoiqu'ils soient forts et robustes, ils sont très-paresseux, ils n'ont point de blé, point de vin, point de fruits; ils ne vivent que de poisson et de millet; ils ne mangent que très-rarement de la viande, et quoiqu'ils aient fort peu de mets à choisir, ils ne veulent point manger d'herbes, et ils comparent les Européens aux chevaux, parce qu'ils mangent de l'herbe : au reste ils aiment passionnément l'eau-de-vie, dont ils s'enivrent souvent; ils vendent leurs enfans, leurs parens, et quelquefois ils se vendent eux-mêmes pour en avoir. Ils vont presque nus; leur vêtement ne consiste que dans une toile de coton qui les couvre depuis la ceinture jusqu'au milieu de la cuisse; c'est tout ce que la chaleur du pays leur permet, disent-ils, de porter sur eux; la mauvaise chère qu'ils font et la pauvreté dans laquelle ils vivent, ne les empêchent pas d'être contens et très-gais; ils croient que leur pays est le meilleur et le plus beau climat de la terre, qu'ils sont eux-mêmes les plus beaux hommes de l'univers, parce qu'ils sont les plus noirs; et si leurs femmes ne marquoient pas du goût pour les blancs, ils en feroient fort peu de cas à cause de leur couleur.

Les Nègres de Serra-Liona ne sont pas tout-à-fait aussi noirs que ceux du Sénégal. Ces Nègres de Serra-Liona et ceux de Guinée se peignent souvent tout le corps de rouge et d'autres couleurs; ils se peignent aussi le tour des yeux de blanc, de jaune, de rouge, et se font des marques et des raies de différentes couleurs sur le visage ; ils se font aussi les uns et les autres déchiqueter la peau pour y imprimer des figures de bêtes ou de plantes ; les femmes sont encore plus débauchées que celles du Sénégal ; il y en a un très-grand nombre qui sont publiques, et cela ne les deshonore en aucune façon ; ces Nègres, hommes et femmes, vont toujours la tête découverte ; ils se rasent ou se coupent les cheveux qui sont fort courts, de plusieurs manières différentes ; ils portent des pendans d'oreilles qui pèsent jusqu'à trois ou quatre onces ; ces pendans d'oreilles sont des dents, des coquilles, des cornes, des morceaux de bois. Il y en a aussi qui se font percer la lèvre supérieure ou les narines pour y suspendre de pareils ornemens ; leur vêtement consiste en une espèce de tablier fait d'écorce d'arbre et quelques peaux de singe qu'ils portent par-dessus ce tablier ; ils attachent à ces peaux des sonnailles semblables à celles que portent nos mulets ; ils couchent sur des nattes de jonc, et ils mangent du poisson ou de la viande lorsqu'ils peuvent en avoir ; mais leur principale nourriture sont des ignanes ou des bananes. Ils n'ont aucun goût que celui des femmes et aucun desir que celui de ne rien faire ; leurs maisons ne sont que de misérables chaumières ; ils demeurent très-souvent dans des lieux sauvages et dans des terres stériles, tandis qu'il ne tiendroit qu'à eux d'habiter de belles vallées, des collines agréables et couvertes d'arbres, des campagnes vertes, fertiles et entrecoupées de rivières et de ruisseaux agréables ; mais tout cela ne leur fait aucun plaisir, ils ont la même indifférence presque sur tout ; les chemins qui conduisent d'un lieu à un autre sont ordinairement deux fois plus longs qu'il ne faut; ils ne cherchent point à les rendre plus courts, et quoiqu'on leur en indique les moyens, ils ne pensent jamais à passer par le plus court ; ils suivent machinalement le chemin battu, et se soucient si peu de perdre ou d'employer leur temps qu'ils ne le mesurent jamais.

Quoique les Nègres de Guinée soient d'une santé ferme et très-bonne, rarement arrivent-ils cependant à une certaine vieillesse; un Nègre de cinquante ans est dans son pays un homme fort vieux; ils paroissent l'être dès l'âge de quarante : l'usage prématuré des femmes est peut-être la cause de la briéveté de leur vie; les enfans sont si débauchés et si peu contraints par les pères et mères, que dès leur plus tendre jeunesse ils se livrent à tout ce que la Nature leur suggère; rien n'est si rare que de trouver dans ce peuple quelque fille qui puisse se souvenir du temps auquel elle a cessé d'être vierge.

Les Nègres de la côte de Juda et d'Arada sont moins noirs que ceux du Sénégal et de Guinée, et même que ceux de Congo; ils aiment beaucoup la chair de chien et la préfèrent à toutes les autres viandes; ordinairement la première pièce de leur festin est un chien rôti; le goût pour la chair de chien n'est pas particulier aux Nègres; les sauvages de l'Amérique septentrionale et quelques nations tartares ont le même goût; on dit même qu'en Tartarie on châtre les chiens pour les engraisser et les rendre meilleurs à manger.

Selon Pigafetta, les Nègres de Congo sont noirs; ils ont pour la plupart les cheveux noirs et crépus;

mais quelques-uns les ont roux ; les hommes sont de grandeur médiocre ; ils n'ont pas les lèvres si grosses que les autres Nègres, et les traits de leur visage sont assez semblables à ceux des Européens.

Ils ont des usages très-singuliers dans certaines provinces de Congo. Par exemple, lorsque quelqu'un meurt à Lowango, ils placent le cadavre sur une espèce d'amphithéâtre élevé de six pieds, dans la posture d'un homme qui est assis les mains appuyées sur les genoux ; ils l'habillent de ce qu'ils ont de plus beau, et ensuite ils allument du feu devant et derrière le cadavre ; à mesure qu'il se dessèche et que les étoffes s'imbibent, ils le couvrent d'autres étoffes jusqu'à ce qu'il soit entièrement desséché ; après quoi ils le portent en terre avec beaucoup de pompe. Dans celle de Malimba, c'est la femme qui anoblit le mari ; quand le roi meurt et qu'il ne laisse qu'une fille, elle est maîtresse absolue du royaume, pourvu néanmoins qu'elle ait atteint l'âge nubile ; elle commence par se mettre en marche pour faire le tour de son royaume ; dans tous les bourgs et villages où elle passe, tous les hommes sont obligés à son arrivée de se mettre en haie pour la recevoir, et celui d'entre eux qui lui plaît le plus va passer la nuit avec elle. Au retour de son voyage elle fait venir celui de tous dont elle a été le plus satisfaite et elle l'épouse ; après quoi elle cesse d'avoir aucun pouvoir sur son peuple, toute l'autorité étant dès-lors dévolue à son mari.

J'ai tiré ces faits d'une relation qui m'a été communiquée d'un voyage fait à la côte d'Angola en 1738. Le relateur ajoute un fait qui n'est pas moins singu-

lier

lier : « Ces Nègres, dit-il, sont extrêmement vindicatifs ; j'en vais donner une preuve convaincante : ils envoient à chaque instant à tous nos comptoirs demander de l'eau-de-vie pour le roi et pour les principaux du lieu : un jour que l'on refusa de leur en donner, on eut tout lieu de s'en repentir ; car tous les officiers françois et anglois ayant fait une partie de pêche dans un petit lac qui est au bord de la mer, et ayant fait tendre une tente sur le bord du lac pour y manger leur pêche, comme ils étoient à se divertir à la fin du repas, il vint sept à huit Nègres en palanquins, qui étoient les principaux de Lowango, qui leur présentèrent la main pour les saluer, selon la coutume du pays ; ces Nègres avoient frotté leurs mains avec une herbe qui est un poison très-subtil, et qui agit dans l'instant lorsque malheureusement on touche quelque chose ou que l'on prend du tabac sans s'être auparavant lavé les mains. Ces Nègres réussirent si bien dans leur mauvais dessein, qu'il mourut sur le champ cinq capitaines et trois chirurgiens, du nombre desquels étoit mon capitaine. »

Lorsque ces Nègres de Congo sentent de la douleur à la tête ou dans quelques autres parties du corps, ils font une légère blessure à l'endroit douloureux ; ils appliquent sur cette blessure une espèce de petite corne percée, au moyen de laquelle ils sucent comme avec un chalumeau le sang jusqu'à ce que la douleur soit appaisée.

Les Nègres du Sénégal, de Gambie, du Cap-Verd, d'Angola et de Congo, sont tous bien noirs quand ils se portent bien ; mais leur teint change dès qu'ils sont malades ; ils deviennent alors couleur de bistre ou même couleur de cuivre. On préfère dans nos îles les Nègres d'Angola à ceux du Cap-Verd, pour la force du corps ; mais ils sentent si mauvais lorsqu'ils sont échauffés, que l'air des endroits par où ils ont passé, en est infecté pendant plus d'un quart d'heure. Ceux du Cap-Verd n'ont pas une odeur si mauvaise à beaucoup près que ceux d'Angola, et ils ont aussi la peau plus belle et plus noire, le corps mieux fait, les traits du visage moins durs, le naturel plus doux et la taille plus avantageuse ; ceux de Guinée sont aussi très-bons pour le travail de la terre et pour les autres gros ouvrages. Ceux du Sénégal ne sont pas si forts ; mais ils sont plus propres pour le service domestique et plus capables d'apprendre des métiers. Le père Charlevoix dit que tous les Nègres de Guinée ont l'esprit extrêmement borné, qu'il y en a même plusieurs qui paroissent être tout-à-fait stupides, qu'on en voit qui ne peuvent jamais compter au-delà de trois, que d'eux-mêmes ils ne pensent à rien, qu'ils n'ont point de mémoire, que le passé leur est aussi inconnu que l'avenir ; que ceux qui ont de l'esprit font d'assez bonnes plaisanteries et saisissent assez bien le ridicule ; qu'au reste ils sont très-dissimulés et qu'ils mourroient plutôt que de dire leur secret ; qu'ils ont communément le naturel fort doux ; qu'ils sont humains, dociles, simples, crédules, et même superstitieux ; qu'ils sont assez fidèles, assez braves, et que si on vouloit les discipliner et les conduire, on en feroit d'assez bons soldats.

Quoique les Nègres aient peu d'esprit, ils ne laissent

pas d'avoir beaucoup de sentiment; ils sont gais ou mélancoliques, laborieux ou fainéans, amis ou ennemis, selon la manière dont on les traite : lorsqu'on les nourrit bien et qu'on ne les maltraite pas, ils sont contens, joyeux, prêts à tout faire, et la satisfaction de leur ame est peinte sur leur visage; mais quand on les traite mal, ils prennent le chagrin fort à cœur et périssent quelquefois de mélancolie; ils sont donc fort sensibles aux bienfaits et aux outrages, et ils portent une haine mortelle contre ceux qui les ont maltraités; lorsqu'au contraire ils s'affectionnent à un maître, il n'y a rien qu'ils ne fussent capables de faire pour lui marquer leur zèle et leur dévouement. Ils sont naturellement compatissans, et même tendres pour leurs enfans, pour leurs amis, pour leurs compatriotes; ils partagent volontiers le peu qu'ils ont avec ceux qu'ils voient dans le besoin, sans même les connoître autrement que par leur indigence. Ils ont donc, comme l'on voit, le cœur excellent; ils ont le germe de toutes les vertus : je ne puis écrire leur histoire sans m'attendrir sur leur état; ne sont-ils pas assez malheureux d'être réduits à la servitude, d'être obligés de toujours travailler sans pouvoir jamais rien acquérir? faut-il encore les excéder, les frapper et les traiter comme des animaux? l'humanité se révolte contre ces traitemens odieux que l'avidité du gain a mis en usage, et qu'elle renouvelleroit peut-être tous les jours, si nos lois n'avoient pas mis un frein à la brutalité des maîtres, et resserré les limites de la misère de leurs esclaves. On les force de travail, on leur épargne la nourriture, même la plus commune; ils supportent, dit-on, très-aisément la faim; pour vivre trois jours il ne leur faut que la portion d'un Européen pour un repas; quelque peu qu'ils mangent et qu'ils dorment, ils sont toujours également durs, également forts au travail. Comment des hommes à qui il reste quelque sentiment d'humanité, peuvent-ils adopter ces maximes, en faire un préjugé, et chercher à légitimer par ces raisons, les excès que la soif de l'or leur fait commettre ? mais laissons ces hommes durs et revenons à notre objet.

Les Hottentots ne sont pas des Nègres, mais des Caffres qui ne seroient que basanés s'ils ne se noircissoient pas la peau avec des graisses et des couleurs. Le père Tachard dit que quoiqu'ils aient les cheveux presqu'aussi cotonneux que ceux des Nègres, il y en a cependant plusieurs qui les ont plus longs et qui les laissent flotter sur leurs épaules; ils ne les peignent ni ne les lavent jamais, mais ils les frottent tous les jours d'une très-grande quantité de graisse et de suie mêlées ensemble, et il s'y amasse tant de poussière et d'ordure que, se collant à la longue les uns aux autres, ils ressemblent à la toison d'un mouton noir remplie de crotte. D'ailleurs, ils sont de la plus affreuse malpropreté; ils sont errans, indépendans et très-jaloux de leur liberté.

Les voyageurs hollandois disent que les Hottentots sont de la couleur des mulâtres, qu'ils cherchent à se rendre noirs par la couleur qu'ils s'appliquent sur le corps et sur le visage, qu'ils ont le visage difforme, qu'ils sont d'une taille médiocre, maigres et fort légers à la course, que leur langage est étrange et qu'ils gloussent comme des coqs d'Inde. Ces Hottentots sont des espèces de sauvages fort extraordinaires; les femmes sont beaucoup plus petites que les hommes; elles ont, dit-on, une espèce d'excroissance ou de peau dure et large qui leur croît au-dessus de l'os pubis, et qui descend jusqu'au milieu des cuisses en forme de tablier. Thévenot dit la même chose des femmes égyptiennes, mais qu'elles ne laissent pas croître cette peau et qu'elles la brûlent avec des fers chauds. Bruce assure avec toute raison que le fait n'est pas vrai pour les Egyptiennes, et très-douteux pour les Hottentotes, auprès desquelles d'ailleurs il est fort difficile de faire cette vérification; elles sont naturellement très-modestes; il faut les enivrer pour en venir à bout. Ce prétendu tablier m'a toujours paru contre tout ordre de nature. Le fait, quoiqu'affirmé par plusieurs voyageurs, n'a peut-être d'autre fondement que le ventre pendant de quelques femmes malades ou mal soignées après leurs couches; mais à l'égard des protubérances entre les lèvres, lesquelles proviennent du trop grand accroissement des nymphes, c'est un défaut connu et commun au plus grand nombre des femmes africaines.

Les hommes, de leur côté, sont tous à demi-eunuques; mais il est vrai qu'ils ne naissent pas tels, et qu'on leur ôte un testicule ordinairement à l'âge de huit ans, et souvent plus tard. Kolbe dit avoir vu faire cette opération à un jeune Hottentot de dix-huit ans; les circonstances dont cette cérémonie est accompagnée, sont si singulières que je ne puis m'empêcher de les rapporter ici, d'après le témoin oculaire que je viens de citer.

Après avoir bien frotté le jeune homme, de la graisse des entrailles d'une brebis qu'on vient de tuer exprès, on le couche à terre sur le dos ; on lui lie les mains et les pieds, et trois ou quatre de ses amis le tiennent; alors le prêtre (car c'est une cérémonie religieuse) armé d'un couteau bien tranchant fait une incision, enlève le testicule gauche et remet à la place une boule de graisse de la même grosseur, qui a été préparée avec quelques herbes médicinales ; il coud ensuite la plaie avec l'os d'un petit oiseau qui lui sert d'aiguille, et un filet de nerf de mouton ; cette opération étant finie, on délie le patient ; mais le prêtre avant que de le quitter le frotte avec de la graisse toute chaude de la brebis tuée, ou plutôt il lui en arrose tout le corps avec tant d'abondance, que lorsqu'elle est réfroidie elle forme une espèce de croûte ; il le frotte en même temps si rudement, que le jeune homme qui ne souffre déjà que trop, sue à grosses gouttes et fume comme un chapon qu'on rôtit ; ensuite l'opérateur fait avec ses ongles des sillons dans cette croûte de suif d'une extrémité du corps à l'autre, et pisse dessus aussi copieusement qu'il le peut ; après quoi il recommence à le frotter encore, et il recouvre avec la graisse les sillons remplis d'urine. Aussitôt chacun abandonne le patient; on le laisse seul plus mort que vif; il est obligé de se traîner comme il peut dans une petite hutte, qu'on lui a bâtie exprès tout proche du lieu où s'est fait l'opération ; il y périt ou il y recouvre la santé, sans qu'on lui donne aucun secours, et sans aucun autre rafraîchissement ou nourriture que la graisse qui lui couvre tout le corps, et qu'il peut lécher s'il le veut : au bout de deux jours, il est ordinairement rétabli ; alors il peut sortir et se montrer, et pour prouver qu'il est en effet parfaitement guéri, il se met à courir avec autant de légéreté qu'un cerf

Tous les Hottentots ont le nez fort plat et fort large ; ils ne l'auroient cependant pas tel si les mères ne se faisoient un devoir de leur aplatir le nez peu de temps après leur naissance ; elles regardent un nez proéminent comme une difformité ; ils ont aussi les lèvres fort grosses, sur-tout la supérieure, les dents fort blanches, les sourcils épais, la tête grosse, le corps maigre, les membres menus ; ils ne vivent guère passé quarante ans ; la malpropreté dans laquelle ils se plaisent et croupissent, et les viandes infectées et corrompues dont ils font leur principale nourriture, sont sans doute les causes qui contribuent le plus au peu de durée de leur vie. Je pourrois m'étendre bien davantage sur la description de ce vilain peuple ; mais comme presque tous les voyageurs en ont écrit fort au long, je me contenterai d'y renvoyer. Seulement je ne dois pas passer sous silence un fait rapporté par Tavernier ; c'est que les Hollandois ayant pris une petite fille hottentote peu de temps après sa naissance, et l'ayant élevée parmi eux, elle devint aussi blanche qu'une Européenne, et il présume que tout ce peuple seroit assez blanc s'il n'étoit pas dans l'usage de se barbouiller continuellement avec des drogues noires.

Les peuples de Madagascar sont noirs ; ils vont absolument nus, hommes et femmes ; ils se nourrissent de chair d'éléphant, et font commerce de l'ivoire. Les

François ont été les premiers qui aient abordé et fait un établissement dans cette île, qui ne fut pas soutenu. L'île de Madagascar est extrêmement peuplée et fort abondante en pâturages et en bétail ; les hommes et les femmes sont fort débauchés, et celles qui s'abandonnent publiquement ne sont pas déshonorées ; ils aiment tous beaucoup à danser, à chanter et à se divertir, et quoiqu'ils soient fort paresseux, ils ne laissent pas d'avoir quelque connoissance des arts mécaniques ; ils ont des laboureurs, des forgerons, des charpentiers, des potiers, et même des orfèvres ; ils n'ont cependant aucune commodité dans leurs maisons, aucuns meubles ; ils couchent sur des nattes ; ils mangent la chair presque crue, et dévorent même le cuir de leurs bœufs après en avoir fait un peu griller le poil ; ils mangent aussi la cire avec le miel ; les gens du peuple vont presque tout nus ; les plus riches ont des caleçons ou des jupons de coton et de soie.

Il paroît par ce que nous venons de rapporter, que les Nègres diffèrent beaucoup entr'eux ; mais ce que ces descriptions indiquent encore plus clairement, c'est que les traits dépendent beaucoup des usages où sont les différens peuples de s'écraser le nez, de se tirer les paupières, de s'alonger les oreilles, de se grossir les lèvres, de s'aplatir le visage, et que la couleur dépend principalement du climat. Les anciens eux-mêmes le croyoient, et ils pensoient que ce qui donnoit à ces peuples cette couleur ou pour mieux dire cette teinture, c'étoit la trop grande ardeur du soleil à laquelle ils sont perpétuellement exposés.

Cette opinion me paroît de la plus grande vérité.

Cette chaleur excessive ne se trouve dans aucune contrée montagneuse, ni dans aucune terre fort élevée sur le globe; et c'est par cette raison que sous l'équateur même, les habitans du Pérou et ceux de l'intérieur de l'Afrique ne sont pas noirs. Ainsi le domaine des Nègres n'est pas aussi vaste ni leur nombre à beaucoup près aussi grand qu'on pourroit l'imaginer; et je ne sais sur quel fondement l'auteur de recherches sur les Américains, prétend que le nombre des Nègres est à celui des blancs, comme un est à vingt-trois. Je ne crois pas même que leur espèce fasse la centième partie du genre humain.

Mais avant que d'exposer ce qu'on peut dire sur ce sujet, nous croyons qu'il est nécessaire de considérer tous les différens peuples de l'Amérique, comme nous avons considéré ceux des autres parties du monde; après quoi nous serons plus en état de faire de justes comparaisons et d'en tirer des résultats généraux.

En commençant par le nord, on trouve dans les parties les plus septentrionales des espèces de Lapons semblables à ceux d'Europe ou aux Samojedes d'Asie; et quoiqu'ils soient peu nombreux en comparaison de ceux-ci, ils ne laissent pas d'être répandus dans une étendue de terre fort considérable. Ceux qui habitent les terres du détroit de Davis, sont petits, d'un teint olivâtre; ils ont les jambes courtes et grosses; ils sont habiles pêcheurs; ils mangent leur poisson et leur viande crus; leur boisson est de l'eau pure ou du sang de chien de mer; ils sont fort robustes et vivent fort longtemps. L'hiver ils vivent sous terre comme les Lapons et Samojedes, et se couchent comme eux tous pêle-mêle sans aucune distinction.

Au-dessous de ces sauvages, on trouve les sauvages du Canada, plus nombreux et tous différens des premiers; ils sont tous assez grands, robustes, forts et assez bien faits; ils ont les cheveux et les yeux noirs, les dents très-blanches, le teint basané, peu de barbe et point ou presque point de poil en aucune partie du corps; ils sont durs et infatigables à la marche; très-légers à la course; ils supportent aussi aisément la faim que les plus grands excès de nourriture; ils sont hardis, courageux, fiers, graves et modérés; enfin ils ressemblent si fort aux Tartares orientaux par la couleur de la peau, des cheveux et des yeux, par le peu de barbe et de poil, et aussi par le naturel et les mœurs, qu'on les croiroit issus de cette nation, si on ne les regardoit pas comme séparés les uns des autres par une vaste mer, et si l'on n'étoit pas embarrassé sur la possibilité de la migration; cependant si l'on fait attention au petit nombre d'hommes qu'on a trouvé dans cette étendue immense des terres de l'Amérique septentrionale, et qu'aucun de ces hommes n'étoit encore civilisé, on ne pourra guère se refuser à croire que toutes ces nations sauvages ne soient de nouvelles peuplades produites par quelques individus échappés d'un peuple plus nombreux.

Il est vrai qu'on prétend que dans l'Amérique septentrionale, depuis le nord jusqu'au Mississipi, il ne reste pas actuellement la vingtième partie du nombre des peuples naturels, qui y étoient lorsqu'on en fit la découverte, et que ces nations sauvages ont été ou détruites ou réduites à un si petit nombre d'hommes, que nous ne devons pas tout-à-fait en juger aujourd'hui comme nous en aurions jugé dans ce temps ; mais quand même on accorderoit que l'Amérique septentrionale avoit alors vingt fois plus d'habitans qu'il n'en reste aujourd'hui, cela n'empêche pas qu'on ne dût la considérer dès-lors comme une terre déserte ou si nouvellement peuplée, que les hommes n'avoient pas encore eu le temps de s'y multiplier. Un voyageur qui s'est avancé dans la profondeur des terres au nord-ouest du Missisipi où personne n'avoit encore pénétré, et où par conséquent les nations sauvages n'ont pas été détruites, m'a assuré que cette partie de l'Amérique est si déserte, qu'il a souvent fait cent et deux cents lieues sans trouver une face humaine ni aucun autre vestige qui pût indiquer qu'il y eût quelqu'habitation voisine des lieux qu'il parcouroit; et lorsqu'il rencontroit quelques-unes de ces habitations, c'étoit toujours à des distances extrêmement grandes les unes des autres, et dans chacune il n'y avoit souvent qu'une seule famille, quelquefois deux ou trois, mais rarement plus de vingt personnes ensemble, et ces vingt personnes étoient éloignées de cent lieues de vingt autres personnes. Il est vrai que le long des fleuves et des lacs que l'on a remontés ou suivis, on a trouvé des nations sauvages composées d'un bien plus grand nombre d'hommes, et qu'il en reste encore quelques-unes qui ne laissent pas d'être assez nombreuses pour inquiéter quelquefois les habitans de nos colonies; mais ces nations les plus nombreuses se réduisent à trois ou quatre mille personnes, et ces trois ou quatre mille personnes sont répandues dans un espace de terrein souvent plus grand que toute la France; de sorte que je suis persuadé qu'on pourroit avancer sans crainte de se tromper, que dans une seule ville, comme Paris, il y a plus d'hommes qu'il n'y a de sauvages dans toute cette partie de l'Amérique septentrionale comprise entre la mer du nord et la mer du sud, depuis le golfe du Mexique jusqu'au nord, quoique cette étendue de terre soit beaucoup plus grande que toute l'Europe.

Je ne crois pas donc devoir m'étendre beaucoup sur ce qui a rapport aux coutumes de ces nations sauvages: tous les auteurs qui en ont parlé n'ont pas fait attention que ce qu'ils nous donnoient pour des usages constans et pour les mœurs d'une société d'hommes, n'étoit que des actions particulières à quelques individus, souvent déterminées par les circonstances ou par le caprice. Certaines nations, nous disent-ils, mangent leurs ennemis, d'autres les brûlent, d'autres les mutilent : les unes sont perpétuellement en guerre, d'autres cherchent à vivre en paix ; chez les unes on tue son père, lorsqu'il a atteint un certain âge; chez les autres les pères et mères mangent leurs enfans : toutes ces histoires sur lesquelles les voyageurs se sont étendus avec tant de complaisance, se réduisent à des récits de faits particuliers, et signifient seulement que tel sauvage a mangé son ennemi, tel autre l'a brûlé ou mutilé, tel autre a tué ou mangé son enfant, et tout cela peut se trouver dans une seule nation de sauvages comme dans plusieurs nations; car toute nation où il n'y a ni règle, ni loi, ni maître, ni société habituelle, est moins une nation qu'un assemblage tumultueux d'hommes barbares et indépendans, qui n'obéissent qu'à leurs passions particulières, et qui ne pouvant avoir un intérêt commun, sont incapables de se diriger vers un même but et de se soumettre à des usages constans, qui tous supposent une suite de desseins raisonnés et approuvés par le plus grand nombre.

La même nation, dira-t-on, est composée d'hommes qui se reconnoissent, qui parlent la même langue, qui se réunissent, lorsqu'il le faut, sous un chef, qui s'arment de même, qui hurlent de la même façon, qui se barbouillent de la même couleur : oui, si ces usages étoient constans, s'ils ne se réunissoient pas souvent sans savoir pourquoi, s'ils ne se séparoient pas sans raison, si leur chef ne cessoit pas de l'être par son caprice ou par le leur, si leur langue même n'étoit pas si simple qu'elle leur est presque commune à tous.

Comme ils n'ont qu'un très-petit nombre d'idées, ils n'ont aussi qu'une très-petite quantité d'expressions, qui toutes ne peuvent rouler que sur les choses les plus générales et les objets les plus communs; et quand même la plupart de ces expressions seroient différentes, comme elles se réduisent à un fort petit nombre de termes, ils ne peuvent manquer de s'entendre en très-peu de temps, et il doit être plus facile à un sauvage d'entendre et de parler toutes les langues des autres sauvages, qu'il ne l'est à un homme d'une nation policée d'apprendre celle d'une autre nation également policée.

Autant il est donc inutile de se trop étendre sur les coutumes et les mœurs de ces prétendues nations, autant il seroit peut-être nécessaire d'examiner la nature de l'individu ; l'homme sauvage est en effet de tous les animaux le plus singulier, le moins connu, et le plus difficile à décrire ; mais nous distinguons si peu ce que la Nature seule nous a donné de ce que l'éducation, l'imitation, l'art et l'exemple nous ont communiqué, ou nous le confondons si bien, qu'il ne seroit pas étonnant que nous nous méconnussions totalement au portrait d'un sauvage, s'il nous étoit présenté avec les vraies couleurs et les seuls traits naturels qui doivent en faire le caractère.

Un sauvage absolument sauvage, tel que l'enfant élevé avec les ours, dont parle Conor, le jeune homme trouvé dans les forêts d'Hanovre, ou la petite fille trouvée dans les bois en France, seroient un spectacle curieux pour un philosophe ; il pourroit en observant son sauvage évaluer au juste la force des appétits de la Nature ; il y verroit l'ame à découvert ; il en distingueroit tous les mouvemens naturels, et peut-être y reconnoîtroit-il plus de douceur, de tranquillité et de calme que dans la sienne ; peut-être verroit-il clairement que la vertu appartient à l'homme sauvage plus qu'à l'homme civilisé, et que le vice n'a pris naissance que dans la société.

Mais revenons à notre principal objet : si l'on n'a rencontré dans toute l'Amérique septentrionale que des sauvages, on a trouvé au Mexique et au Pérou des hommes civilisés, des peuples policés, soumis à des lois et gouvernés par des rois ; ils avoient de l'industrie, des arts et une espèce de religion ; ils habitoient dans des villes où l'ordre et la police étoient maintenus par l'autorité du souverain : ces peuples qui d'ailleurs étoient assez nombreux, ne peuvent pas être regardés comme des nations nouvelles ou des hommes provenus de quelques individus échappés des peuples de l'Europe ou de l'Asie, dont ils sont si éloignés; les sauvages de la Floride, du Mississipi et des autres parties méridionales du continent de l'Amérique septentrionale sont plus basanés que ceux du Canada, sans cependant qu'on puisse dire qu'ils soient bruns; l'huile et les couleurs dont ils se frottent le corps les font paroître plus olivâtres qu'ils ne le sont en effet. Coreal dit que les femmes de la Floride sont grandes, fortes et de couleur olivâtre comme les hommes, qu'elles ont les bras, les jambes et le corps peints de plusieurs couleurs qui sont ineffaçables parce qu'elles ont été imprimées dans les chairs par le moyen de plusieurs piqûres, et que la couleur olivâtre des uns et des autres ne vient pas tant de l'ardeur du soleil que de certaines huiles dont, pour ainsi-dire, ils se vernissent la peau; il ajoute que ces femmes sont fort agiles, qu'elles passent à la nage de grandes rivières en tenant même leur enfant avec le bras, et qu'elles grimpent avec une pareille agilité sur les arbres les plus élevés; tout cela leur est commun avec les femmes sauvages du Canada et des autres contrées de l'Amérique.

Les Caraïbes en général sont, selon le père du Tertre, des hommes d'une belle taille et de bonne mine; ils sont puissans, forts et robustes, très-dispos et très-sains; il y en a plusieurs qui ont le front plat et le nez aplati; mais cette forme du visage et du nez ne leur est pas naturelle; ce sont les pères et les mères qui aplatissent ainsi la tête de l'enfant quelque temps après qu'il est né ; cette espèce de caprice qu'ont les sauvages d'altérer la figure naturelle de la tête, est assez générale dans toutes les nations sauvages : presque tous les Caraïbes ont les yeux noirs et assez petits ; mais la disposition de leur front et de leur visage les fait paroître assez gros ; ils ont les dents belles, blanches et bien rangées, les cheveux longs et lisses, et tous les ont noirs ; on n'en a jamais vu un seul avec des cheveux blonds ; ils ont la peau basanée ou couleur d'olive, et même le blanc des yeux en tient un peu ; cette couleur basanée leur est naturelle et ne provient pas uniquement, comme quelques auteurs l'ont avancé, du rocou dont ils se frottent continuellement, puisque l'on a remarqué que les enfans de ces sauvages qu'on a élevés parmi les Européens, et qui ne se frottoient jamais de ces couleurs, ne laissoient pas d'être basanés et olivâtres comme leurs pères et mères. Tous ces sauvages ont l'air rêveur, quoiqu'ils ne pensent à rien ; ils ont aussi le visage triste et ils paroissent être mélancoliques ; ils sont naturellement doux et compatissans, quoique très-cruels à leurs ennemis : ils prennent assez indifféremment pour femmes leurs parentes ou des étrangères ; leurs cousines germaines leur appartiennent de droit, et on en a vu plusieurs qui avoient en même temps les deux sœurs ou la mère et la fille, et même leur propre fille ; ceux qui ont plusieurs femmes les voient tour à tour, chacune pendant un mois ou un nombre de jours égal, et cela suffit pour que ces femmes n'aient aucune jalousie ; ils pardonnent assez volontiers l'adultère à leurs femmes, mais jamais à celui

celui qui les a débauchées. Ils se nourrissent de burgaux, de crabes, de tortues, de lézards, de serpens et de poissons qu'ils assaisonnent avec du piment et de la farine de manioc. Comme ils sont extrêmement paresseux et accoutumés à la plus grande indépendance, ils détestent la servitude, et on n'a jamais pu s'en servir comme on se sert des Nègres; il n'y a rien qu'ils ne soient capables de faire pour se remettre en liberté, et lorsqu'ils voient que cela leur est impossible, ils aiment mieux se laisser mourir de faim et de mélancolie, que de vivre pour travailler.

Les femmes sauvages sont toutes plus petites que les hommes; celles des Caraïbes sont grasses et assez bien faites; elles ont les yeux et les cheveux noirs, le tour du visage rond, la bouche petite, les dents fort blanches, l'air plus gai, plus riant et plus ouvert que les hommes; elles ont cependant de la modestie et sont assez réservées; elles se barbouillent de rocou, mais elles ne se font pas de raies noires sur le visage et sur le corps comme les hommes; elles ne portent qu'un petit tablier de huit ou dix pouces de largeur sur cinq à six pouces de hauteur; ce tablier est ordinairement de toile de coton couverte de petits grains de verre; ils ont cette toile et cette rassade des Européens qui en font commerce avec eux. Ces femmes portent aussi plusieurs colliers de rassade qui leur environnent le cou et descendent sur leur sein; elles ont des brasselets de même espèce aux poignets et au-dessus des coudes, et des pendans d'oreilles de pierre bleue ou de grains de verre enfilés; un dernier ornement qui leur est particulier, et que les hommes n'ont jamais, c'est une espèce de brodequins de toile de coton, garnis de rassade, qui prend depuis la cheville du pied jusqu'au-dessus du gras de jambe; dès que les filles ont atteint l'âge de puberté, on leur donne un tablier, et on leur fait en même temps des brodequins aux jambes qu'elles ne peuvent jamais ôter; ils sont si serrés qu'ils ne peuvent ni monter ni descendre; et comme ils empêchent le bas de la jambe de grossir, les molets deviennent beaucoup plus gros et plus fermes qu'ils ne le seroient naturellement.

Les peuples qui habitent actuellement le Mexique et la nouvelle Espagne sont si mêlés, qu'à peine trouve-t-on deux visages qui soient de la même couleur; il y a dans la ville de Mexico des blancs d'Europe, des Indiens du nord et du sud de l'Amérique, des Nègres d'Afrique, des mulâtres, des métis, en sorte qu'on y voit des hommes de toutes les nuances de couleurs qui peuvent être entre le blanc et le noir. Les naturels du pays sont fort bruns et de couleur d'olive, bien faits et dispos; ils ont peu de poil, même aux sourcils; ils ont cependant tous les cheveux fort longs et fort noirs.

Selon Wafer, les habitans de l'isthme de l'Amérique sont ordinairement de bonne taille et d'une jolie tournure; les femmes sont petites et ramassées, et n'ont pas la vivacité des hommes, quoique les jeunes aient de l'embonpoint, la taille jolie et l'œil vif; les uns et les autres ont tous les traits assez réguliers. Ils ont les cheveux noirs, longs, plats et rudes, et les hommes auroient de la barbe s'ils ne se la faisoient arracher; ils ont le teint basané, de couleur de cuivre jaune ou d'orange, et les sourcils noirs comme du jais.

Ces peuples que nous venons de décrire, ne sont pas les seuls habitans naturels de l'Isthme; on trouve parmi eux des hommes tout différens, et quoiqu'ils soient en très-petit nombre, ils méritent d'être remarqués : ces hommes sont blancs; mais ce blanc n'est pas celui des Européens; c'est plutôt un blanc de lait, qui approche beaucoup de la couleur du poil d'un cheval blanc; leur peau est aussi toute couverte, plus ou moins, d'une espèce de duvet court et blanchâtre; leurs sourcils sont d'un blanc de lait, aussi bien que leurs cheveux qui sont très-beaux, de la longueur de sept à huit pouces et à demi-frisés. Ces Indiens, hommes et femmes, ne sont pas si grands que les autres, et ce qu'ils ont encore de très-singulier, c'est que leurs paupières sont d'une figure oblongue, ou plutôt en forme de croissant, dont les pointes tournent en bas : ils ont les yeux si foibles qu'ils ne voient presque pas en plein jour; ils ne peuvent supporter la lumière du soleil et ne voient bien qu'à celle de la lune; ils sont d'une complexion fort délicate en comparaison des autres Indiens; ils craignent les exercices pénibles; ils dorment pendant le jour et ne sortent que la nuit; et lorsque la lune luit, ils courent dans les endroits les plus sombres des forêts aussi vîte que les autres le peuvent faire de jour, à cela près qu'ils ne sont ni aussi robustes ni aussi vigoureux. Au reste, ces Hommes blafards ne se trouvent pas seulement dans l'isthme d'Amérique; on en rencontre encore à Ceylan, à Java, aux Indes méridionales, en Asie, à Madagascar, en Afrique, à Carthagène et dans les Antilles, en Amérique et dans les îles de la mer du sud.

On seroit donc porté à croire que les Hommes de toute race et de toute couleur produisent quelquefois des individus blafards, et que dans tous les climats chauds il y a des races sujettes à cette espèce de dégradation; néanmoins, par toutes les connoissances que j'ai pu recueillir, il me paroît que ces blafards forment plutôt des branches stériles de dégénération, qu'une tige ou vraie race dans l'espèce humaine; car nous sommes pour ainsi dire assurés que les blafards mâles sont inhabiles ou très-peu habiles à la génération, et qu'ils ne produisent pas avec leurs femelles blafardes, ni même avec les Négresses. Néanmoins on prétend que les femelles blafardes produisent avec les Nègres des enfans pies, c'est-à-dire marqués de taches noires et blanches, grandes et très-distinctes, quoique semées irrégulièrement. Cette dégradation de nature paroît donc être encore plus grande dans les mâles que dans les femelles, et il y a plusieurs raisons pour croire que c'est plutôt une espèce de maladie ou une sorte de détraction dans l'organisation du corps, qu'une affection de nature qui doive se propager : car il est certain qu'on n'en trouve que des individus, et jamais des familles entières; et l'on assure que quand par hasard ces individus produisent des enfans, ils se rapprochent de la couleur primitive de laquelle les pères ou mères avoient dégénéré.

Ce qu'il y a de plus singulier, c'est que cette variation de la Nature ne se trouve que du noir au blanc, et et non pas du blanc au noir; car elle arrive chez les

Nègres, chez les Indiens les plus bruns, et aussi chez les Indiens les plus jaunes, c'est-à-dire, dans toutes les races d'hommes qui sont les plus éloignées du blanc, et il n'arrive jamais chez les blancs qu'il naisse des individus noirs : une autre singularité, c'est que tous ces peuples des Indes orientales, de l'Afrique et de l'Amérique, chez lesquels on trouve ces hommes blancs, sont tous sous la même latitude ; l'isthme de Darien, le pays des Nègres et Ceylan sont absolument sous le même parallèle. Le blanc paroît donc être la couleur primitive de la Nature, que le climat, la nourriture et les mœurs altèrent et changent, même jusqu'au jaune, au brun ou au noir, et qui reparoît dans de certaines circonstances, mais avec une si grande altération, qu'il ne ressemble point au blanc primitif, qui en effet a été dénaturé par les causes que nous venons d'indiquer.

En tout, les deux extrêmes se rapprochent presque toujours ; la Nature aussi parfaite qu'elle peut l'être, a fait les hommes blancs, et la Nature altérée autant qu'il est possible, les rend encore blancs ; mais le blanc naturel ou blanc de l'espèce est fort différent du blanc individuel ou accidentel ; on en voit des exemples dans les plantes aussi bien que dans les Hommes et les animaux ; la rose blanche, la giroflée blanche, sont bien différentes, même pour le blanc, des roses ou des giroflées rouges, qui dans l'automne deviennent blanches, lorsqu'elles ont souffert le froid des nuits et les petites gelées de cette saison.

Ce qui peut encore faire croire que ces hommes blancs ne sont en effet que des individus qui ont dégénéré de leur espèce, c'est qu'ils sont tous beaucoup moins forts et moins vigoureux que les autres, et qu'ils ont les yeux extrêmement foibles : on trouvera ce dernier fait moins extraordinaire, lorsqu'on se rappellera que parmi nous les hommes qui sont d'un blond blanc, ont ordinairement les yeux foibles : j'ai aussi remarqué qu'ils avoient souvent l'oreille dure, et on prétend que les chiens qui sont absolument blancs et sans aucune tache, sont sourds ; je ne sais si cela est généralement vrai ; je puis seulement assurer que j'en ai vu plusieurs qui l'étoient en effet.

Les Indiens du Pérou sont aussi couleur de cuivre, comme ceux de l'Isthme, sur-tout ceux qui habitent le bord de la mer et les terres basses ; car ceux qui demeurent dans les pays élevés, comme entre les deux chaînes des Cordillères, sont presque aussi blancs que les Européens ; les uns sont à une lieue de hauteur au-dessus des autres, et cette différence d'élévation sur le globe fait autant qu'une différence de mille lieues en latitude pour la température du climat.

Un voyageur parle d'une autre nation d'Indiens qui ont le cou si court et les épaules si élevées, que leurs yeux paroissent être sur leurs épaules, et leur bouche dans leur poitrine. Cette difformité si monstrueuse n'est sûrement pas naturelle, et il y a grande apparence que ces sauvages qui se plaisent tant à défigurer la Nature en aplatissant, en arrondissant, en alongeant la tête de leurs enfans, auront aussi imaginé de leur faire rentrer le cou dans les épaules : il ne faut, pour donner naissance à toutes ces bizarreries, que l'idée de se rendre par ces difformités, plus effroyables et plus terribles à leurs ennemis. Les Scythes, autrefois aussi sauvages que le sont aujourd'hui les Américains, avoient apparemment les mêmes idées qu'ils réalisoient de la même façon; et c'est ce qui a sans doute donné lieu à ce que les anciens ont écrit au sujet des hommes acéphales et cynocéphales.

Les sauvages du Brésil sont à peu près de la taille des Européens, mais plus forts, plus robustes et plus dispos; ils ne sont pas sujets à autant de maladies, et ils vivent communément plus longtemps : leurs cheveux, qui sont noirs, blanchissent rarement dans la vieillesse : ils sont basanés et d'une couleur brune qui tire un peu sur le rouge; ils ont la tête grosse, les épaules larges et les cheveux longs; ils s'arrachent la barbe, le poil du corps, et même les sourcils et les cils, ce qui leur donne un regard extraordinaire et farouche : ils se percent la lèvre de dessous pour y passer un petit os poli comme de l'ivoire, ou une pierre verte assez grosse : les mères écrasent le nez de leurs enfans peu de temps après la naissance; ils vont tous absolument nus et se peignent le corps de différentes couleurs. Ceux qui habitent dans les terres voisines des côtes de la mer, se sont un peu civilisés par le commerce volontaire ou forcé qu'ils ont avec les Portugais; mais ceux de l'intérieur des terres sont encore, pour la plupart, absolument sauvages; ce n'est pas même par la force et en voulant les réduire à un dur esclavage, qu'on vient à bout de les policer; les missions ont formé plus d'hommes dans ces nations barbares, que les armées victorieuses des princes qui les ont subjuguées. Le Paraguai n'a été conquis que de cette façon; la douceur, le bon exemple, la charité et l'exercice de la vertu constamment pratiqué par les missionnaires, ont touché ces sauvages, vaincu leur défiance et leur férocité, civilisé ces nations et jeté les fondemens d'un empire, sans autres armes que celles de la vertu.

Les habitans de cette contrée du Paraguai, ont communément la taille assez belle et assez élevée; ils ont le visage un peu long et la couleur olivâtre. Il règne quelquefois parmi eux une maladie extraordinaire, c'est une espèce de lèpre qui leur couvre tout le corps, et y forme une croûte semblable à des écailles de poisson; cette incommodité ne leur cause aucune douleur, ni même aucun autre dérangement dans la santé.

Les Indiens du Chili sont d'une couleur basanée, qui tire un peu sur celle du cuivre rouge, comme celle des Indiens du Pérou : cette couleur est différente de celle des mulâtres; comme ils viennent d'un blanc et d'une Négresse, ou d'une blanche et d'un Nègre, leur couleur est brune, c'est-à-dire mêlée de blanc et de noir; au lieu que dans tout le continent de l'Amérique méridionale, les Indiens sont jaunes ou plutôt rougeâtres. Les habitans du Chili sont de bonne taille : ils ont les membres gros, la poitrine large, le visage peu agréable et sans barbe, les yeux petits, les oreilles longues, les cheveux noirs, plats et gros comme du crin; ils s'alongent les oreilles, et ils s'arrachent la barbe avec des pinces faites de coquilles; la plupart vont nus, quoique le climat soit froid; ils portent seulement sur leurs épaules quelques peaux d'animaux. C'est a l'extrémité de Chili, vers les terres magellaniques, que se trouve une race d'hommes plus haute et plus puissante qu'aucune autre dans l'univers. Aucun n'a au-dessous de cinq pieds cinq à six pouces, et plusieurs ont six pieds. Ces faits sont confirmés par Bougainville, dans la curieuse relation de son grand voyage. « Leur figure, dit-il, n'est ni dure ni désagréable; plusieurs l'ont jolie; leur couleur est bronzée comme l'est sans exception celle de tous les Américains; quelques-uns de ces Patagons avoient les joues peintes en rouge; leur langue est assez douce, et rien en eux n'annonce un caractère féroce : leur nourriture principale paroît être la chair des lamas et des vigognes; plusieurs en avoient des quartiers attachés à leurs chevaux; nous leur en avons vu manger des morceaux crus. Il semble que, comme les Tartares, ils mènent une vie errante dans les plaines immenses de l'Amérique méridionale : sans cesse à cheval, hommes, femmes et enfans, suivant le gibier et les bestiaux dont les plaines sont couvertes; se vêtissant et se cabanant avec des peaux; leurs femmes sont presque blanches et d'une figure assez agréable. Leurs vieillards portent encore sur leurs visages l'apparence de la vigueur et de la santé. » Il faut considérer au reste que Bougainville ne parle que des Patagons des environs du détroit, et que peut-être il y en a de plus grands dans l'intérieur des terres.

Il n'y a donc, pour ainsi dire, dans tout le nouveau continent, qu'une seule et même race d'hommes, qui tous sont plus ou moins basanés; et à l'exception du nord de l'Amérique, où il se trouve des hommes semblables aux Lapons, et aussi quelques hommes à cheveux blonds, semblables aux Européens du nord, tout le reste de cette vaste partie du monde ne contient que des hommes, parmi lesquels il n'y a presqu'aucune diversité; au lieu que dans l'ancien continent, nous avons trouvé une prodigieuse variété dans les différens peuples. Quelle que soit l'origine de ces nations sauvages, elle paroît leur être commune à toutes; tous les Américains sortent d'une même souche, et ils ont conservé jusqu'à présent les caractères de leur race sans grande variation, parce qu'ils sont tous demeurés sauvages; qu'ils ont tous vécu à peu près de la même façon; que leur climat n'est pas à beaucoup près aussi inégal pour le froid et pour le chaud que celui de l'ancien continent, et qu'étant nouvellement établis dans leur pays, les causes qui produisent des variétés, n'ont pu agir assez longtemps pour opérer des effets bien sensibles.

Chacune des raisons que je viens d'avancer, mérite d'être considérée en particulier : les Américains sont des peuples nouveaux; il me semble qu'on n'en peut pas douter lorsqu'on fait attention à leur petit nombre, à leur ignorance, et au peu de progrès que les plus civilisés d'entr'eux avoient fait dans les arts; car quoique les premières relations de la découverte et des conquêtes de l'Amérique nous parlent du Mexique, du Pérou, de Saint-Domingue, comme de pays très-peuplés, et qu'elles nous disent que les Espagnols ont eu à combattre par-tout des armées très-nombreuses, il est aisé de voir que ces faits sont fort exagérés, premièrement par le peu de monumens qui restent de la prétendue grandeur de ces peuples, secondement par la nature même de leur pays qui, quoique peuplé d'Européens plus industrieux sans doute que ne l'étoient les naturels, est cependant encore sauvage, inculte, couvert de bois, et n'est d'ailleurs qu'un groupe de montagnes inaccessibles, inhabitables, qui ne laissent par conséquent que de petits espaces propres à être cultivés et habités; troisièmement par la tradition même de ces peuples sur le temps qu'ils se sont réunis en société; les Péruviens ne comptoient que douze rois, dont le premier avoit commencé à les civiliser; ainsi il n'y avoit pas trois cents ans qu'ils avoient cessé d'être, comme les autres, entièrement sauvages; quatrièmement par le petit nombre d'hommes qui ont été employés à faire la conquête de ces vastes contrées : quelqu'avantage que la poudre à canon pût leur donner, ils n'auroient jamais subjugué ces peuples, s'ils eussent été nombreux; une preuve de ce que j'avance, c'est qu'on n'a jamais pu conquérir le pays des Nègres ni les assujétir, quoique les effets de la poudre fussent aussi nouveaux et aussi terribles pour eux que pour les Américains; la facilité avec laquelle on s'est emparé de l'Amérique, me paroît prouver qu'elle étoit très-peu peuplée, et par conséquent nouvellement habitée.

Dans le nouveau continent la température des différens climats est bien plus égale que dans l'ancien continent; c'est encore par l'effet de plusieurs causes; il fait beaucoup moins chaud sous la zône torride en Amérique, que sous la zône torride en Afrique; les pays compris sous cette zône en Amérique, sont le Mexique, la Nouvelle Espagne, le Pérou, la terre des Amazones, le Brésil et la Guiane. La chaleur n'est jamais fort grande au Mexique, à la Nouvelle Espagne et au Pérou, parce que ces contrées sont des terres extrêmement élevées au-dessus du niveau ordinaire de la surface du globe; le thermomètre dans les grandes chaleurs ne monte pas si haut au Pérou qu'en France; la neige qui couvre le sommet des montagnes refroidit l'air; et cette cause, qui n'est qu'un effet de la première, influe beaucoup sur la température de ce climat. Dans la terre des Amazones, il y a une prodigieuse quantité d'eaux répandues, de fleuves et de forêts; l'air y est donc extrêmement humide, et par conséquent beaucoup plus frais qu'il ne le seroit dans un pays plus sec. D'ailleurs, le vent d'est qui vient frapper contre les hautes montagnes des Cordillères, doit se réfléchir à d'assez grandes distances dans les terres voisines de ces montagnes, et y porter la fraîcheur qu'il a prise sur les neiges qui couvrent leurs sommets; ces neiges elles-mêmes doivent produire des vents froids dans les temps de leur fonte. Toutes ces causes concourent donc à rendre le climat de la zône torride en Amérique beaucoup moins chaud; aussi les habitans, au lieu d'être noirs ou très-bruns comme sous la zône torride en Afrique et en Asie, sont seulement basanés.

Une autre raison que j'ai donnée de ce qu'il se trouve peu de variétés dans les hommes en Amérique, c'est l'uniformité dans leur manière de vivre; tous étoient sauvages ou très-nouvellement civilisés; tous vivoient ou avoient vécu de la même façon : en supposant qu'ils eussent tous une origine commune, les races s'étoient dispersées sans s'être croisées ; chaque famille faisoit une nation toujours semblable à elle même et presque semblable aux autres, parce que le climat et la nourriture étoient aussi à peu près semblables ; ils n'avoient aucun moyen de dégénérer ni de se perfectionner ; ils ne pouvoient donc que demeurer toujours les mêmes, et par-tout à-peu-près les mêmes.

Quant à leur première origine, je ne doute pas qu'elle ne soit la même que la nôtre ; la ressemblance des sauvages de l'Amérique septentrionale avec les Tartares orientaux, doit faire soupçonner qu'ils sortent anciennement de ces peuples : les découvertes qui ont été faites au-delà de Kamtschatka, de plusieurs terres et de plusieurs îles qui s'étendent jusqu'à la partie de l'ouest du continent de l'Amérique, ne laissent aucun doute sur la possibilité de la communication ; mais en supposant même qu'il y ait des intervalles de mer assez considérables, il est très-possible que des hommes aient traversé ces intervalles, et qu'ils soient allés d'eux mêmes chercher ces nouvelles terres ou qu'ils y aient été jetés par la tempête : il y a peut-être un plus grand intervalle de mer entre les îles Marianes et le Japon, qu'entre aucune des terres qui sont au-delà de Kamtschatka et celles de l'Amérique, et cependant les îles Marianes se sont trouvées peuplées d'hommes qui ne peuvent venir que du continent oriental. Je serois donc porté à croire que les premiers hommes qui sont venus en Amérique ont abordé aux terres qui sont au nord-ouest de la Californie ; que le froid excessif de ce climat les obligea à gagner les parties les plus méridionales de leur nouvelle demeure ;

qu'ils se fixèrent d'abord au Mexique et au Pérou, d'où ils se sont ensuite répandus dans toutes les parties de l'Amérique septentrionale et méridionale; car le Mexique et le Pérou peuvent être regardés comme les terres les plus anciennes de ce continent et les plus anciennement peuplées, puisqu'elles sont les plus élevées et les seules où l'on ait trouvé des hommes réunis en société.

Autant il y a d'uniformité dans la couleur et dans la forme des habitans naturels de l'Amérique, autant on trouve de variété dans les peuples de l'Afrique. Cette partie du monde est très-anciennement et très-abondamment peuplée; le climat y est brûlant, et cependant d'une température très-inégale suivant les différentes contrées; et les mœurs des différens peuples sont aussi toutes différentes, comme on a pu le remarquer par les descriptions que nous en avons données : toutes ces causes ont donc concouru pour produire en Afrique une variété dans les hommes plus grande que par-tout ailleurs; car en examinant d'abord la différence de la température des contrées africaines, nous trouverons que la chaleur n'étant pas excessive en Barbarie et dans toute l'étendue des terres voisines de la mer Méditerranée, les hommes y sont blancs et seulement un peu basanés : toute cette terre de la Barbarie est rafraîchie d'un côté par l'air de la mer Méditerranée, et de l'autre par les neiges du mont Atlas; elle est d'ailleurs située dans la zône tempérée en-deçà du tropique; aussi tous les peuples qui sont depuis l'Egypte jusqu'aux îles Canaries, sont seulement un peu plus ou un peu moins basanés. Au-delà du tropique, et de l'autre côté du mont Atlas, la chaleur devient beaucoup plus grande et les hommes sont très-bruns, mais ils ne sont pas encore noirs; ensuite au 17 ou 18me. degré de latitude nord, on trouve le Sénégal et la Nubie dont les habitans sont tout-à-fait noirs; aussi la chaleur y est-elle excessive. On sait qu'au Sénégal elle est si grande que la liqueur du thermomètre monte jusqu'à 38 degrés, tandis qu'en France elle ne monte que très-rarement à 30 degrés, et qu'au Pérou, quoique situé sous la zône torride, elle est presque toujours au même degré, et ne s'élève jamais au-dessus de 25 degrés.

Si nous examinons tous les autres peuples qui sont sous la zône torride au-delà de l'Afrique, nous trouverons que les habitans des Maldives, de Ceylan, de la pointe de la presqu'île de l'Inde, de Sumatra, de Malaca, de Borneo, de Célèbes, des Philippines, sont tous extrêmement bruns, sans être absolument noirs, parce que toutes ces terres sont des îles ou des presqu'îles; la mer tempère dans ces climats l'ardeur de l'air, qui d'ailleurs ne peut jamais être aussi grande que dans l'intérieur ou sur les côtes occidentales de l'Afrique, parce que le vent d'est ou d'ouest qui règne alternativement dans cette partie du globe, n'arrive sur ces terres de l'archipel indien qu'après avoir passé sur des mers d'une très-vaste étendue. Toutes ces îles ne sont donc peuplées que d'hommes bruns, parce que la chaleur n'y est pas excessive; mais dans la nouvelle Guinée ou terre des Papous, on retrouve des hommes noirs et qui paroissent être de vrais Nègres par les descriptions des voyageurs, parce que ces terres forment un continent du côté de l'est, et que le vent qui traverse ces terres est beaucoup plus ardent que celui qui règne dans l'océan indien. Dans la nouvelle Hollande où l'ardeur du climat n'est pas si grande[1], parce que cette terre commence à s'éloigner de l'équateur, on retrouve des peuples moins noirs et assez semblables aux Hottentots : ces Nègres et ces Hottentots qui sont sous la même latitude, à une si grande distance des autres Nègres et des autres Hottentots, prouvent que leur couleur ne dépend que de l'ardeur du climat, sur-tout lorsqu'on ne peut pas soupçonner qu'il y ait jamais eu de communication de l'Afrique à ce continent austral.

On ne trouve donc les Nègres que dans les climats de la terre où toutes les circonstances sont réunies pour produire une chaleur constante et toujours excessive; et quoiqu'on ait observé que l'action de l'air est nécessaire pour produire la noirceur de la peau des Nègres, l'impression actuelle de l'air ne paroît être que la cause occasionnelle de la noirceur, et non pas la cause première; car on remarque que les enfans des Nègres ont, dans le moment même de leur naissance, du noir à la racine des ongles et aux parties génitales : l'action de l'air et la jaunisse serviront, si l'on veut, à étendre cette couleur; mais il est certain que le germe de la noirceur est communiqué aux enfans par les pères et mères; qu'en quelque pays qu'un Nègre vienne au monde, il sera noir comme s'il étoit né dans son propre pays, et que s'il y a quelque différence dès la première génération, elle est si insensible qu'on ne s'en est pas aperçu. Cependant cela ne suffit pas pour qu'on soit en droit d'assurer qu'après un certain nombre de générations, cette couleur ne changeroit pas sensiblement; il y a au contraire toutes les raisons du monde pour présumer que comme elle ne vient originairement que de l'ardeur du climat et de l'action longtemps continuée de la chaleur, elle s'effaceroit peu à peu par la température d'un climat froid, et que par conséquent, si l'on transportoit des Nègres dans une province du nord, leurs descendans à la huitième, dixième ou douzième génération, seroient beaucoup moins noirs que leurs ancêtres, et peut-être aussi blancs que les peuples originaires du climat froid où ils habiteroient.

Les anatomistes ont cherché dans qu'elle partie de la peau résidoit la couleur noire des Nègres. Il est probable que la bile et le sang sont plus bruns dans les Nègres que dans les blancs, comme la peau est aussi plus noire; mais l'un de ces faits ne peut pas servir à expliquer la cause de l'autre; car si l'on prétend que c'est le sang ou la bile qui par leur noirceur donnent cette couleur à la peau, alors au lieu de demander pourquoi les Nègres ont la peau noire, on demandera pourquoi ils ont la bile ou le sang noir; ce n'est donc qu'éloigner la question, au lieu de la résoudre. Pour moi j'avoue qu'il m'a toujours paru que la même cause qui nous brunit lorsque nous nous exposons au grand air et aux ardeurs du soleil, cette cause qui fait que les Espagnols sont plus bruns que les François, et les Maures plus que les Espagnols, fait aussi que les Nègres le sont plus que les Maures: d'ailleurs nous ne voulons pas chercher ici comment cette cause agit, mais seulement nous assurer qu'elle agit, et que ces effets sont d'autant plus sensibles, qu'elle agit plus fortement et plus longtemps.

La chaleur du climat est la principale cause de la couleur noire : lorsque cette chaleur est excessive, comme au Sénégal et en Guinée, les hommes sont tout-à-fait noirs ; lorsqu'elle est un peu moins forte, comme sur les côtes orientales de l'Afrique, les hommes sont moins noirs ; lorsqu'elle commence à devenir un peu plus tempérée, comme en Barbarie, au Mogol, en Arabie, les hommes ne sont que bruns ; et enfin lorsqu'elle est tout-à-fait tempérée, comme en Europe et en Asie, les hommes sont blancs ; on y remarque seulement quelques variétés qui ne viennent que de la manière de vivre ; par exemple, tous les Tartares sont basanés, tandis que les peuples d'Europe qui sont sous la même latitude sont blancs : on doit ce me semble attribuer cette différence à ce que les Tartares sont toujours exposés à l'air, qu'ils n'ont ni villes ni demeures fixes, qu'ils couchent sur la terre, qu'ils vivent d'une manière dure et sauvage ; cela seul suffit pour qu'ils soient moins blancs que les peuples de l'Europe auxquels il ne manque rien de tout ce qui peut rendre la vie douce : pourquoi les Chinois sont-ils plus blancs que les Tartares, auxquels ils ressemblent d'ailleurs par tous les traits du visage ? c'est parce qu'ils habitent dans des villes, parce qu'ils sont policés, parce qu'ils ont tous les moyens de se garantir des injures de l'air et de la terre, et que les Tartares y sont perpétuellement exposés.

Mais lorsque le froid devient extrême, il produit quelques effets semblables à ceux de la chaleur excessive ; les Samojedes, les Lapons, les Groenlandois sont fort basanés ; on assure même, comme nous l'avons dit, qu'il se trouve parmi les Groenlandois des hommes aussi noirs que ceux de l'Afrique : les deux extrêmes, comme l'on voit, se rapprochent encore ici ; un froid très-vif et une chaleur brûlante produisent le même effet sur la peau, parce que l'une et l'autre de ces deux causes agissent par une qualité qui leur est commune ; cette qualité est la sécheresse qui, dans un air très-froid, peut être aussi grande que dans un air chaud ; le froid comme le chaud doit dessécher la peau, l'altérer et lui donner cette couleur basanée que l'on trouve dans les Lapons. Le froid resserre, rapetisse et réduit à un moindre volume toutes les productions de la Nature ; aussi les Lapons qui sont perpétuellement exposés à la rigueur du plus grand froid, sont les plus petits de tous les hommes.

Le climat le plus tempéré, est depuis le 40me. degré jusqu'au 50me. ; c'est aussi sous cette zône que se trouvent les hommes les plus beaux et les mieux faits ; c'est sous ce climat qu'on doit prendre l'idée de la vraie couleur naturelle de l'Homme ; c'est-là que l'on doit prendre le modèle ou l'unité à laquelle il faut rapporter toutes les autres nuances de couleur et de beauté ; les deux extrêmes sont également éloignés du vrai et du beau : les pays policés situés sous cette zône, sont la Géorgie, la Circassie, l'Ukraine, la Turquie d'Europe, la Hongrie, l'Allemagne méridionale, l'Italie, la Suisse, la France, et la partie septentrionale de l'Espagne ; tous ces peuples sont aussi les plus beaux et les mieux faits de toute la terre.

On peut donc regarder le climat comme la cause première et presque unique de la couleur des Hommes; mais la nourriture, qui fait à la couleur beaucoup moins que le climat, fait beaucoup à la forme. Des nourritures grossières, mal saines ou mal préparées, peuvent faire dégénérer l'espèce humaine; tous les peuples qui vivent misérablement, sont laids et mal faits; chez nous-mêmes les gens de la campagne sont plus laids que ceux des villes, et j'ai souvent remarqué que dans les villages, où la pauvreté est moins grande que dans les autres villages voisins, les hommes y sont aussi mieux faits et les visages moins laids. L'air et la terre influent beaucoup sur la forme des Hommes, des animaux, des plantes: qu'on examine dans le même canton les hommes qui habitent les terres élevées, comme les côteaux ou le dessus des collines, et qu'on les compare avec ceux qui occupent le milieu des vallées voisines, on trouvera que les premiers sont agiles, dispos, bien faits, spirituels, et que les femmes y sont communément jolies; au lieu que dans le plat pays, où la terre est grosse, l'air épais, et l'eau moins pure, les paysans sont grossiers, pesans, mal faits, stupides, et les paysannes presque toutes laides. Qu'on amène des chevaux d'Espagne ou de Barbarie en France, il ne sera pas possible de perpétuer leur race; ils commencent à dégénérer dès la première génération; et à la troisième ou quatrième, ces chevaux de race barbe ou espagnole, sans aucun mélange avec d'autres races, ne laisseront pas de devenir des chevaux françois: en sorte que pour perpétuer les beaux chevaux, on est obligé de croiser les races en faisant venir de nouveaux étalons d'Espagne ou de Barbarie : le climat et la nourriture influent donc sur la forme des animaux d'une manière si marquée, qu'on ne peut pas douter de leurs effets ; et quoïqu'ils soient moins prompts, moins apparens et moins sensibles sur les Hommes, nous devons conclure par analogie, que ces effets ont lieu dans l'espèce humaine, et qu'ils se manifestent par les variétés qu'on y trouve.

Ainsi tout concourt à prouver que le genre humain n'est pas composé d'espèces essentiellement différentes entr'elles; qu'au contraire il n'y a eu originairement qu'une seule espèce d'Hommes, qui s'étant multipliée et répandue sur toute la surface de la terre, a subi différens changemens par l'influence du climat, par la différence de la nourriture, par celle de la manière de vivre, par les maladies épidémiques et aussi par le mélange varié à l'infini des individus plus ou moins ressemblans; que d'abord ces altérations n'étoient pas si marquées et ne produisoient que des variétés individuelles; qu'elles sont ensuite devenues variétés de l'espèce, parce qu'elles sont devenues plus générales, plus sensibles et plus constantes par l'action continuée de ces mêmes causes ; qu'elles se sont perpétuées et qu'elles se perpétuent de génération en génération, comme les difformités ou les maladies des pères et mères passent à leurs enfans; et qu'enfin, comme elles n'ont été produites originairement que par le concours de causes extérieures et accidentelles, qu'elles n'ont été confirmées et rendues constantes que par le temps et l'action continuée de ces mêmes causes, il est très-probable qu'elles disparoîtroient aussi peu à peu et avec le temps, ou même qu'elles deviendroient différentes de ce qu'elles sont aujourd'hui, si ces mêmes causes ne subsistoient plus, ou si elles venoient à varier dans d'autres circonstances et par d'autres combinaisons.

DE L'HOMME

DANS L'ÉTAT DE NATURE.

La diète pythagorique, préconisée par les philosophes anciens et nouveaux, recommandée même par quelques médecins, n'a jamais été indiquée par la Nature. Dans le premier âge aux siècles d'or, l'Homme, innocent comme la colombe, mangeoit du gland, buvoit de l'eau; trouvant par-tout sa subsistance, il étoit sans inquiétude, vivoit indépendant, toujours en paix avec lui-même, avec les animaux; mais dès qu'oubliant sa noblesse, il sacrifia sa liberté pour se réunir aux autres, la guerre, l'âge de fer prirent la place de l'or et de la paix; la cruauté, le goût de la chair et du sang furent les premiers fruits d'une nature dépravée, que les mœurs et les arts achevèrent de corrompre.

Voilà ce que dans tous les temps certains philosophes austères, sauvages par tempérament, ont reproché à l'Homme en société : rehaussant leur orgueil individuel par l'humiliation de l'espèce entière, ils ont exposé ce tableau, qui ne vaut que par le contraste, et peut-être parce qu'il est bon de présenter quelquefois aux Hommes des chimères de bonheur.

Cet état idéal d'innocence, de haute tempérance, d'abstinence entière de la chair, de tranquillité parfaite, de paix profonde, a-t-il jamais existé? n'est-ce pas un apologue, une fable, où l'on emploie l'Homme comme un animal, pour nous donner des leçons ou des exemples? peut-on même supposer qu'il y eut des vertus avant la société ? peut-on dire de bonne foi que cet état sauvage mérite nos regrets, que l'Homme animal farouche fût plus digne que l'Homme citoyen civilisé ? Oui, car tous les malheurs viennent de la société ; et qu'importe qu'il y eût des vertus dans l'état de nature, s'il y avoit du bonheur, si l'Homme dans cet état étoit seulement moins malheureux qu'il ne l'est ? la liberté, la santé, la force, ne sont-elles pas préférables à la mollesse, à la sensualité, à la volupté même, accompagnées de l'esclavage ? La privation des peines vaut bien l'usage des plaisirs ; et pour être heureux, que faut-il, sinon de ne rien desirer ?

Si cela est, disons en même temps qu'il est plus doux de végéter que de vivre, de ne rien appéter que de satisfaire son appétit, de dormir d'un sommeil apathique que d'ouvrir les yeux pour voir et pour sentir ; consentons à laisser notre ame dans l'engourdissement, notre esprit dans les ténèbres, à ne nous jamais servir ni de l'une ni de l'autre, à nous mettre au-dessous des animaux, à n'être enfin que des masses de matière brute attachées à la terre.

Mais au lieu de disputer, discutons ; après avoir dit des raisons, donnons des faits. Nous avons sous les yeux, non l'état idéal, mais l'état réel de nature : le sauvage habitant les déserts est-il un animal tranquille ? est-il un homme heureux ? car nous ne supposerons pas avec un philosophe, l'un des plus fiers censeurs de notre humanité (1), qu'il y a une plus grande distance de l'Homme en pure nature au sau-

---

(1) Rousseau.

vage, que du sauvage à nous ; que les âges qui se sont écoulés avant l'invention de l'art de la parole, ont été bien plus longs que les siècles qu'il a fallu pour perfectionner les signes et les langues, parce qu'il me paroît que lorsqu'on veut raisonner sur des faits, il faut éloigner les suppositions, et se faire une loi de n'y remonter qu'après avoir épuisé tout ce que la Nature nous offre. Or, nous voyons qu'on descend par degrés assez insensibles des nations les plus éclairées, les plus polies, à des peuples moins industrieux ; de ceux-ci à d'autres plus grossiers, mais encore soumis à des rois, à des lois ; de ces hommes grossiers aux sauvages, qui ne se ressemblent pas tous, mais chez lesquels on trouve autant de nuances différentes que parmi les peuples policés ; que les uns forment des nations assez nombreuses soumises à des chefs ; que d'autres, en plus petite société, ne sont soumis qu'à des usages ; qu'enfin les plus solitaires, les plus indépendans, ne laissent pas de former des familles et d'être soumis à leurs pères. Un empire, un monarque, une famille, un père, voilà les deux extrêmes de la société : ces extrêmes sont aussi les limites de la Nature ; si elles s'étendoient au-delà, n'auroit-on pas trouvé, en parcourant toutes les solitudes du globe, des animaux humains privés de la parole, sourds à la voix comme aux signes, les mâles et les femelles dispersés, les petits abandonnés ? Je dis même qu'à moins de prétendre que la constitution du corps humain fût toute différente de ce qu'elle est aujourd'hui, et que son accroissement fût bien plus prompt, il n'est pas possible de soutenir que l'Homme ait jamais existé sans former des familles, puisque les enfans périroient s'ils n'étoient secourus et soignés pendant plusieurs années ; au lieu que les animaux nouveau-nés n'ont besoin de leur mère que pendant quelques mois. Cette nécessité physique suffit donc seule pour démontrer que l'espèce humaine n'a pu durer et se multiplier qu'à la faveur de la société ; que l'union des pères et des mères aux enfans est naturelle, puisqu'elle est nécessaire. Or cette union ne peut manquer de produire un attachement respectif et durable entre les parens et l'enfant, et cela seul suffit encore pour qu'ils s'accoutument entr'eux à des gestes, à des signes, à des sons, en un mot à toutes les expressions du sentiment et du besoin; ce qui est aussi prouvé par le fait, puisque les sauvages les plus solitaires ont, comme les autres hommes, l'usage des signes et de la parole.

Ainsi l'état de pure nature est un état connu; c'est le sauvage vivant dans le désert, mais vivant en famille, connoissant ses enfans, connu d'eux, usant de la parole et se faisant entendre. La fille sauvage ramassée dans les bois de Champagne, l'homme trouvé dans les forêts d'Hanovre ne prouvent pas le contraire; ils avoient vécu dans une solitude absolue; ils ne pouvoient donc avoir aucune idée de société, aucun usage des signes ou de la parole; mais s'ils se fussent seulement rencontrés, la pente de nature les auroit entraînés, le plaisir les auroit réunis; attachés l'un à l'autre, ils se seroient bientôt entendus; ils auroient d'abord parlé la langue de l'amour entr'eux, et ensuite celle de la tendresse entr'eux et leurs enfans; et d'ailleurs ces deux sauvages étoient issus d'hommes en société et avoient sans doute été abandonnés dans les bois, non pas dans le premier âge, car ils auroient péri; mais à quatre, cinq ou six ans, à l'âge en un mot auquel ils étoient déjà assez forts de corps pour se procurer leur subsistance, et encore trop foibles de tête pour conserver les idées qu'on leur avoit communiquées.

Examinons donc cet homme en pure nature, c'est-à-dire ce sauvage en famille. Pour peu qu'elle prospère, il sera bientôt le chef d'une société plus nombreuse, dont tous les membres auront les mêmes manières, suivront les mêmes usages et parleront la même langue; à la troisième, ou tout au plus tard à la quatrième génération, il y aura de nouvelles familles qui pourront demeurer séparées, mais qui, toujours réunies par les liens communs des usages et du langage, formeront une petite nation, laquelle s'augmentant avec le temps, pourra, suivant les circonstances, ou devenir un peuple ou demeurer dans un état semblable à celui des nations sauvages que nous connoissons. Cela dépendra sur-tout de la proximité ou de l'éloignement où ces hommes nouveaux se trouveront des hommes policés : si sous un climat doux, dans un terrein abondant, ils peuvent en liberté occuper un espace considérable au-delà duquel ils ne rencontrent que des solitudes ou des hommes tout aussi neufs qu'eux, ils demeureront sauvages et deviendront, suivant d'autres circonstances, ennemis ou amis de leurs voisins; mais lorsque sous un ciel dur, dans une terre ingrate, ils se trouveront gênés entr'eux par le nombre et serrés par l'espace, ils feront des colonies ou des irruptions; ils se répandront, ils se confondront avec les autres peuples dont ils seront devenus les conquérans ou les esclaves. Ainsi l'Homme en tout état, dans toutes les situations et sous tous les climats, tend également à la société; c'est un effet constant d'une cause nécessaire, puisqu'elle tient à l'essence même de l'espèce; c'est-à-dire à sa propagation.

Voilà pour la société; elle est, comme l'on voit, fondée sur la Nature. Examinant de même quels sont les appétits, quel est le goût de nos sauvages, nous trouverons qu'aucun ne vit uniquement de fruits, d'herbes ou de graines, que tous préfèrent la chair et le poisson aux autres alimens, que l'eau pure leur déplaît, et qu'ils cherchent les moyens de faire eux-mêmes ou de se procurer d'ailleurs une boisson moins insipide. Les sauvages du midi boivent l'eau du palmier; ceux du nord avalent à longs traits l'huile dégoûtante de la baleine; d'autres font des boissons fermentées, et tous en général ont le goût le plus décidé, la passion la plus vive pour les liqueurs fortes. Leur industrie, dictée par les besoins de première nécessité, excitée par leurs appétits naturels, se réduit à faire des instrumens pour la chasse et pour la pêche. Un arc, des flèches, une massue, des filets, un canot, voilà le sublime de leurs arts, qui tous n'ont pour objet que les moyens de se procurer une subsistance convenable à leur goût. Et ce qui convient à leur goût convient à la Nature; car l'Homme ne pourroit pas se nourrir d'herbe seule; il périroit d'inanition s'il ne prenoit des alimens plus substantiels; n'ayant qu'un estomac et des intestins courts, il ne peut pas comme le bœuf qui a quatre estomacs et des boyaux très-longs, prendre à la fois un grand volume de cette maigre nourriture, ce qui seroit cependant absolument nécessaire pour compenser la qualité par la quantité. Il en est à peu près de même des fruits et des graines; elles ne lui suffiroient pas; il en faudroit encore un trop grand volume pour fournir la quantité des molécules organiques nécessaires à la nutrition; et quoique le pain soit fait de ce qu'il y a de plus pur dans le blé, et que le blé même et nos autres grains et légumes ayant été perfectionnés par l'art soient plus substantiels et plus nourrissans que les graines qui n'ont que leurs qualités naturelles, l'Homme réduit au pain et aux légumes pour toute nourriture, traîneroit à peine une vie foible et languissante.

Voyez ces pieux solitaires qui s'abstiennent de tout ce qui a eu vie, qui par de saints motifs renoncent aux dons du Créateur, se privent de la parole, fuient la société, s'enferment dans des murs sacrés contre lesquels se brise la Nature; confinés dans ces asiles, ou plutôt dans ces tombeaux vivans, où l'on ne respire que la mort, le visage mortifié, les yeux éteints, ils ne jettent autour d'eux que des regards languissans; leur vie semble ne se soutenir que par efforts; ils prennent leur nourriture sans que le besoin cesse: quoique soutenus par leur ferveur (car l'état de la tête fait à celui du corps), ils ne résistent que pendant peu d'années à cette abstinence cruelle, ils vivent moins qu'ils ne meurent chaque jour par une mort anticipée, et ne s'éteignent pas en finissant de vivre, mais en achevant de mourir.

Si l'Homme étoit réduit à s'abstenir de toute chair, il ne pourroit, du moins dans ces climats, ni subsister, ni se multiplier. Peut-être cette diète seroit possible dans les pays méridionaux, où les fruits sont plus cuits, les plantes plus substantielles, les racines plus succulentes, les graines plus nourries : cependant les brachmanes font plutôt une secte qu'un peuple, et leur religion, quoique très-ancienne, ne s'est guère étendue au-delà de leurs écoles, et jamais au-delà de leur climat.

Cette religion fondée sur la métaphysique, est un exemple frappant du sort des opinions humaines. On ne peut pas douter, en ramassant les débris qui nous restent, que les sciences n'aient été très-anciennement cultivées, et perfectionnées peut-être au-delà de ce qu'elles le sont aujourd'hui. On a su avant nous que tous les êtres animés contenoient des molécules indestructibles, toujours vivantes et qui passoient de corps en corps. Cette vérité, adoptée par les philosophes, et ensuite par un grand nombre d'hommes, ne conserva sa pureté que pendant les siècles de lumière : une révolution de ténèbres ayant succédé, on ne se souvint des molécules organiques vivantes, que pour imaginer que ce qu'il y avoit de vivant dans l'animal, étoit apparemment un tout indestructible qui se séparoit du corps après la mort. On appela ce tout idéal, une ame, qu'on regarda bientôt comme un être réellement existant dans tous les animaux, et joignant à cet être fantastique l'idée réelle, mais défigurée, du passage des molécules vivantes; on dit qu'après la mort cette ame passoit successivement et perpétuellement de corps en corps. On n'excepta pas l'Homme; on joignit bientôt le moral au métaphysique; on ne douta pas que cet être survivant ne conservât, dans sa transmigration, ses sentimens, ses affections, ses desirs : les têtes foibles frémirent! Quelle horreur en effet pour cette ame, lorsqu'au sortir d'un domicile agréable, il falloit aller habiter le corps infect d'un animal immonde? On eut d'autres frayeurs (chaque crainte produit sa superstition), on eut peur, en tuant un animal, d'égorger sa maîtresse ou son père; on respecta toutes les bêtes; on les regarda comme son prochain; on dit enfin qu'il falloit, par amour, par devoir, s'abstenir de tout ce qui avoit eu vie. Voilà l'origine et le progrès de cette religion, la plus ancienne du continent des Indes; origine qui indique assez que la vérité livrée à la multitude est bientôt défigurée, qu'une opinion philosophique ne devient opinion populaire qu'après avoir changé de forme.

Avouons cependant qu'on ne sauroit trop honorer le motif par lequel on voudroit douter de cette vérité, que la mort violente des animaux est un usage légitime fondé dans la Nature. Les animaux, du moins ceux qui ont des sens, de la chair et du sang, sont des êtres sensibles; comme nous ils sont capables de plaisir et sujets à la douleur; il y a donc une espèce d'insensibilité cruelle à sacrifier sans nécessité ceux surtout qui nous approchent, qui vivent avec nous, et dont le sentiment se réfléchit vers nous en se marquant par les signes de la douleur. Car ceux dont la nature est différente de la nôtre, ne peuvent guère nous affecter. La pitié naturelle est fondée sur les rapports que nous avons avec l'objet qui souffre ; elle est d'autant plus vive, que la ressemblance, la conformité de nature est plus grande ; on souffre en voyant souffrir son semblable. *Compassion*, ce mot exprime assez que c'est une souffrance, une passion qu'on partage ; cependant, c'est moins l'Homme qui souffre que sa propre nature qui pâtit, qui se révolte machinalement, et se met d'elle-même à l'unisson de la douleur. L'ame a moins de part que le corps à ce sentiment de pitié naturelle, et les animaux en sont susceptibles comme l'Homme ; le cri de la douleur les émeut ; ils accourent pour se secourir ; ils reculent à la vue d'un cadavre de leur espèce. Ainsi l'horreur et la pitié sont moins des passions de l'ame que des affections naturelles, qui dépendent de la sensibilité du corps et de la similitude de la conformation ; ce sentiment doit donc diminuer à mesure que les natures s'éloignent. Un chien qu'on frappe, un agneau qu'on égorge, nous font quelque pitié ; un arbre que l'on coupe, une huître qu'on mord, ne nous en font aucune.

Dans le réel, peut-on douter que les animaux dont l'organisation est semblable à la nôtre, n'éprouvent des sensations semblables? ils sont sensibles, puisqu'ils ont des sens, et ils le sont d'autant plus que ces sens sont plus actifs et plus parfaits : ceux au contraire dont les sens sont obtus, ont-ils un sentiment exquis? et ceux auxquels il manque quelque organe, quelque sens, ne manquent-ils pas de toutes les sensations qui y sont relatives ? Le mouvement est l'effet nécessaire de l'exercice du sentiment. Nous avons prouvé que de quelque manière qu'un être fût organisé, s'il a du sentiment

sentiment, il ne peut manquer de le marquer au-dehors par des mouvemens extérieurs. Ainsi les plantes, quoique bien organisées, sont des êtres insensibles, aussi bien que les animaux qui, comme elles, n'ont nul mouvement apparent. Ainsi parmi les animaux, ceux qui n'ont, comme la plante appelée sensitive, qu'un mouvement sur eux-mêmes, et qui sont privés du mouvement progressif, n'ont encore que très-peu de sentiment; et enfin ceux même qui ont un mouvement progressif, mais qui, comme des automates, ne font qu'un petit nombre de choses, et les font toujours de la même façon, n'ont qu'une foible portion de sentiment, limitée à un petit nombre d'objets. Dans l'espèce humaine, que d'automates! combien l'éducation, la communication respective des idées n'augmentent-elles pas la quantité, la vivacité du sentiment! quelle différence à cet égard entre l'homme sauvage et l'homme policé, la paysanne et la femme du monde! et de même parmi les animaux ceux qui vivent avec nous deviennent plus sensibles par cette communication, tandis que ceux qui demeurent sauvages n'ont que la sensibilité naturelle, souvent plus sûre, mais toujours moindre que l'acquise.

Mais revenons. L'abstinence en fait de la chair, ne peut qu'affoiblir la nature. L'Homme pour se bien porter, a non-seulement besoin d'user de cette nourriture solide, mais même de la varier. S'il veut acquérir une vigueur complète, il faut qu'il choisisse ce qui lui convient le mieux; et comme il ne peut se maintenir dans un état actif qu'en se procurant des sensations nouvelles, il faut qu'il donne à ses sens toute leur étendue, qu'il se permette la variété des mets comme celle des autres objets, et qu'il prévienne le dégoût qu'occasionne l'uniformité de nourriture; mais qu'il évite les excès qui sont encore plus nuisibles que l'abstinence.

EXTRAITS ET NOTICES.

I.

TABLE de l'accroissement successif d'un jeune homme de la plus belle venue, né le 11 avril 1759.

AGE DE L'ENFANT.	TAILLE.			ACCROISSEMENT SUCCESSIF.	
	piéds.	pou.	lign.	pouc.	lig.
A sa naissance.	1	7	″	″	″
A 6 mois.	2	″	″	5	″
A 1 an	2	3	″	3	″
A 18 mois.	2	6	″	3	″
A 2 ans	2	9	3	3	3
A 2 ans et demi.	2	10	3 ½	1	″ ½
A 3 ans	3	″	6	2	2 ½
A 3 ans et demi.	3	1	1	″	7
A 4 ans.	3	2	10 ½	1	9 ½
A 4 ans 7 mois.	3	4	5 ½	1	7
A 5 ans.	3	5	3	″	9 ½
A 5 ans 7 mois.	3	6	8	1	5
A 6 ans.	3	7	6 ½	″	10 ½
A 6 ans 6 mois 19 jours.	3	9	5	1	10 ½
A 7 ans	3	9	11	″	6

AGE DE L'ENFANT.	TAILLE.			ACCROISSEMENT SUCCESSIF.	
	pieds.	pou.	lign.	pou.	lign.
A 7 ans 3 mois.	3	10	11	1	″
A 7 ans et demi.	3	11	7	″	8
A 8 ans	4	″	4	″	9
A 8 ans et demi.	4	1	7 1/2	1	3 1/2
A 9 ans	4	2	7 1/2	1	″
A 9 ans 7 mois 12 jours.	4	3	9 1/2	1	2
A 10 ans	4	4	5 1/2	″	8
A 11 ans et demi. . . .	4	6	11	2	5 1/2
A 12 ans	4	7	5	″	6
A 12 ans 8 mois.	4	8	11	1	6
A 13 ans.	4	9	4 1/2	″	5 1/2
A 13 ans et demi. . . .	4	10	7	1	2 1/2
A 14 ans.	5	″	2	1	7
A 14 ans 6 mois 10 jours.	5	2	6	2	4
A 15 ans 2 jours. . . .	5	4	8	2	2
A 15 ans 6 mois 8 jours.	5	5	7	″	11
A 16 ans 3 mois 8 jours.	5	7	″ 1/2	1	5 1/2
A 16 ans 6 mois 6 jours.	5	7	9	″	8 1/2
A 17 ans 2 jours. . . .	5	8	2	″	5
A 17 ans 1 mois 9 jours.	5	8	5 3/4	″	3 3/4
A 17 ans 5 mois 5 jours.	5	8	10 1/2	″	4 1/4
A 17 ans 7 mois 4 jours.	5	9	″	″	1 1/2

Depuis ce temps, c'est-à-dire depuis quatre mois et demi, la taille de ce grand jeune homme est, pour ainsi dire, stationnaire, et son père a remarqué que pour peu qu'il ait voyagé, couru, dansé la veille du jour où l'on prend sa mesure, il est au-dessous des neuf pouces le lendemain matin. Cette mesure se prend toujours avec la même toise, la même équerre et par la même personne. Le 30 janvier dernier, après avoir passé toute la nuit au bal, il avoit perdu dix-huit bonnes lignes ; il n'avoit dans ce moment que cinq pieds sept pouces six lignes foibles ; diminution bien considérable que néanmoins vingt-quatre heures de repos ont rétablie.

Il paroît en comparant l'accroissement pendant les semestres d'été à celui des semestres d'hiver, que jusqu'à l'âge de cinq ans, la somme moyenne de l'accroissement pendant l'hiver est égale à la somme de l'accroissement pendant l'été.

Mais en comparant l'accroissement pendant les semestres d'été à l'accroissement des semestres d'hiver, depuis l'âge de cinq ans jusqu'à dix, on trouve une très-grande différence ; car la somme moyenne des accroissemens pendant l'été est de sept pouces une ligne, tandis que la somme des accroissemens pendant l'hiver n'est que de quatre pouces une ligne et demie.

Et lorsque l'on compare dans les années suivantes l'accroissement pendant l'hiver à celui de l'été, la différence devient moins grande ; mais il me semble néanmoins qu'on peut conclure de cette observation, que l'accroissement du corps est bien plus prompt en été qu'en hiver, et que la chaleur qui agit généralement sur le développement de tous les êtres organisés, influe considérablement sur l'accroissement du corps humain. Il seroit à desirer que plusieurs personnes prissent la peine de faire une table pareille à celle-ci sur l'accroissement de quelques-uns de leurs enfans. On en pourroit déduire des conséquences que je ne crois pas devoir hasarder d'après ce seul exemple ; il m'a été fourni par un de mes amis (1) qui s'est donné le plaisir de prendre ces mesures sur son fils.

On a vu des exemples d'un accroissement très-prompt dans quelques individus. L'Histoire de l'académie fait mention d'un enfant des environs de Falaise en Normandie, qui n'étant pas plus gros ni plus grand qu'un enfant ordinaire en naissant, avoit grandi d'un demi-pied chaque année jusqu'à l'âge de quatre ans où il étoit parvenu à trois pieds et demi de hauteur ; et dans les trois années suivantes il avoit encore grandi de quatorze pouces quatre lignes ; en sorte qu'il avoit à l'âge de sept ans, quatre pieds huit pouces quatre lignes, étant sans souliers. Mais cet accroissement si prompt dans le premier âge de cet enfant s'est ensuite ralenti ; car dans les trois années suivantes il n'a crû que de trois pouces deux lignes, en sorte qu'à l'âge de dix ans, il n'avoit que quatre pieds onze pouces six lignes ; et dans les deux années suivantes il n'a crû que d'un pouce de plus, en sorte qu'à douze ans il avoit en tout cinq pieds six lignes. Mais comme ce grand enfant étoit en même-temps d'une force extraordinaire, et qu'il avoit des signes de puberté dès l'âge de cinq à six ans, on pourroit présumer qu'ayant

(1) Montbeillard.

abusé des forces prématurées de son tempérament, son accroissement s'étoit ralenti par cette cause.

Un autre exemple d'un très-prompt accroissement est celui d'un enfant né en Angleterre, et dont il est parlé dans les Transactions philosophiques.

Cet enfant âgé de deux ans et dix mois, avoit trois pieds huit pouces et demi; à trois ans un mois, c'est-à-dire trois mois après, il avoit trois pieds onze pouces; il pesoit alors quatre stones, c'est-à-dire cinquante-six livres.

Le père et la mère étoient de taille commune, et l'enfant quand il vint au monde n'avoit rien d'extraordinaire; seulement les parties de la génération étoient d'une grandeur remarquable. A trois ans la verge en repos avoit trois pouces de longueur, et en action quatre pouces trois dixièmes; et toutes les parties de la génération étoient accompagnées d'un poil épais et frisé.

A cet âge de trois ans, il avoit la voix mâle, l'intelligence d'un enfant de cinq à six ans, et il battoit et terrassoit ceux de neuf à dix ans.

Il eût été à desirer qu'on eût suivi plus loin l'accroissement de cet enfant si précoce; mais je n'ai rien trouvé de plus à ce sujet dans les Transactions philosophiques.

Pline parle d'un enfant de deux ans qui avoit trois coudées, c'est-à-dire quatre pieds et demi. Cet enfant marchoit lentement; il étoit encore sans raison, quoiqu'il fût déjà pubert, avec une voix mâle et forte; il mourut tout-à-coup à l'âge de trois ans par une contraction convulsive de tous ses membres. Pline ajoute avoir vu lui-même un accroissement à peu près pareil dans le fils de Corneille Tacite, chevalier romain, à l'exception de la puberté qui lui manquoit; et il semble que ces individus précoces fussent plus communs autrefois qu'ils ne le sont aujourd'hui; car Pline dit expressément que les Grecs les appeloient *Ectrapelos*, mais qu'ils n'ont point de nom dans la langue latine.

II.

Hommes d'une grosseur extraordinaire.

Il se trouve quelquefois des hommes d'une grosseur extraordinaire; l'Angleterre nous en fournit plusieurs exemples. Dans un voyage que le roi Georges II fit en 1724, pour visiter quelques-unes de ses provinces, on lui présenta un homme du comté de Lincoln, qui pesoit cinq cent quatre-vingt-trois livres poids de marc: la circonférence de son corps étoit de dix pieds anglois, et sa hauteur de six pieds quatre pouces; il mangeoit dix-huit livres de bœuf par jour; il est mort avant l'âge de vingt-neuf ans, et il a laissé sept enfans.

Dans l'année 1750, le 10 novembre, un Anglois nommé Édouard Brimht, marchand, mourut âgé de vingt-neuf ans, à Malder en Essex; il pesoit six cent neuf livres poids anglois, et cinq cent cinquante-sept livres poids de Nuremberg; sa grosseur étoit si prodigieuse, que sept personnes d'une taille médiocre pouvoient tenir ensemble dans son habit et le boutonner.

Un exemple encore plus récent est celui qui est rapporté dans la gazette angloise du 24 juin 1775, dont voici l'extrait:

« M. Sponer est mort dans la province de Warwick. On le regardoit comme l'homme le plus gros d'Angleterre, car quatre ou cinq semaines avant sa mort, il pesoit quarante stones neuf livres (c'est-à-dire 649 livres) : il étoit âgé de cinquante-sept ans, et il n'avoit pas pu se promener à pied depuis plusieurs années ; mais il prenoit l'air dans une charrette aussi légère qu'il étoit pesant, attelée d'un bon cheval : mesuré après sa mort, sa largeur d'une épaule à l'autre étoit de quatre pieds trois pouces : il a été amené au cimetière dans sa charrette de promenade. On fit le cercueil beaucoup trop long, à dessein de donner assez de place aux personnes qui devoient porter le corps, de la charrette à l'église, et de-là à la fosse. Treize hommes portoient ce corps, six à chaque côté, et un à l'extrémité. La graisse de cet homme sauva sa vie il y a quelques années; il étoit à la foire d'Atherston, où s'étant querellé avec un Juif, celui-ci lui donna un coup de canif dans le ventre; mais la lame étant courte, ne lui perça pas les boyaux, et même elle n'étoit pas assez longue pour passer au travers de la graisse. »

Nous n'avons pas d'exemples en France d'une grosseur aussi monstrueuse; je me suis informé des plus gros hommes, soit à Paris soit en province, et jamais leur poids n'a été de plus de trois cent soixante, et tout au plus trois cent quatre-vingt livres; encore ces exemples sont-ils très-rares : le poids d'un homme de cinq pieds six pouces doit être de cent soixante à cent quatre-vingt livres; il est déjà gros s'il pèse deux cents livres, trop gros s'il en pèse deux cent trente, et beaucoup trop épais s'il pèse deux cent cinquante et au-dessus ; le poids d'un homme de six pieds de hauteur doit être de deux cent vingt livres ; il sera déjà gros, relativement à sa taille, s'il pèse deux cent soixante, trop gros à deux cent quatre-vingt, énorme à trois cents et au-dessus. Et si l'on suit cette même proportion, un homme de six pieds et demi de hauteur peut peser deux cent quatre-vingt-dix livres sans paroître trop gros, et un géant de sept pieds de grandeur doit, pour être bien proportionné, peser au moins trois cent cinquante livres ; un géant de sept pieds et demi plus de quatre cent cinquante livres ; et enfin un géant de huit pieds doit peser cinq cent vingt ou cinq cent quarante livres, si la grosseur de son corps et de ses membres est dans les mêmes proportions que celles d'un homme bien fait.

III.

Géans.

Le géant qu'on a vu à Paris en 1755, et qui avoit six pieds huit pouces huit lignes, étoit né en Finlande, sur les confins de la Laponie méridionale, dans un village peu éloigné de Tornéo.

Le géant de Thoresby en Angleterre, haut de sept pieds cinq pouces anglois.

Le géant, portier du duc de Wirtemberg en Allemagne, de sept pieds et demi du Rhin.

Un paysan suédois, de huit pieds, mesure de Suède.

Un garde du duc de Brunswick-Hanovre, de huit pieds six pouces d'Amsterdam.

Un Suédois, garde du roi de Prusse, de huit pieds six pouces, mesure de Suède. Tous ces géans sont cités par Schreber.

Le Cat, dans un mémoire lu à l'Académie de Rouen, fait mention des géans cités dans l'Ecriture sainte, et par les auteurs profanes. Il dit avoir vu lui-même plusieurs géans de sept pieds, et quelques-uns de huit; entr'autres le géant qui se faisoit voir à Rouen en 1735, qui avoit huit pieds quelques pouces. Il cite la fille Géane, vue par Goropius, qui avoit dix pieds de hauteur; le corps d'Oreste qui, selon les Grecs, avoit onze pieds et demi (Pline dit sept coudées, c'est-à-dire, dix pieds et demi.)

Le géant Gabara, presque contemporain de Pline, qui avoit plus de dix pieds, aussi-bien que le squelette de Secondilla et de Pusio, conservés dans les jardins de Saluste. M. le Cat cite aussi l'écossois Funnam, qui avoit onze pieds et demi. Il fait ensuite mention des tombeaux où l'on a trouvé des os de géans de quinze, dix-huit, vingt, trente et trente-deux pieds de hauteur; mais il paroît certain que ces grands ossemens ne sont pas des os humains, et qu'ils appartiennent à de grands animaux, tels que l'éléphant, la giraffe, le cheval; car il y a eu des temps où l'on enterroit les guerriers avec leur cheval, peut-être avec leur éléphant de guerre.

IV.

Nains.

Le nommé Bébé du roi de Pologne Stanislas, avoit trente-trois pouces de Paris, la taille droite et bien proportionnée jusqu'à l'âge de quinze ou seize ans qu'elle commença à devenir contrefaite; il marquoit peu de raison. Il mourut l'an 1764, à l'âge de vingt-trois ans.

Un autre qu'on a vu à Paris en 1760, étoit un gentilhomme polonois qui, à l'âge de vingt-deux ans, n'avoit que la hauteur de vingt-huit pouces de Paris, mais le corps bien fait et l'esprit vif; et il possédoit même plusieurs langues. Il avoit un frère aîné qui n'avoit que trente quatre pouces de hauteur.

Un autre à Bristol, qui, en 1751, à l'âge de quinze ans, n'avoit que trente-un pouces anglois; il étoit accablé de tous les accidens de la vieillesse, et de dix-neuf livres qu'il avoit pesé dans sa septième année, il n'en pesoit plus que treize.

Un paysan de Frise, qui, en 1751, se fit voir pour de l'argent à Amsterdam : il n'avoit, à vingt-six ans, que la hauteur de vingt-neuf pouces d'Amsterdam.

Un nain de Norfolk, qui se fit voir dans la même année à Londres, avoit, à vingt-deux ans, trente-huit pouces anglois, et pesoit vingt-sept livres et demie.

On a des exemples de nains qui n'avoient que deux pieds; vingt-un et dix-huit pouces; et même d'un qui, à l'age de trente-sept ans, n'avoit que seize pouces.

Dans les Transactions philosophiques, n°. 467, art. 10, il est parlé d'un nain âgé de vingt-deux ans, qui ne pesoit que trente-quatre livres étant tout habillé, et qui n'avoit que trente-huit pouces de hauteur avec ses souliers et sa perruque.

Dans tout ordre de productions, la Nature nous offre les mêmes rapports en plus et en moins; les nains doivent avoir avec l'homme ordinaire les mêmes proportions, en diminution, que les géans en augmentation.

Un homme de quatre pieds et demi de hauteur ne doit peser que quatre-vingt-dix ou quatre-vingt-quinze livres. Un homme de quatre pieds, soixante-cinq ou tout au plus soixante-dix livres; un nain de trois pieds et demi, quarante-cinq livres; un de trois pieds, vingt-huit ou trente livres, si leur corps et leurs membres sont bien proportionnés, ce qui est tout aussi rare en petit qu'en grand; car il arrive presque toujours que les géans sont trop minces et les nains trop épais; ils ont sur-tout la tête beaucoup trop grosse, les cuisses et les jambes trop courtes, au lieu que les géans ont communément la tête petite, les cuisses et les jambes trop longues. Le géant disséqué en Prusse, avoit une vertèbre de plus que les autres hommes, et il y a quelque apparence que, dans les géans bien faits, le nombre des vertèbres est plus grand que dans les autres hommes. Il seroit à desirer qu'on fît la même recherche sur les nains, qui peut-être ont quelques vertèbres de moins.

En prenant cinq pieds pour la mesure commune de la taille des hommes, sept pieds pour celle des géans, et trois pieds pour celle des nains, on trouvera encore des géans plus grands et des nains plus petits. J'ai vu moi-même des géans de sept pieds et demi et de sept pieds huit pouces; j'ai vu des nains qui n'avoient que vingt-huit et trente pouces de haut; il paroît donc qu'on doit fixer les limites de la Nature actuelle, pour la grandeur du corps humain, depuis deux pieds et demi jusqu'à huit pieds de hauteur; et, quoique cet intervalle soit bien considérable, et que la différence paroisse énorme, elle est cependant encore plus grande dans quelques espèces d'animaux, tels que les chiens ; un enfant qui vient de naître, est plus grand relativement à un géant, qu'un bichon de Malte adulte ne l'est en comparaison du chien d'Albanie ou d'Irlande.

V.

Nourriture de l'Homme dans les différens climats.

En Europe et dans la plupart des climats tempérés de l'un et et de l'autre continent, le pain, la viande le lait, les œufs, les légumes et les fruits sont les alimens ordinaires de l'Homme ; et le vin, le cidre et la bierre sa boisson, car l'eau pure ne suffiroit pas aux hommes de travail pour maintenir leurs forces.

Dans les climats plus chauds, le sagou, qui est la moële d'un arbre, sert de pain, et les fruits des palmiers suppléent au défaut de tous les autres fruits ; on mange aussi beaucoup de dattes en Egypte, en Mauritanie, en Perse, et le sagou est d'un usage commun dans les Indes méridionales, à Sumatra, à Malacca. Les figues sont l'aliment le plus commun en Grèce, en Morée et dans les îles de l'Archipel, comme les châtaignes dans quelques provinces de France et d'Italie.

Dans la plus grande partie de l'Asie, en Perse, en Arabie, en Egypte, et de-là jusqu'à la Chine, le riz fait la principale nourriture.

Dans les parties les plus chaudes de l'Afrique, le grand et le petit millet sont la nourriture des Nègres.

Le maïs dans les contrées tempérées de l'Amérique.

Dans les îles de la mer du Sud, le fruit d'un arbre appelé l'*arbre de pain*.

A Californie, le fruit appelé *Pitahaïa*.

La cassave dans toute l'Amérique méridionale, ainsi que les pommes de terre, les ignames et les patates.

Dans les pays du nord, la bistorte, sur-tout chez les Samojedes et les Jacutes.

La saranne au Kamtschatka.

En Islande et dans les pays encore plus voisins du nord, on fait bouillir des mousses et du varec.

Les Nègres mangent volontiers de l'éléphant et des chiens.

Les Tartares de l'Asie et les Patagons de l'Amérique, vivent également de la chair de leurs chevaux.

Tous les peuples voisins des mers du nord mangent la chair des phoques, des morses et des ours.

Les Africains mangent aussi la chair des panthères et des lions.

Dans tous les pays chauds de l'un et l'autre continent, on mange de presque toutes les espèces de singes.

Tous les habitans des côtes de la mer, soit dans les pays chauds, soit dans les climats froids, mangent plus de poisson que de chair. Les habitans des îles Orcades, les Islandois, les Lapons, les Groenlandois ne vivent pour ainsi dire que de poisson.

Le lait sert de boisson à quantité de peuples; les femmes Tartares ne boivent que du lait de jument; le petit lait tiré du lait de vache est la boisson ordinaire en Islande.

Il seroit à desirer qu'on rassemblât un plus grand

nombre d'observations exactes sur la différence des nourritures de l'Homme dans les climats divers, et qu'on pût faire la comparaison du régime ordinaire des différens peuples; il en résulteroit de nouvelles lumières sur la cause des maladies particulières, et pour ainsi dire indigènes dans chaque climat.

V I.

Sur le degré de chaleur que l'Homme et les animaux peuvent supporter pendant un petit temps.

QUELQUES physiciens se sont convaincus que le corps de l'Homme pouvoit résister à un degré de chaud fort au-dessus de sa propre chaleur. Ellis est, je crois, le premier qui ait fait cette observation en 1758; et nous avons été informés qu'en Russie l'on chauffe les bains à soixante degrés du thermomètre de Réaumur.

En dernier lieu le docteur Fordice a construit plusieurs chambres de plein-pied, qu'il a échauffées par des tuyaux de chaleur pratiqués dans le plancher, en y versant encore de l'eau bouillante. Il n'y avoit point de cheminée dans ces chambres ni aucun passage à l'air, excepté par les fentes de la porte.

Dans la première chambre, la plus haute élévation du thermomètre étoit à cent vingt degrés, la plus basse à cent dix. (Il y avoit dans cette chambre trois thermomètres placés dans différens endroits) Dans la seconde chambre, la chaleur étoit de quatre-vingt-dix à quatre-vingt-cinq degrés. Dans la troisième, la chaleur étoit modérée, tandis que l'air extérieur étoit

au-dessous

au-dessous du point de la congélation. Environ trois heures après le déjeûné, le docteur Fordice ayant quitté, dans la première chambre, tous ses vêtemens, à l'exception de sa chemise, et ayant pour chaussure des sandales attachées avec des lisières, entra dans la seconde chambre. Il y demeura cinq minutes à quatre-vingt-dix degrés de chaleur, et il commença à suer modérément. Il entra alors dans la première chambre et se tint dans la partie échauffée à cent dix degrés. Au bout d'une demi-minute sa chemise devint si humide qu'il fut obligé de la quitter. Aussitôt l'eau coula comme un ruisseau sur tout son corps. Ayant encore demeuré dix minutes dans cette partie de la chambre échauffée à cent dix degrés, il vint à la partie échauffée à cent vingt degrés, et après y avoir resté vingt minutes, il trouva que le thermomètre, sous sa langue et dans ses mains, étoit exactement à cent degrés, et que son urine étoit au même point. Son pouls s'éleva successivement jusqu'à donner cent quarante-cinq battemens dans une minute. La circulation extérieure s'accrut grandement. Les veines devinrent grosses, et une rougeur enflammée se répandit sur tout son corps; sa respiration cependant ne fut que peu affectée.

Le docteur Fordice remarque que la condensation de la vapeur sur son corps, dans la première chambre, étoit très-probablement la principale cause de l'humidité de sa peau. Il revint enfin dans la seconde chambre, où s'étant plongé dans l'eau échauffée à cent degrés, et s'étant bien fait essuyer, il se fit porter en chaise chez lui. La circulation ne s'abaissa entièrement qu'au bout de deux heures. Il sortit alors pour se promener au grand air, et il sentit à peine le froid de la saison.

Un membre de l'Académie des sciences de Paris, a voulu reconnoître par des expériences, les degrés de chaleur que l'homme et les animaux peuvent supporter; pour cela il fit entrer dans un four une fille portant un thermomètre; elle soutint pendant assez longtemps la chaleur intérieure du four jusqu'à 112 dégrés.

Cette expérience ayant été répétée dans le même four, on trouva que les sœurs de la fille qui vient d'être citée, soutinrent, sans en être incommodées, une chaleur de cent quinze à cent-vingt degrés, pendant quatorze ou quinze minutes, et pendant dix minutes une chaleur de cent quarante degrés. L'une de ces filles soutenoit la chaleur du four dans lequel cuisoient des pommes et de la viande de boucherie, pendant l'expérience.

On peut ajouter à ces expériences celles qui ont été faites par Boërhave sur quelques oiseaux et animaux, dont le résultat semble prouver que l'Homme est plus capable que la plupart des animaux de supporter un très-grand degré de chaleur. Je dis que la plupart des animaux, parce que Boërhave n'a fait ces expériences que sur des oiseaux et des animaux de notre climat, et qu'il y a grande apparence que les éléphans, les rhinocéros et les autres animaux des climats méridionaux pourroient supporter un plus grand degré de chaleur que l'Homme.

On trouve, dans les eaux thermales, des plantes et

des insectes qui y naissent et croissent, et qui par conséquent supportent un très-grand degré de chaleur. Les chaudes-aigues en Auvergne ont jusqu'à soixante-cinq degrés de chaleur au thermomètre de Réaumur, et néanmoins il y a des plantes qui croissent dans ces eaux.

Dans l'île de Luçon, à peu de distance de la ville de Manille, est un ruisseau considérable d'une eau dont la chaleur est de soixante-neuf degrés; et dans cette eau si chaude il y a non-seulement des plantes, mais même des poissons de trois à quatre pouces de longueur.

VII.

Observations sur les Couleurs accidentelles et sur les Ombres colorées.

Indépendamment des couleurs naturelles produites par la réfraction, il en est d'autres qui me paroissent accidentelles et qui dépendent autant de notre organe que de l'action de la lumière. Lorsque l'œil est frappé ou pressé, on voit des couleurs dans l'obscurité; lorsque cet organe est mal disposé ou fatigué, on voit encore des couleurs. C'est ce genre de couleurs que j'ai cru devoir appeler couleurs accidentelles, pour les distinguer des couleurs naturelles, et parce qu'en effet elles ne paroissent jamais que lorsque l'organe est forcé ou qu'il a été trop fortement ébranlé.

Lorsqu'on regarde fixement et longtemps une tache ou une figure rouge sur un fond blanc, comme un petit carré de papier rouge sur un papier blanc, on voit naître autour du petit carré rouge une espèce de couronne d'un vert foible; en cessant de regarder le carré rouge, si on porte l'œil sur le papier blanc, on voit très-distinctement un carré d'un vert tendre tirant un peu sur le bleu. Cette apparence subsiste plus ou moins longtemps, selon que l'impression de la couleur rouge a été plus ou moins forte. La grandeur du carré vert imaginaire est la même que celle du carré réel rouge, et ce vert ne s'évanouit qu'après que l'œil s'est rassuré et s'est porté successivement sur plusieurs autres objets dont les images détruisent l'impression trop forte causée par le rouge.

En regardant fixement et longtemps une tache jaune sur un fond blanc, on voit naître autour de la tache une couronne d'un bleu pâle, et en cessant de regarder la tache jaune, et portant son œil sur un autre endroit du fond blanc, on voit distinctement une tache bleue de la même figure et de la même grandeur que la tache jaune, et cette apparence dure au moins aussi longtemps que l'apparence du vert produit par le rouge. Il m'a même paru après avoir fait moi-même et après avoir fait répéter cette expérience à d'autres dont les yeux étoient meilleurs et plus forts que les miens, que cette impression du jaune étoit plus forte que celle du rouge, et que la couleur bleue qu'elle produit s'effaçoit plus difficilement et subsistoit plus longtemps que la couleur verte produite par le rouge, ce qui semble prouver ce qu'a soupçonné Newton, que le jaune est de toutes les couleurs celle qui fatigue le plus nos yeux.

Si l'on regarde fixement et longtemps une tache verte sur un fond blanc, on voit naître autour de la tache verte une couleur blanchâtre qui est à peine colorée d'une petite teinte de pourpre; mais en cessant de regarder la tache verte, et en portant l'œil sur un autre endroit du fond blanc, on voit distinctement une tache d'un pourpre pâle, semblable à la couleur d'une améthiste pâle; cette apparence est plus foible et ne dure pas à beaucoup près aussi longtemps que les couleurs bleues et vertes produites par le jaune et par le rouge.

De même en regardant fixement et longtemps une tache bleue sur un fond blanc, on voit naître autour de la tache bleue, une couronne blanchâtre un peu teinte de rouge; et en cessant de regarder la tache bleue et portant l'œil sur le fond blanc, on voit une tache d'un rouge pâle toujours de la même figure et de la même grandeur que la tache bleue, et cette apparence ne dure pas plus longtems que l'apparence pourpre produite par la tache verte.

En regardant de même avec attention une tache noire sur un fond blanc, on voit naître autour de la tache noire une couronne d'un blanc vif, et cessant de regarder la tache noire, et portant l'œil sur un autre endroit du fond blanc, on voit la figure de la tache exactement dessinée et d'un blanc beaucoup plus vif que celui du fond; et au contraire si on regarde longtemps une tache blanche sur un fond noir, on voit la tache blanche se décolorer, et en portant l'œil sur un autre endroit du fond noir, on y voit une tache d'un noir plus vif que celui du fond.

Voilà donc une suite de couleurs accidentelles qui a des rapports avec la suite des couleurs naturelles;

le rouge naturel produit le vert accidentel, le jaune produit le bleu, le vert produit le pourpre, le bleu produit le rouge, le noir produit le blanc et le blanc produit le noir. Ces couleurs accidentelles n'existent que dans l'organe fatigué, puisqu'un autre œil ne les aperçoit pas; elles ont même une apparence qui les distingue des couleurs naturelles, c'est qu'elles sont tendres, brillantes, et qu'elles paroissent être à différentes distances, selon qu'on les rapporte à des objets voisins ou éloignés.

Toutes ces expériences ont été faites sur des couleurs mattes, avec des morceaux de papier ou d'étoffes colorées; mais elles réussissent encore mieux lorsqu'on les fait sur des couleurs brillantes, comme avec de l'or brillant et poli, au lieu de papier ou d'étoffe jaune; avec de l'argent brillant, au lieu de papier blanc; avec du lapis, au lieu de papier bleu. L'impression de ces couleurs brillantes est plus vive et dure beaucoup plus longtemps.

Tout le monde sait qu'après avoir regardé le soleil, on porte quelquefois, pendant longtemps, l'image colorée de cet astre sur tous les objets. La lumière trop vive du soleil produit en un instant ce que la lumière ordinaire des corps ne produit qu'au bout d'une minute ou deux d'application fixe de l'œil sur les couleurs; ces images colorées du soleil que l'œil ébloui et trop fortement ébranlé porte par-tout, sont des couleurs du même genre que celles que nous venons de décrire, et l'explication de leurs apparences dépend de la même théorie.

Je n'entreprendrai point de donner ici les idées qui

me sont venues sur ce sujet; quelqu'assuré que je sois de mes expériences, je ne suis pas assez certain des conséquences qu'on en doit tirer, pour oser rien hazarder encore sur la théorie de ces couleurs, et je me contenterai de rapporter d'autres observations qui confirment les expériences précédentes, et qui serviront sans doute à éclairer cette matière.

En regardant fixement et fort longtemps un carré d'un rouge vif sur un fond blanc, on voit d'abord naître la petite couronne de vert tendre dont j'ai parlé; ensuite en continuant à regarder fixement le carré rouge, on voit le milieu du carré se décolorer et les côtés se charger de couleurs et former comme un cadre d'un rouge plus fort et beaucoup plus foncé que le milieu; ensuite en s'éloignant un peu et continuant à regarder toujours fixement, on voit le cadre rouge foncé se partager en deux dans les quatre côtés, et former une croix d'un rouge aussi foncé; le carré rouge paroît alors comme une fenêtre traversée dans son milieu par une grosse croisée et quatre panneaux blancs; car le cadre de cette espèce de fenêtre est d'un rouge aussi fort que la croisée; continuant toujours à regarder avec opiniâtreté, cette apparence change encore, et tout se réduit à un rectangle d'un rouge si foncé, si fort et si vif qu'il offusque entièrement les yeux; ce rectangle est de la même hauteur que le carré, mais il n'a pas la sixième partie de sa largeur : ce point est le dernier degré de fatigue que l'œil peut supporter, et lorsqu'enfin on détourne l'œil de cet objet et qu'on le porte sur un autre endroit du fond blanc, on voit au lieu du carré rouge réel, l'image du rectangle rouge imaginaire, exactement dessinée et d'une couleur verte brillante. Cette impression subsiste fort longtemps, ne se décolore que peu à peu; elle reste dans l'œil même après l'avoir fermé. Ce que je viens de dire du carré rouge arrive aussi lorsqu'on regarde fort longtemps un carré jaune ou noir, ou de toute autre couleur; on voit de même le cadre jaune ou noir, la croix et le rectangle; et l'impression qui reste est un rectangle bleu, si on a regardé du jaune; un rectangle blanc brillant, si on a regardé un carré noir.

Avant que de finir, je crois devoir encore annoncer un fait qui paroîtra peut-être extraordinaire, mais qui n'en est pas moins certain, et que je suis étonné qu'on n'ait pas observé; c'est que les ombres des corps, qui par leur essence doivent être noires, puisqu'elles ne sont que la privation de la lumière, que les ombres, dis-je, sont toujours colorées au lever et au coucher du soleil. J'ai observé, pendant l'été de l'année 1743, plus de trente aurores et autant de soleils couchans; toutes les ombres qui tomboient sur du blanc, comme sur une muraille blanche, étoient quelquefois vertes, mais le plus souvent bleues et d'un bleu aussi vif que le plus bel azur. J'ai fait voir ce phénomène à plusieurs personnes qui ont été aussi surprises que moi : la saison n'y fait rien, car au mois de novembre j'ai vu des ombres bleues, et quiconque voudra se donner la peine de regarder l'ombre de l'un de ses doigts, au lever ou au coucher du soleil, sur un morceau de papier blanc verra comme moi cette ombre bleue. Je ne sache pas qu'aucun astronome, qu'aucun physicien, que personne, en un mot, ait parlé de ce phénomène, et j'ai cru qu'en faveur de la nouveauté, on me permettroit de donner le précis de cette observation.

Des observations plus fréquentes m'ont fait reconnoître que les ombres ne paroissent jamais vertes au lever ou au coucher du soleil, que quand l'horizon est chargé de beaucoup de vapeurs rouges : dans tout autre cas, les ombres sont toujours bleues, et d'autant plus bleues que le ciel est plus serein. Cette couleur bleue des ombres n'est autre chose que la couleur même de l'air, et je ne sais pourquoi quelques physiciens ont défini l'air un fluide invisible, inodore, insipide, puisqu'il est certain que l'azur céleste n'est autre chose que la couleur de l'air; qu'à la vérité il faut une grande épaisseur d'air pour que notre œil s'aperçoive de la couleur de cet élément; mais que néanmoins lorsqu'on regarde de loin des objets sombres, on les voit toujours plus ou moins bleus. Cette observation que les physiciens n'avoient pas faite sur les ombres et sur les objets sombres vus de loin, n'avoit pas échappé aux habiles peintres, et elle doit en effet servir de base à la couleur des objets lointains, qui tous auront une nuance bleuâtre d'autant plus sensible qu'ils seront supposés plus éloignés du point de vue.

On pourra me demander comment cette couleur bleue qui n'est sensible à notre œil que quand il y a une très-grande épaisseur d'air, se marque néanmoins si fortement à quelques pieds de distance au lever et au coucher du soleil? comment il est possible que cette couleur de l'air qui est à peine sensible à dix mille toises de distance, puisse donner à l'ombre noire d'un treillage qui n'est éloigné de la muraille blanche que de trois pieds, une couleur du plus beau bleu? c'est en effet de la solution de cette question que dépend l'explication du phénomène. Il est certain que la petite épaisseur d'air qui n'est que de trois pieds entre le treillage et la muraille, ne peut pas donner à la couleur noire de l'ombre une nuance aussi forte de bleu. Si cela étoit, on verroit à midi et dans tous les autres temps du jour les ombres bleues, comme on les voit au lever et au coucher du soleil. Ainsi cette apparence ne dépend pas uniquement, ni même presque point du tout de l'épaisseur de l'air entre l'objet et l'ombre. Mais il faut considérer qu'au lever et au coucher du soleil, la lumière de cet astre étant affoiblie à la surface de la terre autant qu'elle peut l'être par la plus grande obliquité de cet astre, les ombres sont moins denses, c'est-à-dire moins noires dans la même proportion, et qu'en même temps la terre n'étant plus éclairée que par cette foible lumière du soleil qui ne fait qu'en raser la superficie, la masse de l'air qui est plus élevée, et qui par conséquent reçoit encore la lumière du soleil bien moins obliquement, nous renvoie cette lumière et nous éclaire alors autant et peut-être plus que le soleil. Or cet air pur et bleu ne peut nous éclairer qu'en nous renvoyant une grande quantité de rayons de sa même couleur bleue; et lorsque ces rayons bleus que l'air réfléchit, tomberont sur des objets privés de toute autre couleur, comme les ombres, ils les teindront d'une plus ou moins forte nuance de bleu, selon qu'il y aura moins de lumière directe du soleil, et plus de lumière réfléchie de l'atmosphère.

Je pourrois ajouter plusieurs autres choses qui viendroient à l'appui de cette explication; mais je pense que ce que je viens de dire est suffisant pour que les bons esprits l'entendent et en soient satisfaits.

VIII.

Effet de la Musique sur les animaux.

La sensation de plaisir que produit l'harmonie semble appartenir à tous les êtres doués du sens de l'ouie. Nous verrons à l'article de l'éléphant que cet animal a le sens de l'ouie très-bon, et qu'il se délecte au son des instrumens.

J'ai vu quelques chiens qui avoient un goût marqué pour la musique, et qui arrivoient de la basse-cour ou de la cuisine au concert, y restoient tout le temps qu'il duroit, et s'en retournoient ensuite à leur demeure ordinaire. J'en ai vu d'autres prendre assez exactement l'unisson d'un son aigu qu'on leur faisoit entendre de près en criant à leur oreille; mais cette espèce d'instinct ou de faculté n'appartient qu'à quelques individus; la plus grande partie des chiens sont indifférens aux sons musicaux, quoique presque tous soient vivement agités par un grand bruit, comme celui des tambours ou des voitures rapidement roulées.

Les chevaux, ânes, mulets, chameaux, bœufs et autres bêtes de somme paroissent supporter plus volontiers la fatigue et s'ennuyer moins dans leur longue marche lorsqu'on les accompagne avec des instrumens. C'est par la même raison qu'on leur attache des clochettes ou sonnailles; l'on chante ou l'on siffle presque continuellement les bœufs pour les entretenir en mouvement dans leurs travaux les plus pénibles; ils s'arrêtent et paroissent découragés dès que leurs conducteurs cessent de chanter ou de siffler; il y a même certaines chansons rustiques qui conviennent aux bœufs par préférence à toutes autres, et ces chansons renferment ordinairement les noms des quatre ou des six bœufs qui composent l'attelage; l'on a remarqué que chaque bœuf paroît être excité par son nom prononcé dans la chanson. Les chevaux dressent les oreilles et paroissent se tenir fiers et fermes au son de la trompette, comme les chiens de chasse s'animent aussi par le son du cor.

On prétend que les marsouins, les phoques et les dauphins approchent des vaisseaux lorsque dans un temps calme on y fait une musique retentissante; mais ce fait dont je doute n'est rapporté par aucun auteur grave.

Plusieurs espèces d'oiseaux tels que les serins, linottes, chardonnerets, bouvreuils, tarins sont très-susceptibles des impressions musicales, puisqu'ils apprennent et retiennent des airs assez longs. Presque tous les autres oiseaux sont aussi modifiés par les sons : les perroquets, les geais, les pies, les sansonnets, les merles apprennent à imiter le sifflet et même la parole; ils imitent aussi la voix et les cris des chiens, des chats et des autres animaux.

En général les oiseaux des pays habités et anciennement policés ont la voix plus douce ou le cri moins aigre que dans les climats déserts et chez les nations sauvages. Les oiseaux de l'Amérique comparés à ceux de l'Europe et de l'Asie, en offrent un exemple frappant; on peut avancer avec vérité que dans le nouveau continent il ne s'est trouvé que des oiseaux criards, et qu'à l'exception de trois ou quatre espèces telles que celles de l'organiste, du scarlate et du merle moqueur, presque tous les autres oiseaux de cette vaste région avoient et ont encore la voix choquante pour notre oreille.

On sait que la plupart des oiseaux chantent d'autant plus fort qu'ils entendent plus de bruit ou de son dans le lieu qui les renferme. On connoît les assauts du rossignol contre la voix humaine, et il y a mille exemples particuliers de l'instinct musical des oiseaux dont on n'a pas pris la peine de recueillir les détails.

Il y a même quelques insectes qui paroissent être sensibles aux impressions de la Musique. Le fait des araignées qui descendent de leur toile et se tiennent suspendues tant que le son des instrumens continue, et qui remontent ensuite à leur place, m'a été attesté par un assez grand nombre de témoins oculaires pour qu'on ne puisse guère le révoquer en doute.

Tout le monde sait que c'est en frappant sur les chaudrons qu'on rappelle les essaims fugitifs des abeilles, et que l'on fait cesser par un grand bruit la strideur incommode des grillons.

I X.

Sur la Voix des animaux.

Je puis me tromper; mais il m'a paru que le mécanisme par lequel les animaux font entendre leur voix est différent de celui de la voix de l'Homme; c'est par l'expiration que l'Homme forme sa voix ; les animaux au contraire semblent la former par l'inspiration. Les coqs, quand ils chantent, s'étendent autant qu'ils peuvent ; leur cou s'alonge, leur poitrine s'élargit, le ventre se rapproche des reins et le croupion s'abaisse. Tout cela ne convient qu'à une forte inspiration. Un agneau nouvellement né, appelant sa mère, offre une attitude toute semblable ; il en est de même d'un veau dans les premiers jours de sa vie ; lorsqu'ils veulent former leur voix, le cou s'alonge et s'abaisse ; de sorte que la trachée-artère est ramenée presque au niveau de la poitrine. Celle-ci s'élargit, l'abdomen se relève beaucoup, apparemment parce que les intestins restent presque vides ; les genoux se plient, les cuisses s'écartent, l'équilibre se perd, et le petit animal chancelle en formant sa voix ; tout cela paroît être l'effet d'une forte inspiration. J'invite les physiciens et les anatomistes à vérifier ces observations, qui me semblent dignes de leur attention.

Il paroît certain que les loups et les chiens ne hurlent que par inspiration. On peut s'en assurer aisément en faisant hurler un petit chien près du visage ; on verra qu'il tire l'air dans sa poitrine, au lieu de le pousser au-dehors ; mais lorsque le chien aboie, il ferme la gueule à chaque coup de voix, et le mécanisme de l'aboiement est différent de celui du hurlement.

FIN DU VOLUME DE L'HOMME.

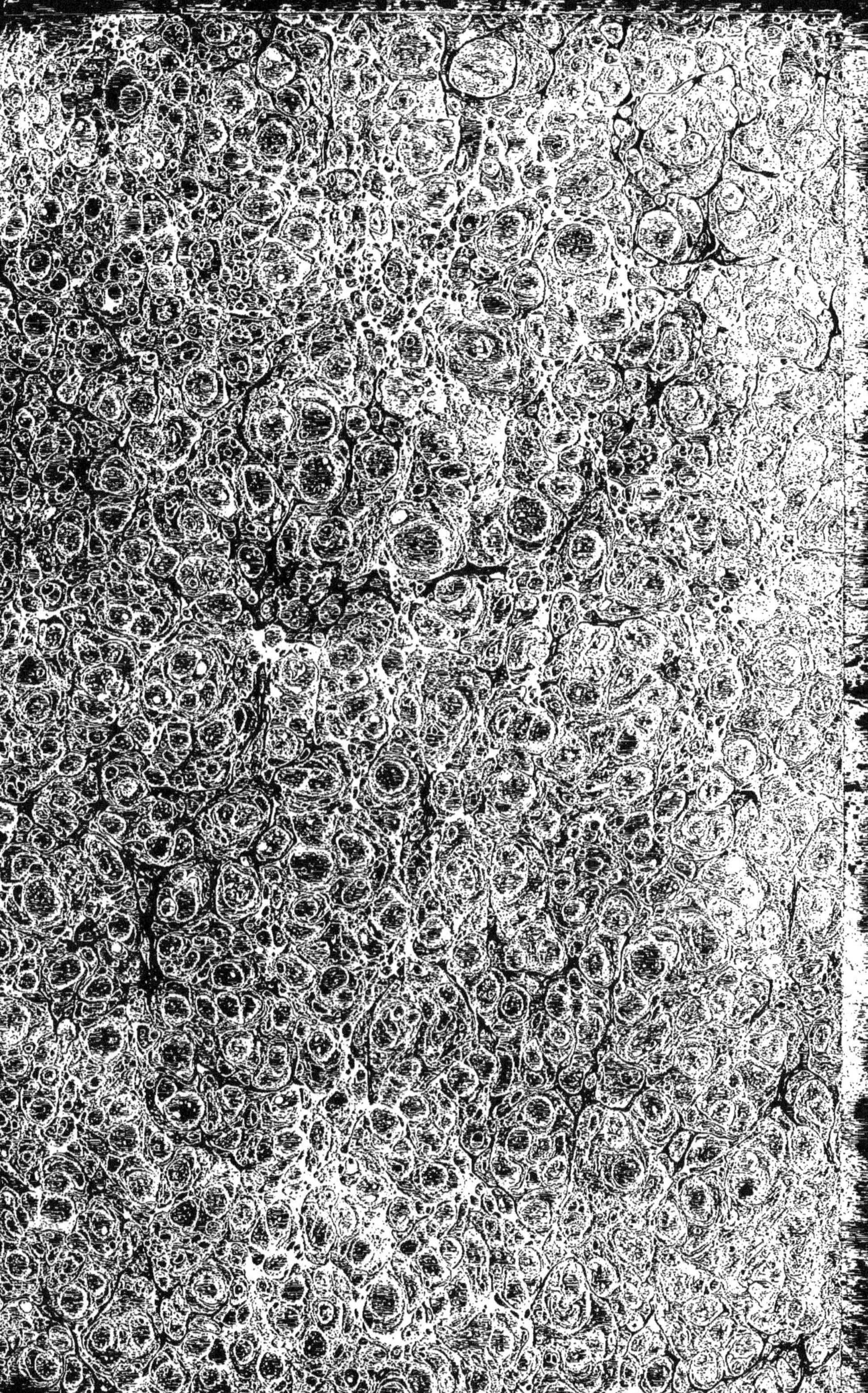

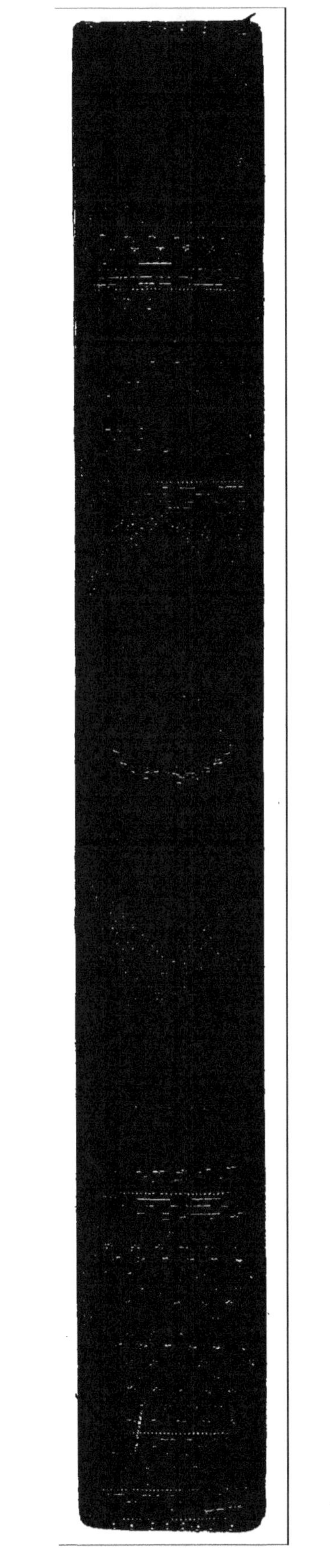

www.ingramcontent.com/pod-product-compliance
Lightning Source LLC
LaVergne TN
LVHW020601110826
845149LV00002B/338

* 9 7 8 2 0 1 1 3 3 1 7 2 4 *